H. G. WELLS

KRIEG DER WELTEN

mit Illustrationen von
Alvim Corrêa

aionas

Bibliographische Informationen der Deutschen Nationalbibliothek: Die Deutsche Nationalbibliothek verzeichnet diese Publikation in der Deutschen Nationalbibliographie; detaillierte bibliographische Daten sind im Internet unter http://dnb.dnb.de abrufbar.

H. G. Wells
KRIEG DER WELTEN
Englischer Originaltitel:
THE WAR OF THE WORLDS
Erstpublikation: 1898
Illustrationen: Alvim Corrêa

aionas Verlag, Marstallstraße 1, 99423 Weimar
1. Auflage, 2019
Cover-Design: Karl A. Fiedler
Printed by BoD – Books on Demand, Norderstedt
ISBN: 9783965450097

INHALT

H. G. WELLS

KRIEG DER WELTEN

mit Illustrationen von
Alvim Corrêa

ERSTES BUCH

DIE ANKUNFT DER MARSIANER

1
Am Vorabend des Krieges

Wer hätte in den letzten Jahren des 19. Jahrhunderts geglaubt, dass die Wege des Menschen beobachtet werden könnten, dass andere Intelligenzen, die größer sind als wir und doch ebenso sterblich, uns bei unserem Alltag fast ebenso nachdrücklich belauschen und erforschen könnten, wie ein Mensch mit seinem Mikroskop jene vergänglichen Lebewesen erforscht, die in einem Wassertropfen ihr Wesen treiben und sich darin vermehren. Mit unendlichem Wohlgefallen schlenderte die Menschheit mit ihren kleinen Sorgen kreuz und quer auf der Erde umher, in gelassenem Vertrauen auf ihre Herrschaft über die Materie. Gut möglich, dass die Infusorien unter der Lupe dasselbe tun. Wer dachte daran, dass von älteren Weltkörpern Gefahren für die Menschheit entspringen könnten. Jede Vorstellung, sie könnten bewohnt sein, wurde als unwahrscheinlich oder unmöglich abgetan. Wie seltsam mutet es an, sich heute der Denkart jener vergangenen Tage zu entsinnen! Allenfalls bildeten sich Erdenbewohner ein, es könnten Wesen auf dem Mars leben, minderwertige vielleicht, jedenfalls aber solche, die eine irdische Forschungsreise mit Freude begrüßen würden. Doch jenseits des gähnenden Weltenraums blickten Geister – ungeheure, kalte und unheimliche Geister, die uns so überlegen sind wie wir den Tieren – mit neidischen Augen auf unsere Erde. Mit Bedacht und Beständigkeit schmiedeten sie ihre Pläne gegen uns. Und am Beginn des 20. Jahrhunderts kam die große Ernüchterung.

Der Planet Mars – ich brauche den Leser kaum daran zu erinnern – dreht sich in einer mittleren Entfernung von 140 Millionen Meilen[1] um die Sonne. Er empfängt von ihr kaum halb soviel Licht und Wärme wie wir. Wenn die Nebularhypothese nur halbwegs richtig ist, muss er älter sein als unsere Erde, und lange, bevor unser Planet zu schmelzen aufgehört

---

1 Eine englische Meile entspricht etwa 1,61 km.

hatte, muss das Leben auf seiner Oberfläche begonnen haben. Weil er kaum ein Siebtel des Erd-Volumens besitzt, muss sich seine Abkühlung bis zu jener Temperatur, bei der Leben möglich wird, beschleunigt haben. Er besitzt Luft und Wasser und alles Nötige zur Erhaltung von Leben.

Doch der Mensch ist eitel und durch seine Eitelkeit so verblendet, dass bis zum Ende des 19. Jahrhunderts nicht ein einziger Schriftsteller jemals auf den Gedanken kam, dort könnte geistiges Leben überhaupt oder sogar weit über das irdische Maß hinaus entstehen. Auch wurde aus den Tatsachen, dass der Mars älter ist als unsere Erde, dass er nur ein Viertel ihrer Oberfläche besitzt und dass er weiter von der Sonne entfernt ist, nie der zwingende Schluss gezogen, dass er nicht nur von den Anfängen des Lebens weiter weg, sondern auch dessen Ende näher ist.

Die allmähliche Abkühlung, die auch unserem Planeten bevorsteht, hat bei unserem Nachbarstern schon große Fortschritte gemacht. Seine physische Beschaffenheit ist im Ganzen noch ein Geheimnis. Doch wissen wir heute, dass selbst in seinen äquatorialen Regionen die Mittagstemperatur kaum jene unseres kältesten Winters erreicht. Seine Luft ist viel dünner als unsere, seine Meere sind so weit zurückgetreten, dass sie kaum mehr ein Drittel seiner Oberfläche bedecken, und während des langsamen Wechsels seiner Jahreszeiten bilden sich ungeheure Schneekoppen, die an jedem Pol schmelzen und seine gemäßigten Zonen periodisch überfluten. Jenes letzte Stadium der Erschöpfung, das für uns noch so unglaublich weit entfernt ist, ist für die Marsbewohner eine drängendes Problem geworden.

Der unmittelbare Druck durch ihre Not hat ihren Verstand geschärft, ihre Kräfte vergrößert und ihre Herzen verhärtet. Und indem sie den Weltraum überblickten, schauten sie – ausgestattet mit Werkzeugen und Geistesgaben, die wir uns kaum vorstellen können – in nächster Entfernung, nur 35 Millionen Meilen sonnenwärts, einen Morgenstern der Hoffnung: unseren eigenen, wärmeren Planeten, grün voller Vegetation, blau voller Wasser, mit einer wolkigen Atmosphäre, die Fruchtbarkeit andeutet und bei klarer Sicht den Blick auf breite Streifen bevölkerten Landes und schmale, dicht befahrene Seen freigibt.

Wir Menschen, die diesen Stern bewohnen, müssen den anderen mindestens so fremdartig und niedrig erscheinen, wie die Affen und Lemuren uns. Der intellektuelle Teil der Menschheit gibt bereits zu, dass das Leben ein unaufhörlicher Kampf ums Dasein ist; und es scheint so, als würde dieser Glaube auch von den Marsbewohnern geteilt. Auf dem Stern der Menschen ist die Abkühlung schon weit vorangeschritten. Diese Welt ist noch voller Leben, doch in deren Augen ist es nur minderwertiges, tierisches. Es ist zweifellos ihre einzige Rettung vor der Vernichtung, die von Generation zu Generation immer näher an sie heranschleicht, den Krieg sonnenwärts zu tragen.

Doch bevor wir sie zu hart beurteilen, müssen wir uns erinnern, mit welcher schonungslosen und grausamen Vernichtung unsere eigene Gattung nicht nur gegen Tiere wie den verschwundenen Bison und den Dodo, sondern auch gegen unsere eigenen inferioren Rassen gewütet hat. Die Tasmanier wurden trotz ihrer Menschenähnlichkeit in einem von europäischen Einwanderern geführten Vernichtungskrieg binnen fünfzig Jahren völlig ausgerottet. Sind wir solche Apostel der Gnade, dass wir uns beklagen dürfen, wenn die Marsleute uns in demselben Geist bekriegen?

Die Marsleute scheinen ihren Angriff mit erstaunlicher Genauigkeit berechnet zu haben – ihre mathematischen Kenntnisse sind den unsrigen offenbar weit überlegen – und ihre Vorbereitungen trafen sie mit fast vollkommener Einmütigkeit. Hätten unsere Instrumente es erlaubt, so hätten wir die drohende Gefahr schon früh im 19. Jahrhundert sehen können. Männer wie Schiaparelli beobachteten den roten Planeten – beiläufig bemerkt: Ist es nicht seltsam, dass seit ungezählten Jahrhunderten Mars der Stern des Krieges gewesen ist? –, aber sie waren außerstande, die schwankenden Erscheinungen zu erklären, die sie auf ihren Karten so genau verzeichneten.

Während dieser ganzen Zeit müssen die Marsleute sich gerüstet haben.

Im Verlauf der Beobachtungen von 1894 wurde auf dem erhellten Teil der Scheibe ein großes Licht wahrgenommen, zuerst im Lick-Observatorium, dann von Perrotin in Nizza, später auch von anderen Beobachtern. Englische Leser hörten davon erstmals in einer Nummer der »Nature« vom 2. August. Ich bin der Ansicht, dass diese Erscheinung die Reflexion eines Geschützes war, das sich in einer ungeheuren Senke ihres Planeten befand, und aus dem ihre Geschosse auf uns abgefeuert wurden. Sonderbare, noch nicht geklärte Zeichen wurden ganz in der Nähe jenes Ausbruchs während der nächsten beiden Nachforschungen beobachtet.

Der Sturm brach vor sechs Jahren über uns los. Als der Mars sich der Gegenseite näherte, gab Lavelle in Java über die Verbindung der astronomischen Mitteilungsstation die verblüffende Nachricht von einem ungeheuren Ausbruch weißglühenden Gases auf dem Planeten bekannt. Das war am 12. gegen Mitternacht. Das Spektroskop, zu dem er sich gleich begab, zeigte eine Masse flammenden Gases an, hauptsächlich Wasserstoff, das sich mit enormer Geschwindigkeit auf die Erde zubewegte. Etwa Viertel nach Zwölf war dieser Feuerstrahl unsichtbar geworden. Er verglich ihn mit einem ungeheuren flammenden Gebläse, das plötzlich und mit Gewalt aus dem Planeten hervorschoss »wie flammendes Gas aus einer Kanone«.

Das erwies sich als eine selten zutreffende Beschreibung. Am nächsten Tag aber las man kein einziges Wort davon in den Zeitungen, es gab lediglich eine kurze Notiz im »Daily Telegraph«. Die Welt verharrte in Ungewissheit über eine der größten Gefahren, die jemals das menschliche Geschlecht bedroht hat. Von der Eruption hätte ich überhaupt nichts gehört, wäre mir nicht der berühmte Astronom Ogilvy in Ottershaw begegnet. Ihn hatte die Nachricht ungemein erregt, und im Übermaß seiner Gefühle lud er mich ein, in jener Nacht mit ihm gemeinsam eine Observation des roten Planeten vorzunehmen.

Trotz dessen was ich seither erlebt habe, erinnere ich mich noch sehr hell an jene Nachtwache: das schwarze, stille Observatorium, die beschattete Lampe, die einen schwachen Schimmer auf den Boden in der Ecke warf, das unentwegte Ticken des Uhrwerks am Teleskop, den länglichen Spalt im Dach, der den Blick auf das Sternenmeer freigab. Ogilvy schritt auf und nieder, nicht sichtbar, aber hörbar. Blickte man durch das Teleskop, sah man einen tiefblauen Kreis und darin schwimmend den kleinen runden Planeten.

Dicht neben ihm im Blickfeld, so erinnere ich mich, waren drei kleine Lichtpunkte, drei teleskopische Sterne, unendlich fern, und um sie herum brütete die unergründliche Finsternis des leeren Weltraums. Wie diese Finsternis in einer frostigen, sternhellen Nacht aussieht, weiß man. Durch das Teleskop betrachtet scheint sie noch weitaus tiefer. Für mich nicht erkennbar, weil es so fern und klein war, legte jenes Etwas eine unglaubliche Strecke zurück; schnell und stetig flog es auf mich zu, jede Minute um viele Tausende von Meilen näher heran – jenes Etwas, das sie uns schickten und das so viel Kampf und Unheil und Tod über unsere Erde bringen sollte. Als ich so spähte, dachte ich nicht einmal im Traum davon; kein Mensch auf Erden träumte damals im Geringsten von jenem unfehlbaren Geschoss.

In dieser Nacht erfolgte noch ein zweiter Gas-Ausbruch auf dem fernen Planeten. Ich sah ihn. Es war ein rötlicher Blitz an der Kante – die Umrisse waren nur sehr schwach zu erkennen – gerade als die Uhr Mitternacht schlug. Ich meldete es Ogilvy, und er nahm meinen Platz ein. Die Nacht war wärmer geworden und mich dürstete es. Mit ungeschickt ausgestreckten Beinen ertastete ich mir in der Dunkelheit den Weg zu dem kleinen Tisch, auf dem die Siphonflasche stand. Ogilvy geriet währenddessen über die Gasflammen, die auf uns zukamen, in helle Erregung.

In dieser Nacht nahm ein zweites unsichtbares Geschoss seinen Weg vom Mars zur Erde, bis auf ein oder zwei Sekunden genau vierundzwanzig Stunden nach dem ersten. Ich erinnere mich, wie ich dort an dem Tisch saß; grüne und rote Kreise flimmerten vor meinen Augen. Ich ärgerte mich, dass ich keine Streichhölzer hatte, um rauchen zu können, und dachte wenig über die Bedeutung des winzigen Lichtes nach, das ich gesehen hatte. Ich dachte auch nicht darüber, was es mir so bald bringen sollte. Ogilvy blieb bis ein Uhr auf der Warte, dann gab er es auf. Wir zündeten die Lampe an und gingen zu seinem Haus hinüber. Unten in der Dunkelheit lagen Ottershaw und Chertsey mit ihren vielen hundert friedlich schlummernden Menschen.

Ogilvy war in jener Nacht voller Vermutungen über die Beschaffenheit des Mars, und er machte sich über die landläufige Ansicht lustig, er könne Bewohner haben, die uns Zeichen geben. Er glaubte, dass ein heftiger Meteoritenschauer über dem Planeten niedergehe oder dass ein ungeheurer vulkanischer Ausbruch im Gange sei. Er machte mich auch darauf aufmerksam, wie unwahrscheinlich es sei, dass auf zwei benachbarten Planeten die organische Entwicklung denselben Verlauf genommen habe.

»Die Wahrscheinlichkeit auf irgendetwas Menschenähnliches auf dem Mars liegt bei eine Million zu eins«, sagte er.

Hunderte Beobachter sahen die Flamme in jener Nacht und in der Nacht darauf, um Mitternacht, und wieder in der Nacht darauf, und so fort zehn Nächte, in jeder Nacht eine Flamme. Warum die Schüsse nach der zehnten Nacht aufhörten, hat niemand auf Erden zu erklären versucht. Vielleicht wurden die Gase den Marsleuten unangenehm, die sich beim Abfeuern bildeten. Dichte Rauch- und Dunstwolken, durch ein großes Teleskop auf der Erde als kleine graue, fluktuierende Flecken sichtbar, breiteten sich in der klaren Atmosphäre des Planeten aus und verdunkelten seine bekannteren Linien.

Selbst die Tageszeitungen nahmen schließlich von diesen Störungen Notiz. Populäre Aufsätze über die Vulkane des Mars tauchten auf; erst hier und da, dann überall. Ich erinnere mich, wie die satirische Zeitschrift »Punch« in einer politischen Zeichnung erfolgreichen Gebrauch von ihnen machte.

Doch die Geschosse, die die Marsleute auf uns abgefeuert hatten, zogen unmerklich erdwärts und sausten jetzt mit einer Geschwindigkeit von vielen Meilen durch den leeren Weltraum, Stunde für Stunde und Tag für Tag, näher und näher. Es scheint mir heute fast unglaublich seltsam, dass wir, die wir von dieser rasenden Gefahr bedroht waren, unseren leidigen Geschäften nachgehen konnten, so wie wir es damals taten. Ich entsinne mich noch, wie Markham jubelte, als er sich für die Illustrierte, die er in jenen Tagen herausgab, eine neue Fotografie des Planeten gesichert hatte. Die Menschen heute können sich kaum die Unternehmungslust vorstellen, die im Zeitungswesen des 19. Jahrhunderts herrschte. Was mich betraf, war ich damals sehr damit beschäftigt, Radfahren zu lernen. Zudem war ich für verschiedene Zeitschriften tätig, in denen ich Untersuchungen über die wahrscheinliche Entwicklung moralischer Ideen bei fortschreitender Zivilisation veröffentlichte.

Eines Nachts (das erste Geschoss kann damals kaum 10 Millionen Meilen entfernt gewesen sein) machte ich mit meiner Frau einen Spaziergang. Es war sternenhell, und ich erklärte ihr die Zeichen des Tierkreises. Ich zeigte ihr den Mars, einen kleinen Lichtpunkt, der sich zenitwärts bewegte und auf den so viele Teleskope gerichtet waren.

Es war eine warme Nacht. Auf unserem Heimweg zog eine Gruppe Ausflügler aus Chertsey oder Isleworth singend und musizierend an uns vorüber. Die Fenster in den oberen Stockwerken der Häuser erhellten sich, als die Leute zu Bett gingen. Vom Bahnhof in der Ferne hörte man Züge rangieren, ein Klirren und Poltern, aus dieser Entfernung fast zur Melodie gesänftigt. Meine Frau machte mich auf den Glanz der roten, grünen und gelben Signallichter aufmerksam, die wie in einem Netz vor dem Horizont hingen. Es schien alles so sicher und so ruhig.

2
Die Sternschnuppe

Dann kam die Nacht des ersten fallenden Sterns. Er war früh am Morgen gesehen worden, wie er über Winchester hinweg ostwärts schoss, ein flammender Strich hoch in der Atmosphäre. Hunderte müssen ihn gesehen und für eine gewöhnliche Sternschnuppe gehalten haben. Albin machte auf einen grünen Strich hinter ihm aufmerksam, der einige Sekunden lang geglüht habe. Denning, unsere größte Autorität für Meteoriten, stellte fest, dass die Höhe seiner ersten Erscheinung ungefähr 90 oder 100 Meilen betrug. Er glaubte, dass er ungefähr 100 Meilen östlich von ihm zur Erde gefallen wäre.

Ich war damals gerade zu Hause und schrieb etwas in meinem Studierzimmer. Und obwohl meine Flügelfenster nach Ottershaw hinaus blickten und die Vorhänge aufgezogen waren (in jenen Tagen liebte ich es, den nächtlichen Himmel zu betrachten), sah ich doch nichts davon. Und dennoch: Während ich dort saß, muss dieses seltsamste aller Dinge, das je aus fremden Sphären auf die Erde fiel, gerade niedergegangen sein. Und hätte ich nur aufgeblickt, ich hätte es vorbeifliegen sehen können.

Manche, die es sahen, behaupten, sein Flug sei von einem zischenden Geräusch begleitet worden. Ich selbst vernahm nichts. Viele Leute in Berkshire, Surrey und Middlesex müssen es fallen gesehen haben, und sie werden es bestenfalls für einen Meteoriten gehalten haben. Niemand scheint sich in jener Nacht die Mühe genommen zu haben, nach der gefallenen Masse zu suchen. Doch am frühen Morgen des nächsten Tages erhob sich der arme Ogilvy, der die Sternschnuppe gesehen hatte. Er war überzeugt, dass irgendwo auf der Gemeindeweide zwischen Horsell, Ottershaw und Woking ein Meteorit liegen musste. So ging er in der Absicht fort, ihn zu suchen. Er fand ihn kurz nach der Dämmerung nicht weit von den Sandgruben. Durch den Einschlag des Projektils war ein ungeheures Loch entstanden. Sand und Kiesel waren mit großer Wucht in alle Richtungen über die Heide geschleudert und hatten Haufen gebildet, die anderthalb Meilen weit sichtbar waren. Östlich stand das Heidekraut in Feuer, und ein dünner blauer Rauch stieg in der Dämmerung auf.

Das Ding lag fast vollständig in Sand begraben zwischen den verstreuten Splittern einer Tanne, die es bei der Landung zerschmettert hatte. Der freiliegende Teil sah wie ein riesiger Zylinder aus, der vollständig von einer dicken, schuppigen, dunkelbraunen Kruste bedeckt war und seine Konturen verwischte. Er hatte einen Durchmesser von ungefähr dreißig Yards[2]. Ogilvy trat an die Masse heran, überrascht von ihrer Größe und mehr noch von ihrer Gestalt, da die meisten Meteoriten mehr oder weniger abgerundet sind. Von seinem Flug durch die Luft war der Körper aber noch so heiß. So war es

2 1 Yard entspricht etwa 91 cm.

unmöglich, näher heranzukommen. Ein surrendes Geräusch im Inneren des Zylinders schrieb er der ungleichmäßigen Abkühlung der Oberfläche zu. Er kam noch nicht auf die Idee, dass der Zylinder hohl sein könne.

So blieb er am Rande des Kraters stehen, den der Körper sich gegraben hatte, und starrte die seltsame Erscheinung an, besonders verblüfft über die ungewöhnliche Form und Farbe. Der Gedanke, diese Erscheinung sei vielleicht kein Zufall, kam schon jetzt leise in ihm auf. Der frühe Morgen war wunderbar still. Die Sonne, die gerade auf die Fichten vor Weybridge schien, wärmte schon. Er erinnerte sich nicht, Vögel gehört zu haben. Kein Lüftchen regte sich. Der einzige Laut kam von den schwachen Bewegungen aus dem Inneren des glimmenden Zylinders. Er war ganz allein auf der Heide.

Plötzlich bemerkte er, unwillkürlich zurückschreckend, wie ein Stück der grauen, aschenartigen Kruste, die den Meteoriten bedeckte, sich von der kreisrunden Kante des Endes loslöste. Sie fiel in Flocken ab und rieselte auf den Sand. Sogleich sprang ein großes Stück ab und fiel mit einem so scharfen Klang zur Erde, dass ihm fast das Herz stehen blieb.

Eine Minute lang konnte er kaum begreifen, was das zu bedeuten hatte. Und obwohl die Hitze übermäßig groß war, kletterte er in den Krater hinunter, dicht an den Klumpen heran, um ihn näher zu betrachten. Selbst da noch glaubte er, dass auch dies sich mit der Abkühlung des Körpers erklären lasse. Dabei fiel die Asche nur vom Ende des Zylinders ab.

Da bemerkte er, dass sich das kreisförmige Schlussteil des Zylinders äußerst langsam um die eigene Achse drehte. Es war eine sehr allmähliche Bewegung, und er erkannte sie nur, weil ein schwarzer Strich, der noch fünf Minuten zuvor in seiner Nähe sichtbar war, jetzt auf der anderen Seite der Scheibe angelangt war. Selbst jetzt verstand er kaum, was das zu bedeuten hatte. Da vernahm er einen gedämpften, kratzenden Laut und sah zugleich, wie der schwarze Strich sich etwa einen Zoll vorwärtsbewegte. Jetzt überkam es ihn wie ein Blitz. Der Zylinder war künstlich – hohl – mit einem Ende, das sich abschraubte! Etwas im Inneren des Zylinders schraubte den Schlussteil ab!

»Großer Gott!«, rief Ogilvy. »Da drinnen ist ein Mensch – da drinnen sind Menschen! Halb zu Tode geröstet! Sie versuchen zu entrinnen!«

Auf einmal, mit einem raschen Gedankensprung, verband er die Erscheinung mit dem Lichtblitz auf dem Mars.

Der Gedanke an das eingeschlossene Geschöpf war ihm so furchtbar, dass er die Hitze vergaß und an den Zylinder heranstürzte, um die Drehung zu beschleunigen. Zum Glück aber hielt ihn die glanzlose Abstrahlung davon ab, sich an dem noch glühenden Metall die Hände zu verbrennen.

Einen Augenblick stand er unschlüssig da, dann wandte er sich um, kletterte aus dem Krater heraus und lief Hals über Kopf nach Woking. Es muss damals etwa sechs Uhr gewesen sein. Er begegnete einem Fuhrmann und versuchte, ihm sein Erlebnis begreiflich zu machen. Aber was er berichtete, dazu sein Aussehen – seinen Hut hatte er in dem Krater verloren –, war so verworren, dass der Mann einfach weiterfuhr. Denselben Misserfolg erlitt er bei einem Wirt in der Nähe der Horsell Bridge, der eben die Tür seiner Schenke aufschloss. Der Mann hielt ihn für einen entlaufenen Irren und machte einen erfolglosen Versuch, ihn in der Schankstube einzuschließen. Das ernüchterte ihn ein wenig, und als er Henderson, den Londoner Journalisten, in seinem Garten sah, rief er ihn an den Gartenzaun heran und versuchte nun, sich begreiflich zu machen.

»Henderson«, rief er, »haben Sie die Sternschnuppe vorige Nacht gesehen?«

»Und?«, sagte Henderson.

»Sie liegt jetzt draußen auf der Horsell-Weide.«

»Donnerwetter!«, rief Henderson. »Ein gefallener Meteorstein! Nicht übel!«

»Aber es ist etwas mehr als Meteorgestein. Es ist ein Zylinder – ein künstlicher Zylinder, Mensch! Und im Zylinder es ist etwas drinnen.«

Henderson, den Spaten in der Hand, neigte sich etwas vor.

»Was sagen Sie da?«, fragte er. Er war auf einem Ohr taub.

Ogilvy erzählte ihm nun alles, was er gesehen hatte. Henderson brauchte etwa einer Minute, um es zu erfassen. Dann ließ er seinen Spaten fallen, griff nach seinem Gehrock und kam auf die Straße hinaus. Beide eilten sofort auf die Weide zurück und fanden den Zylinder noch in derselben Lage. Das Geräusch in seinem Innern aber hatte aufgehört. Ein schmaler Reif glänzenden Metalls zeigte sich zwischen dem Schlussteil und dem Körper des Zylinders. An dieser Stelle drang die Luft mit einem schwachen, zischenden Laut entweder hinein oder hinaus.

Die Männer lauschten, dann schlugen sie mit dem Stock auf die Kruste. Da keine Antwort kam, schlossen sie beide, dass der Mensch oder die Leute im Innern bewusstlos oder tot wären.

Beide waren natürlich nicht imstande, etwas zu tun. Sie schrien den Eingeschlossenen einige Worte des Trostes und Versprechungen zu und kehrten zur Stadt zurück, um Hilfe zu holen. Man kann sich denken, wie sie aussahen: von Staub bedeckt, verstört und unordentlich, wie sie im hellen

Sonnenlicht die kleine Straße entlangeilten, gerade als die Ladenbesitzer ihre Türen aufschlossen und die Leute ihre Schlafzimmerfenster öffneten. Henderson eilte sofort ins Stationsgebäude, um die Nachricht nach London zu telegrafieren. Die Zeitungsartikel hatten die Leute schon vorbereitet und sie für diese Nachricht empfänglich gemacht.

Um acht Uhr war schon einige Knaben und unbeschäftigte Leute zu der Weide aufgebrochen, um »die toten Männer vom Mars« zu besichtigen. Auf diese Art verbreitete sich die Nachricht. Ich hörte erstmals davon von meinen Zeitungsjungen, während ich ausging, um mir meinen »Daily Chronicle« zu besorgen. Ich war natürlich zutiefst überrascht und verlor keinen Augenblick, um mich über die Brücke von Ottershaw zu dem Sandhügel zu begeben.

3
Auf der Horsell-Weide

Ich fand einen kleinen Auflauf von etwa zwanzig Personen, die sich um den Krater mit dem Zylinder scharten. Die Gestalt des ungeheuren im Boden vergrabenen Körpers beschrieb ich bereits. Die Erde und die Sandmassen um ihn herum waren scheinbar von einer plötzlichen Explosion verkohlt. Das Einschlagen des Körpers hatte ohne Zweifel eine Stichflamme verursacht. Henderson und Ogilvy waren nicht dort. Ich vermute, sie wussten, dass sich im Augenblick nichts tun ließe, und waren zu Henderson gegangen, um zu frühstücken.

Vier oder fünf Knaben hatten sich an den Rand des Kraters gesetzt, schunkelten mit den Beinen und vergnügten sich damit, den riesigen Bau mit Steinen zu bewerfen, bis ich ihnen das Handwerk legte. Nachdem ich mit ihnen darüber gesprochen hatte, spielten sie um die Gruppe der Schaulustigen herum ein Fangspiel.

Unter den Leuten bemerkte ich zwei Radfahrer, einen Gartenarbeiter, den ich manchmal beschäftigte, den Fleischer

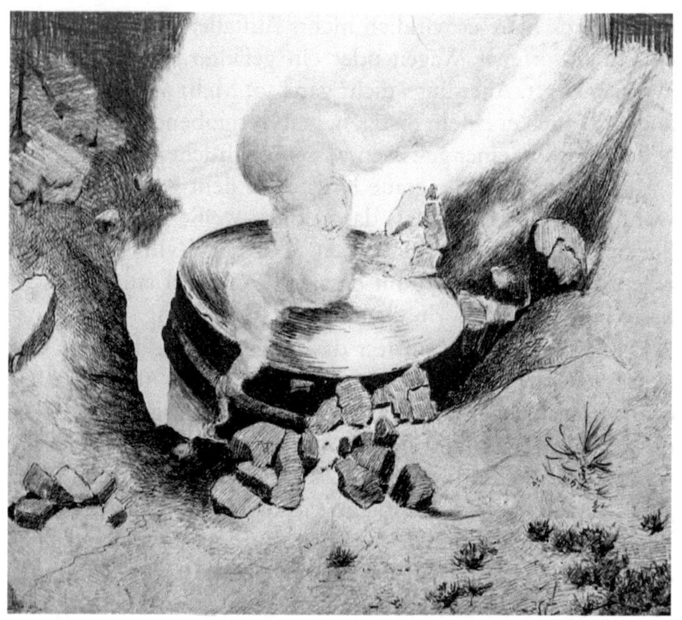

Gregg und seinen kleinen Sohn, ein Mädchen, das ein Kind trug, und zwei oder drei Müßiggänger und Eckensteher, die gewöhnlich in der Nähe des Bahnhofs herumlungerten. Es wurde äußerst wenig gesprochen. In den niederen Ständen Englands gab in jenen Tagen nur wenige Menschen, die wenigsten über schwache astronomische Vorstellungen verfügten. Die meisten starrten nur schweigend das große, tischartige Ende des Zylinders an, das noch genauso war, wie es Henderson und Ogilvy verlassen hatten. Ich glaube, dass die allgemeine Erwartung der Leute, einen Haufen verkohlter Leichen zu finden, beim Anblick dieser unbelebten Masse enttäuscht wurde. Einige Leute gingen fort, während ich dort war, andere kamen. Ich kletterte in die Grube, und es war mir, als vernahm ich unter meinen Füßen eine schwache Bewegung. Der Verschluss hatte jedenfalls aufgehört, sich zu drehen.

Als ich nahe an den Körper herangetreten war, sprang mir die Fremdartigkeit seiner Erscheinung in die Augen. Auf den ersten Blick hatte er wirklich nichts Auffallenderes an sich als ein umgeworfener Wagen oder ein gefällter Baum, der den Weg versperrt. Allerdings nicht ganz so. Mehr als irgendetwas anderem glich er einem rostigen, halb vergrabenen Gasrohr. Es bedurfte schon einer gewissen wissenschaftlichen Bildung, um zu bemerken, dass die graue Kruste auf dem Körper kein gewöhnliches Oxid war, dass das gelblich-weiße Metall, das auf der Spalte zwischen dem Deckel und dem Zylinder glänzte, einen fremdartigen Farbton besaß. Der Begriff ›außerirdisch‹ hatte für die meisten Zuschauer keine Bedeutung.

Damals war ich schon fest davon überzeugt, dass der Gegenstand vom Planeten Mars gekommen war. Aber ich hielt es für unwahrscheinlich, dass er Lebewesen enthielt. Ich hielt die Schraubbewegung für automatisch. Trotz Ogilvys Ansicht glaubte ich aber immer noch, dass es Lebewesen auf dem Mars gebe. Gleich spielte ich mit dem Gedanken, der Körper könne Handschriften enthalten. Ich malte mir die Schwierigkeiten aus, die sich bei ihrer Übersetzung ergeben würden. Ich hoffte auf Münzen und Modelle und so weiter. Aber das Ding war doch ein wenig zu groß, um mir die Korrektheit meiner Vorstellungen zu verbürgen. Ich empfand eine lebhafte Ungeduld, es geöffnet zu sehen. Etwa gegen elf Uhr, als sich nichts weiter ereignete, kehrte ich, voll von solchen Gedanken, in mein Haus in Maybury zurück. Es fiel mir aber schwer, mit meinen abstrakten Untersuchungen weiterzukommen.

Am Nachmittag hatte sich das Aussehen der Weide sehr verändert. Die frühen Ausgaben der Abendblätter hatten mit riesigen Schlagzeilen wie ›Eine Botschaft vom Mars‹, ›Merkwürdiger Bericht aus Woking‹ und so weiter ganz London aufgeschreckt. Dazu kamen noch Ogilvys Telegramme an die astronomische Mitteilungsstation, die alle Sternwarten in den drei Königreichen in Aufregung versetzt hatten.

Ein halbes Dutzend oder mehr Flys[3] vom Wokinger Bahnhof standen auf der Straße bei den Sandhügeln, dazu ein Korb-

---

3 einspännige Droschken

wagen aus Chobham und eine ziemlich vornehm aussehende Privatkutsche. Zudem sah man eine Unzahl von Fahrrädern. Und eine große Menschenmenge musste trotz der Hitze jenes Tages von Woking und Chertsey zu Fuß hergewandert sein. Alles in allem eine beträchtliche Ansammlung – darunter auch einige hell gekleidete Damen.

Es war glühend heiß, nicht ein Wölkchen am Himmel, kein Lüftchen wehte, einige Fichten spendeten den einzigen Schatten. Das brennende Heidekraut war gelöscht worden, aber die Ebene bis Ottershaw war geschwärzt, soweit das Auge reichte, und senkrechte Rauchsäulen stiegen immer noch auf. Ein geschäftstüchtiger Obsthändler in der Chobham Road hatte seinen Sohn mit einer Wagenladung grüner Äpfel und Ingwerbier heraufgeschickt.

Als ich an den Rand der Grube trat, fand ich sie von einer Gruppe von Männern besetzt, etwa einem halben Dutzend: Henderson, Ogilvy und ein großen blondhaarigen Mann (wie ich später hörte, war es Mr. Stent von der Königlichen Astronomischen Gesellschaft) mit einigen Arbeitern, die Spaten und Beile schwangen. Stent gab seine Befehle mit einer klaren, hohen Stimme. Er stand auf dem Zylinder, der jetzt offenbar deutlich abgekühlt war. Er hatte ein dunkelrotes Gesicht, Schweiß floss ihm in Strömen herab. Es schien ihn etwas irritiert zu haben.

Ein großer Teil des Zylinders war nun freigelegt, obwohl das untere Ende noch eingebettet lag. Sobald Ogilvy mich unter dem gaffenden Haufen am Rand der Grube bemerkte, rief er mir zu hinabzukommen und fragte mich, ob ich zum Gutsherrn Lord Hilton hinübergehen wolle.

Die wachsende Menschenmenge, sagte er, sei ein ernstliches Problem, das ihre Ausgrabungen erschwere, besonders die Knaben störten sehr. Es soll ein leichtes Geländer aufgestellt werden, um die Leute fernzuhalten. Er erzählte mir, im Innern des Körpers sei gelegentlich noch eine leise Bewegung zu hören, den Arbeitern sei es aber nicht gelungen, das Schlussteil abzuschrauben, da kein Griff vorhanden wäre. Der Körper hatte scheinbar ungeheuer dicke Wände. Es war möglich, dass die schwachen Laute, die wir vernahmen, von einem lärmenden Tumult im Innern herrührten.

Es war mir eine Ehre, ihm seinen Wunsch zu erfüllen. So konnte ich einer der bevorzugten Zuschauer innerhalb der geplanten Absperrung werden. Leider traf ich Lord Hilton nicht zu Hause an. Man teilte mir jedoch mit, dass man ihn mit dem Sechsuhrzug aus London erwartete. Da es erst ungefähr Viertel nach fünf war, ging ich noch nach Hause, trank Tee und ging dann zum Bahnhof, um ihn dort aufzuhalten.

4

Der Zylinder öffnet sich

Als ich auf die Weide zurückkehrte, ging die Sonne gerade unter. Zerstreute Gruppen Neugieriger eilten aus der Richtung von Woking heran, und einige Leute kehrten zurück. Die Menge um die Grube war angewachsen und hob sich schwarz von dem Zitronengelb des Himmels ab. Es mochten etwa zweihundert Personen sein. Einige laute Stimmen waren vernehmbar und eine Art Kampf schien sich bei der Grube entsponnen zu haben. Die seltsamsten Vorstellungen kreuzten sich in meinem Kopf. Als ich näherkam, hörte ich Stents Stimme.

»Zurück! Zurück!«

Ein Knabe kam auf mich zugelaufen.

»Es bewegt sich!« rief er mir im Vorübereilen zu, »es dreht sich, und dreht sich auf. Das gefällt mir nicht. Da gehe ich lieber nach Hause!«

Ich kam der Menge näher. Es mochten in Wirklichkeit zwei- bis dreihundert Leute sein, die sich gegenseitig pufften und stießen. Jeder suchte sich vorzuschieben und die anderen zurückzudrängen. Die wenigen Damen, die zugegen waren, blieben dabei nicht am wenigsten zurück.

»Er ist in die Grube gefallen!« rief einer.

»Zurück!« schrien andere.

Der Haufen schwankte ein wenig, und ich arbeitete mich mit den Ellbogen durch. Alle schienen in höchster Aufregung zu sein. Aus der Grube heraus scholl ein eigentümliches summendes Geräusch.

»Ich bitte Sie!«, rief Ogilvy. »Helfen Sie mir, diese Narren zurückzudrängen. Wir wissen ja noch nicht, was in diesem verwünschten Ding steckt!«

Ich sah einen jungen Mann (ich glaube, es war ein Kommis aus Woking) auf dem Zylinder stehen und sich bemühen, wieder aus dem Krater herauszukriechen. Die Menge hatte ihn hineingestoßen.

Der Schlußteil des Zylinders wurde von innen heraus aufgeschraubt. Schon waren nahezu zwei Fuß der glänzenden Schraube sichtbar. Jemand stieß mich unversehens von hinten, und ich entging nur mit knapper Not der Gefahr, auf das Schraubenende zu stürzen. Ich wandte mich um, und in diesem Augenblick muß die Schraube herausgekommen sein. Der Deckel des Zylinders schlug dröhnend auf dem Kieselboden auf. Ich stieß meine Ellbogen gegen jemand hinter mir und wandte mich wieder dem Koloß zu. Einen Augenblick lang schien die kreisrunde Öffnung völlig schwarz. Der Glanz der sinkenden Sonne blendete meine Augen.

Ich glaube, jedermann erwartete einen Menschen auftauchen zu sehen – wahrscheinlich ein wenig von uns irdischen Menschen unterschieden, aber im Wesentlichen doch einen Menschen. Ich wenigstens erwartete es. Aber als ich genauer hinsah, bemerkte ich plötzlich, wie sich im Schatten etwas rührte, grau, in wellenförmigen Bewegungen, eines über dem andern. Und dann gewahrte ich zwei glühende Scheiben wie Augen. Dann löste sich etwas, das einer kleinen grauen Schlange glich, etwa in der Stärke eines Spazierstockes, aus der sich windenden Masse und schlängelte sich in der Luft gegen mich – und dann ein zweites.

Mich durchfröstelte es plötzlich. Hinter mir hörte ich eine Frau laut kreischen. Ich drehte mich halb um, meine Blicke unverwandt auf den Zylinder geheftet, aus dem immer neue

Fühler sich herauswanden. Dann begann ich, mir einen Weg vom Rand der Grube zurückzubahnen. Ich sah, wie sich das Erstaunen in den Gesichtern der Leute in Entsetzen verwandelte. Von allen Seiten hörte ich wilde Schreie und Ausrufe. Ein allgemeines Zurückdrängen begann. Ich sah, wie der Kommis sich noch immer abmühte, aus der Grube herauszukommen. Dann sah ich mich allein und bemerkte, wie die Leute auf der anderen Seite der Grube flüchteten, unter ihnen Mr. Stent. Ich wandte mich wieder dem Zylinder zu, und ein unbändiger Schrecken ergriff mich. Wie versteinert stand ich da und starrte.

Ein großer, grauer, gedrungener Körper, ungefähr von der Größe eines Bären, erhob sich langsam und schwerfällig aus dem Zylinder. Als er sich aufrichtete und vom Licht beschienen wurde, glitzerte er wie nasses Leder. Mit seinen zwei großen, dunkelgefärbten Augen blickte das Geschöpf mich unverwandt an. Es hatte unter den Augen einen Mund, dessen Rand unausgesetzt zitterte und von Speichel troff. Der Rumpf hob und senkte sich unter heftigem Keuchen. Ein schlankes fühlerartiges Anhängsel hielt den Rand des Zylinders umklammert, ein anderes schlängelte sich in der Luft.

Wer nie einen lebenden Marsbewohner gesehen hat, wird sich die grauenvolle Häßlichkeit seiner Erscheinung kaum vorstellen können. Der seltsame V-förmige Mund mit seiner zugespitzten Oberlippe, die fehlenden Augenbrauen, das fehlende Kinn unter der keilförmigen Unterlippe, das unaufhörliche Zittern des Mundes, die gorgonenartige Gruppe der Fühler, das geräuschvolle Atmen der Lungen in dieser fremden Atmosphäre, die augenfällige Schwerfälligkeit und Mühseligkeit der Bewegungen (ohne Zweifel eine Folge der größeren Anziehungskraft der Erde), vor allem aber die außergewöhnliche Intensität ihrer ungeheuren Augen – das alles zusammen verursachte eine Übelkeit, als ob man seekrank würde. Es war etwas Schwammiges in ihrer öligen braunen Haut, und in der plumpen Bedächtigkeit ihrer schwerfälligen Bewegungen lag etwas unbeschreiblich Erschreckendes. Schon bei dieser ersten

Begegnung, bei diesem ersten Anblick wurde ich von Abscheu und Grauen überwältigt.

Plötzlich verschwand das Ungetüm. Es war über den Rand des Zylinders getaumelt und in die Grube gefallen, wo es aufschlug, als fiele eine große Menge Leders zur Erde. Ich hörte es einen seltsamen, dumpfen Schrei ausstoßen, und in demselben Augenblick erschien ein zweites dieser Geschöpfe in dem tiefen Schatten der Öffnung.

Bei diesem Anblick verließ mich die Erstarrung, die der erste Schreck hervorgerufen hatte. Ich kehrte mich um und rannte wie besessen bis zur nächsten Baumgruppe, die etwa hundert Yards entfernt war. Aber ich lief kreuz und quer und stolperte alle Augenblicke, denn ich brachte es nicht über mich, meine Augen von jenen Vorgängen abzuwenden.

Zwischen einigen jungen Fichten und Ginsterbüschen machte ich keuchend halt, um die weitere Entwicklung der Dinge abzuwarten. Die Weide rings um die Sandhügel war mit Leuten besät, die wie ich trotz des Grauens fasziniert dastanden und auf jene Geschöpfe oder vielmehr auf die Steinhaufen am Kraterrand starrten. Dann sah ich mit erneutem Entsetzen einen runden schwarzen Gegenstand, der an diesem Rand bald auftauchte, bald verschwand. Es war der Kopf jenes Kommis', der in die Grube gefallen war; er hob sich wie ein kleiner schwarzer Gegenstand vom glühenden Abendhimmel ab. Jetzt brachte er Schultern und Knie herauf und wieder schien er zurückzugleiten, bis nur noch sein Kopf sichtbar war. Plötzlich verschwand auch dieser, und mir war, als hätte ein schwacher Schrei mich erreicht.

Ich hatte einen Augenblick den Impuls, zurückzugehen und ihm zu helfen. Aber meine Furcht behielt die Oberhand.

Jetzt war nichts mehr zu sehen, da alles von der tiefen Grube und den Sandhaufen, die der Zylinder beim Aufprall gebildet hatte, verdeckt war. Wer jetzt die Straße entlang von Chobham oder Woking gekommen wäre, den hätte das Schauspiel, das sich ihm bot, in Erstaunen gesetzt: eine verstreute Menge von etwa hundert oder mehr Leuten, in einem großen unregelmäßigen Kreis in Mulden, hinter Büschen, hinter Zäunen und Hecken stehend, kaum zueinander redend, und dann nur in kurzen erregten Rufen, und unablässig auf einige Sandhaufen starrend. Der Karren mit dem Ingwerbier, ein seltsames Überbleibsel, stach schwarz von dem glühenden Abendhimmel ab. Bei den Sandgruben stand eine Reihe verlassener Fuhrwerke, deren Pferde aus Hafersäcken fraßen oder ungeduldig den Boden aufscharrten.

5
Der Hitzestrahl

Als ich die Marsmenschen sah, wie sie aus dem Zylinder hervorkrochen, in dem sie von ihrem Planeten auf die Erde gekommen waren, war ich wie von einem Zauber gelähmt. Ich verharrte knietief im Heidekraut und starrte auf die Sandhügel, die sie verbargen. In mir tobte ein Kampf zwischen Angst und Neugierde.

Ich wagte nicht, zur Grube zurückzugehen, aber ich wünschte leidenschaftlich, einen Blick hineinzuwerfen. Ich ging daher in einem weiten Bogen umher, um einen geeigneten Aussichtspunkt zu finden, behielt aber dabei unentwegt die Sandhaufen im Auge, die jene merkwürdigen Ankömmlinge meinen Blicken entzogen. Auf einmal zuckte ein Gewirr dünner schwarzer Peitschen wie Arme einer Krake vor dem Sonnenuntergang auf, um sofort wieder zu verschwinden. Dann kam schubweise ein dünner Stab hoch, an seiner Spitze eine kreisrunde Scheibe, die sich in schwerfälliger Bewegung drehte. Was konnte dort vorgehen?

Die meisten Zuschauer hatten sich in zwei Gruppen gesammelt – ein kleiner Menschenhaufen stand in Richtung Woking und ein Knäuel von Leuten in Richtung Chobham. Offenbar waren die Leute in dem gleichen seelischen Zwiespalt wie ich. Nur wenige waren ganz in meiner Nähe. In einem Mann erkannte ich einen meiner Nachbarn, obwohl ich seinen Namen nicht kannte. Ich trat auf ihn zu und sprach ihn an. Es war aber kein guter Augenblick für eine vernünftige Unterhaltung.

»Was für scheußliche Tiere!«, sagte er. »Herrgott! Was für scheußliche Tiere!« Er wiederholte das immer wieder.

»Haben Sie einen Menschen in der Grube gesehen?«, fragte ich ihn.

Er antwortete aber nicht. Wir schwiegen und standen eine Zeit lang beobachtend nebeneinander und empfanden, glaube ich, einen gewissen Trost in unserer Gesellschaft. Dann verlegte ich meinen Aussichtspunkt auf einen kleinen, etwas höheren Erdhügel. Als ich mich nach meinem Nachbarn umwandte, sah ich, wie er wieder nach Woking zurückkehrte.

Der Sonnenuntergang verblich allmählich zum Zwielicht. Noch ereignete sich nichts. Die Menge in der Ferne links nach Woking zu schien zu anwachsen, und ich vernahm ein schwaches Gemurmel. Das kleine Menschenknäuel vor Chobham zerstreute sich. Bei der Grube war kaum ein Anzeichen von einer Bewegung wahrzunehmen.

Mehr als alles andere gab das den Leuten ihren Mut zurück. Ich denke, dass auch die Neuankömmlinge aus Woking dazu beitrugen, wieder eine zuversichtlichere Stimmung zu wecken. Jedenfalls machte sich, als die Dunkelheit hereinbrach, eine langsame, bisweilen unterbrochene Bewegung auf den Sandhaufen zu bemerkbar, die umso mehr an Kraft zu gewinnen schien, wie die Stille des Abends rings um den Zylinder fortbestand. Aufrechte schwarze Gestalten in Zweier- und Dreiergruppen wagten sich vor, machten halt, spähten vorsichtig aus und schoben sich wieder vor. In einem sehr lockeren, unregelmäßigen Halbkreis versuchten die Leute, den Krater zu umringen. Auch ich ging langsam darauf zu.

Da entdeckte ich, wie einige Fuhrleute und andere sich kühn in die Sandgruben vorwagten. Ich vernahm das Klappern der Hufe und das Knirschen der Räder. Ich sah, wie ein junger Bursche den Karren mit Äpfeln wegzog. Und dann bemerkte ich etwa dreißig Yards von der Grube, aus der Richtung von

Horsell kommend, eine kleine schwarze Gruppe von Männern, deren vorderster eine weiße Fahne schwang.

Das war die Delegation. Es hatte eine hastige Beratung stattgefunden; und da die Marsmenschen trotz ihrer abstoßenden Gestalt intelligente Geschöpfe zu sein schienen, hatte man beschlossen, ihnen durch Zeichen, mit denen man sich ihnen näherte, zu zeigen, dass auch wir intelligent seien.

Ich sah die Fahne hin- und herflattern, erst nach rechts, dann nach links. Ich stand zu weit entfernt, um jemanden zu erkennen. Doch später erfuhr ich, dass Ogilvy, Stent und Henderson gemeinsam mit anderen diesen Verständigungsversuch unternehmen wollten. Diese kleine Gruppe hatte nun den Kreis der Schaulustigen, der sich fast vollständig geschlossen hatte, in eine schleifenartige Linie verwandelt. Eine Anzahl dünner schwarzer Gestalten folgte der Gruppe in angemessener Entfernung.

Plötzlich flammte ein Lichtstrahl auf. Eine Menge leuchtend, grünlicher Rauch schoss in drei deutlich sichtbaren Stößen aus der Grube. Eine Rauchsäule nach der anderen fuhr kerzengerade in die windstille Luft empor.

Als die Stöße sich erhoben war dieser Rauch – Flamme wäre vielleicht die zutreffendere Bezeichnung – so strahlend hell, dass sich der tiefblaue Himmel und die undeutlichen Streifen braunen Heidelandes vor Chertsey, die mit schwarzen Fichten bepflanzt waren, plötzlich zu verdüstern schienen und nur noch düsterer wurden, als sich der Rauch wieder verzogen hatte. Gleichzeitig hörte man einen schwachen zischenden Laut.

Jenseits der Grube stand der kleine Menschenhaufen mit der weißen Fahne an der Spitze bei diesem Anblick starr – ein kleiner Knäuel aufrechter, schwarzer Gestalten auf dem schwarzen Boden. Als der grüne Rauch aufstieg, flammten ihre Gesichter in einem fahlen Grün, das verblasste, sobald jener verschwand.

Da ging das Zischen allmählich in ein Summen über, in ein langes, lautes, surrendes Geräusch. Eine unförmige Gestalt erhob sich langsam aus der Grube. Ein winziger Lichtstrahl schien aus ihr hervorzuflackern.

Plötzlich fuhren wirkliche Flammen aus der zersprengten Menschengruppe hervor. In glänzenden Schwaden sprang das Licht von einem zum anderen. Es war, als wenn ein unsichtbarer Feuerstrahl in sie gefahren wäre und nun in einer weißen Flamme ausbräche. Es war, als ob sich jeder einzelne plötzlich in Feuer verwandelte.

Dann sah ich beim Lichte ihrer eigenen Vernichtung, wie sie taumelten und fielen und wie die, die sie stützten, sich zur Flucht umwandten.

Ich stand da und starrte und fasste es noch nicht, dass das der Tod war, der in jener fernen kleinen Menschenmenge von Mann zu Mann raste. Dass dort etwas Seltsames vorging, war alles, was ich empfand. Ein fast lautloser und blendender Blitz – und ein Mann stürzte der Länge nach hin und blieb regungslos liegen. Wenn das unsichtbare Hitzegeschoss über sie fuhr, gingen die Fichten in Flammen auf. Jeder dürre Ginsterbusch verwandelte sich knisternd in einen Feuerherd. In weiter Ferne in Richtung Knaphill sah ich Bäume und Hecken in Flammen und bemerkte, wie die Holzbauten plötzlich lichterloh brannten.

Der Lichtstrahl fuhr pfeilschnell und stetig ringsherum, er, dieser flammende Tod, dieses unsichtbare und unerbittliche Feuerschwert. An den glühenden Büschen sah ich, wie er auch näher auf mich zukam. Ich war aber zu verwirrt und zu betäubt, um mich von der Stelle zu rühren. Ich hörte das Knistern des Feuers in den Sandgruben und den plötzlichen Schrei eines Pferdes, der ebenso plötzlich verstummte. Dann war mir, als ob ein unsichtbarer, aber glühend heißer Finger auf der Heide zwischen mir und den Marsmenschen eine Linie zöge. Überall rauchte und knisterte der tiefschwarze Boden in gekrümmter Linie um die Sandgruben herum. In weiter Ferne, wo die Straße von der Bahnstation Woking links ins Heideland führte, stürzte etwas mit lautem Krach zusammen. Sofort verstummte das Zischen und Summen und der schwarze, kesselförmige Gegenstand sank, den Blicken entschwindend, langsam in die Grube.

All das war mit einer solchen Geschwindigkeit vor sich gegangen, dass ich reglos stehen blieb, erstarrt und geblendet von

den Flammenblitzen. Hätte der Tod in vollem Umkreis die Runde gemacht, ich wäre rettungslos mitten in meiner Betäubung getötet worden. Aber er ging vorüber und schonte mich und ließ mich plötzlich in der dunklen und unheimlichen Nacht zurück.

Auf ein Mal war es menschenleer. Über meinem Kopf tauchten nach und nach die Sterne auf. Nur am westlichen Himmel stand noch ein blasser, schimmernder, fast grünlich-blauer Streifen. Die Wipfel der Fichten und die Dächer von Horsell stachen scharf und schwarz im westlichen Widerschein hervor. Die Marsmenschen und ihre Gerätschaften waren vollkommen unsichtbar. Nur die dünne Stange blieb stehen, an deren Spitze die rastlose Spiegelscheibe sich drehte. Ein paar

Büsche und einzeln stehende Bäume glühten und rauchten immer noch. Und von den Häusern vor Woking stiegen noch Feuersäulen in die Stille der Abendluft auf.

Sonst hatte sich nichts geändert. Nur diese furchtbare Erschütterung! Die kleine Gruppe schwarzer Punkte mit der weißen Flagge war wie vom Erdboden verschluckt, und die Stille des Abends, so schien es mir, war kaum unterbrochen worden.

Da wurde mir klar, dass ich auf dieser düsteren Heide hilflos, unbeschützt und allein dastand. Und wie ein Wesen, das mich von außen überfiel, kam plötzlich die Angst.

Mühsam drehte ich mich um und begann stolpernd durch das Heidekraut zu laufen.

Die Angst, die mich heimsuchte, war keine vernünftige Angst, sie war ein panischer Schrecken, nicht nur vor den Marsmenschen, sondern auch vor dem Dunkel und der Stille rings um mich herum. Dies benahm mir den Mut so sehr, dass ich leise weinend wie ein Kind weiterlief. Jetzt, nachdem ich mich umgewandt hatte, wagte ich nicht mehr zurückzublicken.

Ich erinnere mich noch, wie fest ich davon überzeugt war, dass man bloß mit mir spiele, dass dieser geheimnisvolle Tod jeden Augenblick, schon als ich fast in Sicherheit war – schnell wie das Licht – aus dem Krater heraus mir nachhetzen und mich niederschlagen würde.

6

Der Hitzestrahl in der Chobham Road

Es ist noch immer ein ungelöstes Rätsel, wie die Marsleute imstande sind, Menschen so rasch und lautlos zu töten. Viele glauben, dass sie fähig sind, eine ungeheure Hitze in einem hermetisch abgeschlossenen Behälter zu erzeugen. Diese ungeheure Hitze übertragen sie in parallelen Strahlen auf jedes beliebige Objekt mithilfe eines geschliffenen parabolischen Spiegels, dessen Zusammensetzung unbekannt ist – ähnlich einem Lichtstrahl, den der parabolische Spiegel eines Leuchtturms aussendet. Doch noch niemand konnte diese Vermutungen beweisen. Wie auch immer es sich verhalten mag, gewiss ist, dass ein mächtiger Wärmestrahl das Wesentliche ist. Hitze und unsichtbares anstatt sichtbares Licht. Alles irgendwie Brennbare geht bei der Berührung dieses Strahles in Flammen auf; Blei zerfließt wie Wasser. Der Strahl erweicht Eisen, bricht und schmilzt Glas, und wenn er auf Wasser fällt, verdampft es unverzüglich.

In jener Nacht lagen etwa vierzig Menschen unter dem Sternenlicht um den Krater herum, verkohlt und bis zur Unkenntlichkeit entstellt. Die ganze Nacht blieb das Weideland von Horsell bis Maybury verödet. Die Feuer brannten nur allmählich nieder.

Die Nachricht von dem Gemetzel erreichte Chobham, Woking und Ottershaw wahrscheinlich zur gleichen Zeit. In Woking waren die Läden schon geschlossen, als das Unglück sich ereignete. Viele Menschen, Geschäftsleute und andere gingen, erregt von den Geschichten, die sie gehört hatten, über die Horsell Bridge die Straße entlang zwischen den Hecken, die zur Weide führten. Man kann sich vorstellen, wie das junge Volk nach der Arbeit des Tages zusammenströmte und jene Nachricht, so wie jede andere, zum Vorwand für gemeinsame Spaziergänge und landläufiges Liebesgeplänkel benutzte. Und man kann sich vorstellen, von welchem Stimmengewirr die abendliche Straße erfüllt war …

Bis jetzt wussten freilich nur wenig Leute in Woking, dass der Zylinder bereits geöffnet war, obwohl der arme Henderson einen Boten auf dem Fahrrad zum Postamt geschickt hatte, um einen besonderen Bericht an ein Abendblatt zu senden.

Als jene Leute in Gruppen zu zweit und zu dritt aufs offene Feld kamen, fanden sie kleine Menschenansammlungen in erregter Unterhaltung. Alles blickte auf den wirbelnden Spiegel über den Sandgruben. Die Erregung ergriff sogleich alle Neuangekommenen.

Um halb neun Uhr, als die Delegation vernichtet wurde, müssen sich etwa dreihundert Leute an jener Stelle befunden haben, nicht gezählt jene, die die Straße verlassen hatten, um sich näher an die Marsmenschen heranzuschleichen. Auch drei Polizisten, darunter ein Berittener, waren zugegen, die, Mr. Stents Weisungen folgend, ihr möglichstes taten, die Leute zurückzudrängen und sie abzuhalten, sich dem Zylinder zu nähern. Pfiffe und Hohngelächter wurden gehört. Sie kamen von jenen Gedankenlosen und Aufgeregten, denen jedes Gedränge Anlass zu Lärm und derben Scherzen bietet.

Stent und Ogilvy, die die Möglichkeit eines Zusammenstoßes ahnten, hatten von Horsell zur Kaserne telegrafiert, als die Marsleute auftauchten. Sie hatten um die Unterstützung einer Kompanie Soldaten gebeten, die jene fremdartigen Geschöpfe vor Gewalttätigkeiten schützen sollten. Danach waren sie gleich wieder zurückgekehrt, um jenen unglückseligen Vorstoß zu leiten. Die Beschreibung ihrer Ermordung, wie sie von der Menge beobachtet wurde, deckte sich genau mit meinen eigenen Eindrücken: die drei Stöße grünen Rauches, das tiefe summende Geräusch und die aufflammenden Blitze.

Doch die Gefahr, in der diese Menschenmenge schwebte, war noch größer als die meine. Sie rettete nur der Umstand, dass ein Sandhügel den unteren Teil des Hitzestrahls aufhielt. Wäre die Stange mit dem parabolischen Spiegel nur einige Yards höher gestiegen, es wäre niemand übrig geblieben, um den Vorgang zu bezeugen. Sie sahen die Blitze, beobachteten, wie die Männer hinstürzten, wie eine unsichtbare Hand zugleich das Gebüsch in Brand steckte, wie die Flamme im Zwielicht auf sie zuraste. Dann sauste der Strahl mit einem pfeifenden Laut, der das Surren in der Grube übertönte, dicht über ihre Köpfe hinweg, entzündete die Wipfel der Buchen, die die Straße säumten, zersplitterte die Ziegel, zerschmetterte die Fenster, verbrannte die Fensterrahmen und zertrümmerte einen Teil des Giebels eines Eckhauses.

Bei diesem plötzlichen Aufschlag, dem Zischen und dem blendenden Lichtschein der brennenden Bäume schien die Menge einige Augenblicke zögernd hin- und herzuschwanken. Funken und brennende Zweige und einzelne Blätter fielen wie flammende Geschosse auf die Straße. Hüte und Kleider fingen Feuer. Von der Weide hörte man erschreckte Rufe. Kreischende Schreie hallten von allen Seiten. Plötzlich kam ein berittener Schutzmann auf die Menge zugesprengt. Er schlug die Hände über dem Kopf zusammen und schrie aus Leibeskräften.

»Sie kommen!«, kreischte ein Weib. Sofort wendeten sich alle um und drängten die Dahinterstehenden, den Weg nach Woking frei zu machen. Wie eine Herde erschreckter Schafe stob die Menge blindlings auseinander. Zwischen den hohen Böschungen, wo die Straße eng und dunkel wurde, staute sich die Masse. Ein verzweifelter Kampf begann. Nicht alle konnten sich retten. Drei Personen, zwei Frauen und ein kleiner Knabe, wurden erdrückt und niedergetreten. Man ließ sie liegen und im Schrecken der Finsternis sterben.

7
Wie ich nach Hause kam

Was mich betrifft, entsinne ich mich an keine Einzelheiten meiner Flucht, nur dass ich an Baumstämme stieß und im Heidekraut strauchelte. Alles um mich herum unterlag der unsichtbaren Gewalt der Marsmenschen. Jenes erbarmungslose Feuerschwert schien auf und nieder zu sausen, funkelte mir zu Haupte, bevor es niederfuhr, um mir das Leben zu nehmen. Ich erreichte die Straße zwischen Horsell und den Kreuzwegen und lief darauf bis zur Kreuzung zu.

Schließlich konnte ich nicht mehr weiter. Ich war von der Heftigkeit meiner Erregung und meiner Flucht erschöpft. Ich taumelte und stürzte nieder. Das war nahe der Brücke, die bei den Gaswerken den Kanal kreuzt. Ich fiel nieder und blieb still liegen.

So muss ich eine ganze Weile gelegen haben.

Merkwürdig verwirrt richtete ich mich schließlich auf. Einen Augenblick vielleicht war mir nicht klar, wie ich hierhergekommen war. Mein Schrecken war wie ein Kleidungsstück von mir gefallen. Mein Hut war verschwunden, mein Kragen war vom Hemdknopf gerissen. Noch Minuten zuvor standen nur drei Dinge greifbar vor mir: die Unermesslichkeit der Nacht, des Raumes und der Natur, meine eigene Schwäche und Angst und das Nahen des Todes. Nun aber war mir, als hätte sich alles geändert. Mein Gesichtspunkt hatte sich im Nu verschoben. Ich konnte keinen merklichen Übergang von einem Gemütszustand in den anderen wahrnehmen. Ganz unvermittelt war ich wieder mein eigenes alltägliches Selbst, ein gewöhnlicher, ehrbarer Bürger. Die schweigende Heide, meine gehetzte Flucht, die aufschießenden Flammen, alles dies erschien mir jetzt wie ein Traum. Ich fragte mich, ob sich alle diese Dinge wirklich ereignet hatten. Ich konnte es nicht glauben.

Ich erhob mich und stieg unsicher die steile Brücke hinauf. In mir war nichts als eine große Verblüffung. Muskeln und Nerven schienen alle Kraft verloren zu haben. Ich kann wohl sagen, dass ich wie ein Betrunkener taumelte. Über dem Brückenbogen tauchte ein Kopf auf. Die Gestalt eines Arbeiters erschien, der einen Korb trug. Ein kleiner Knabe lief neben ihm her. Er ging an mir vorüber und wünschte mir gute Nacht. Ich wollte mit ihm sprechen, konnte es aber nicht. Ich erwiderte seinen Gruß mit einem bedeutungslosen Gemurmel und ging weiter über die Brücke.

Über den Maybury-Viadukt brauste südwärts ein Zug, ein wogendes Wallen weißen, feurigen Rauches, eine lange Raupe erleuchteter Fenster: ein Poltern und Rasseln und Klirren, und fort war er. Eine kleine Gruppe von Leuten stand plaudernd im Flur eines hübschen Giebelhauses. Das alles war so wirklich und vertraut. Und alles, was hinter mir lag: wie unsinnig und fantastisch es war! Solche Dinge, sagte ich mir, konnte es ja gar nicht geben.

Ich bin vielleicht ein Mann von ganz besonderen Stimmungen. Ich weiß nicht, wie weit meine Erfahrungen allgemeiner Natur gehen. Ich habe Zeiten, in denen ich von den seltsamsten Empfindungen heimgesucht werde, als sei ich von mir selbst und meiner Umgebung losgelöst. Mir ist, als beobachte ich alles von außen her, aus einer unfasslich großen Entfernung, außerhalb der Zeit, außerhalb des Raumes, jenseits von allem, was bedrückt und traurig macht. Dieses Gefühl war in jener Nacht sehr stark. Das war ein anderer Teil meines Traumes.

Was mich aber verwirrte, war der schreiende Widerspruch zwischen der Heiterkeit, die meine Augen erblickten, und dem pfeilschnellen Tod, der dort drüben, nicht zwei Meilen entfernt, umherraste. Von den Gaswerken her scholl geschäftiger Lärm. Die elektrischen Lampen strahlten hell. Als ich zur plaudernden Menschengruppe kam, hielt ich ein.

»Was gibt's Neues auf der Weide?«, fragte ich.

Zwei Männer und eine Frau standen beim Tor.

»Was?«, rief einer der Männer und drehte sich zu mir.

»Was es Neues auf der Weide gibt?«, wiederholte ich.

»Ja, sind Sie denn nicht gerade dort gewesen?«, fragten die Männer.

»Die Leute scheinen ja ganz verrückt zu sein wegen der Weide«, ließ sich jetzt die Frau vom Flur her vernehmen. »Was ist denn eigentlich los?«

»Haben Sie denn nichts von den Marsmenschen gehört?«, fragte ich. »Von den Geschöpfen vom Mars?«

»Mehr als genug«, sagte die Frau, »danke.« Alle drei lachten.

Ich fühlte mich beschämt und verärgert. Ich versuchte, ihnen mitzuteilen, was ich gesehen hatte, und konnte es nicht. Sie lachten immer nur über meine gebrochenen Sätze.

»Ihr werdet noch mehr davon hören«, sagte ich und ging weiter zu meinem Haus.

Schon im Hausflur erschreckte ich meine Frau durch meine eingefallenen Züge. Ich ging ins Speisezimmer, setzte mich, trank etwas Wein, und sowie ich mich etwas gesammelt hatte, erzählte ich ihr, was ich gesehen hatte. Das Essen, das aus kalten Gerichten bestand, war schon aufgetragen, blieb aber unberührt auf dem Tisch, während ich alles erzählte.

»In einem kann ich dich beruhigen«, sagte ich, um die Furcht, die ich in ihr geweckt hatte, wieder abzuschwächen. »Es sind die plumpsten Geschöpfe, die ich je kriechen sah. Sie mögen die Grube besetzt halten und alle Leute, die ihnen nahekommen, umbringen, aber sie können nicht aus ihr heraus ... Aber scheußlich sind sie!«

»Bitte, nicht!«, sagte meine Frau. Sie zog ihre Brauen zusammen und legte ihre Hand auf die meine.

»Der arme Ogilvy!«, sagte ich. »Daran zu denken, dass er tot da draußen liegt!«

Meine Frau jedenfalls fand meine Erlebnisse nicht unglaubwürdig. Als ich sah, wie die totenbleich ihr Gesicht wurde, brach ich plötzlich ab.

»Sie könnten hierherkommen«, sagte sie immer wieder.

Ich bat sie, Wein zu trinken, und bemühte mich, sie zu beruhigen.

»Sie können sich ja kaum bewegen«, sagte ich.

Ich begann nun, sie und mich selbst dadurch zu trösten, dass ich alles wiederholte, was Ogilvy mir über die Unmöglichkeit eines dauernden Aufenthaltes der Marsbewohner auf der Erde gesagt hatte. Besonderes Gewicht legte ich auf die Schwierigkeiten der Gravitation. Auf der Oberfläche der Erde ist die Schwerkraft drei Mal so groß wie auf dem Mars. Ein Marsbewohner würde daher hier drei Mal so viel wiegen, seine Muskelkraft aber würde gleich bleiben. Sein eigener Körper müsse ihn daher drücken wie Blei. Tatsächlich war das auch die allgemeine Ansicht. Sowohl die »Times« als auch der »Daily Telegraph« – nebst anderen Blättern – wiesen am nächsten Morgen nachdrücklich darauf hin. Beide Zeitungen übersahen ebenso wie ich zwei Einflussgrößen, die dies offensichtlich verändern.

Wie wir jetzt wissen, enthält die Atmosphäre der Erde weit mehr Sauerstoff oder, anders ausgedrückt, weit weniger Argon als die des Mars. Der kräftigende Einfluss von so viel Sauerstoff auf die Marsleute trug unstrittig sehr dazu bei, der größeren Schwere ihrer Körper das Gleichgewicht zu halten. Zweitens übersahen wir die Tatsache, dass die technische Intelligenz der Marsleute sie vollkommen befähigte, sich zur Not ohne jeden Muskelaufwand zu behelfen.

Zu jener Zeit aber erwog ich diese Punkte nicht und übersah so die gefährlichen Möglichkeiten jener Eindringlinge. Durch Wein und Speise und die Notwendigkeit, meine Frau zu beruhigen, wurde ich selbst nach und nach beherzter und sorgloser.

»Sie haben eine große Dummheit begangen«, sagte ich und ergriff mein Weinglas. »Sie sind gefährlich, weil sie zweifelsohne selbst aus Furcht ganz verrückt geworden sind. Vielleicht erwarteten sie nicht, hier lebende Wesen zu finden, gewiss aber nicht intelligente Lebewesen. Im schlimmsten Fall wirft man eine Bombe in die Grube. Die wird sie alle töten.«

Die ungeheure Aufregung über die letzten Ereignisse hatte meine Auffassungsgabe ohne Zweifel in einen Zustand großer Reizbarkeit versetzt. Ich erinnere mich an jene Mahlzeit noch jetzt mit großer Deutlichkeit. Das anmutige Gesicht meiner Frau unter dem rosafarbenen Lampenschirm, wie sie mich ängstlich ansah, das weiße Tischtuch mit den silbernen und gläsernen Gerätschaften – denn in jenen Tagen erlaubten sich selbst philosophische Schriftsteller manchen kleinen Luxus –, der purpurrote Wein in meinem Glas, das alles sehe ich fotografisch genau vor mir. Am Ende des Tisches saß ich selbst, spielte mit meiner Zigarette, beklagte Ogilvys Übereifer und verwünschte die kurzsichtige Furchtsamkeit der Marsleute. Ich wusste nicht, dass dies die letzte normale Mahlzeit vor vielen merkwürdigen und schrecklichen Tagen sein sollte.

8
Freitagnacht

Von allen sonderbaren und erstaunlichen Dingen, die sich an jenem Freitag begaben, war für mich das Verhältnis der Alltagsgewohnheiten unserer gesellschaftlichen Ordnung zu den ersten Anzeichen jener Ereignisse am merkwürdigsten, Ereignisse, die diese gesellschaftliche Ordnung über den Haufen werfen sollten. Hätte man Freitagnacht mit einem Zirkel einen Kreis mit einem Radius von fünf Meilen rund um die Wokinger Sandgruben gezogen, hätte man – davon bin ich überzeugt – außer etwa den Angehörigen Mr. Stents oder den paar Radfahrern aus London, die tot auf der Weide lagen, kein menschliches Wesen außerhalb dieses Kreises gefunden, dessen Empfindungen oder Gewohnheiten nur im geringsten von den Neuankömmlingen berührt wurden. Viele Leute hatten natürlich von dem Zylinder gehört. Wenn sie Zeit hatten, sprachen sie wohl auch davon. Sicher aber machte die Geschichte längst nicht die Sensation, die etwa ein Ultimatum an Deutschland gemacht haben würde.

In London wurde in jener Nacht das Telegramm des armen Henderson, das die allmähliche Aufschraubung des Geschosses beschrieb, ganz allgemein für eine Ente gehalten. Sein Abendblatt telegrafierte an ihn um eine aufklärende Bestätigung zurück. Da aber keine Antwort von ihm eintraf – der Mann war ja tot –, beschloss man, keine Sonderausgabe herauszugeben.

Selbst innerhalb des Fünf-Meilen-Kreises blieb die große Mehrheit der Leute beherrscht. Das Verhalten der Männer und Frauen, mit denen ich sprach, habe ich schon beschrieben. Im ganzen Umkreis setzten sich die Leute mittags und abends zu Tisch. Arbeiter besorgten nach der Arbeit ihren Garten, Kinder wurden zu Bett gebracht. Junge Leute und Liebespaare lustwandelten in den Heckenwegen. Gelehrte saßen über ihren Büchern.

Mag sein, dass in den Dorfstraßen Gerüchte umgingen und in den Schenken ein neuer Gesprächsstoff auftauchte, dass ab und zu ein Bote oder sogar ein Augenzeuge der jüngsten Ereignisse einen Sturm von Aufregung, wildes Geschrei und erschreckte Zusammenläufe verursachte. Aber im Großen und Ganzen ging das alltägliche Treiben – Arbeiten, Essen, Trinken, Schlafen – weiter wie seit ungezählten Jahren, als ob es keinen Planeten Mars am Himmel gäbe. Selbst auf der Bahnstation Woking, in Horsell und in Chobham war das der Fall.

Am Knotenpunkt von Woking sah man noch zu später Stunde Züge halten und abfahren, andere wurden verschoben, Reisende stiegen aus und warteten, und alles ging in der gewohnten Weise vor sich. Ein Zeitungsjunge aus der Stadt verkaufte, unbekümmert um Mr. Smiths Monopol, die Blätter mit den Neuigkeiten des Nachmittags. Das Klirren und Stoßen der Wagen und die gellenden Pfiffe der Lokomotiven vermischten sich mit seinem Geschrei: »Männer vom Mars!« Um neun Uhr kamen einige erregte Leute mit unglaubwürdigen Berichten auf den Bahnhof, riefen aber keine größere Verwirrung hervor als etwa Betrunkene. Leute, die in Richtung London fuhren und durch die Wagenfenster in die Dunkelheit hinausblickten, sahen nur einen seltsam flackernden, immer wieder erlöschenden und immer wieder auftauchenden Lichtschein vor Horsell schimmern, sahen eine rote Glut und einen dünnen Rauchschleier zum Himmel treiben. Sie hielten es allenfalls für ein Heidefeuer. Nur am äußersten Rand des Weidelandes konnte man einige Aufregung verspüren.

An der Gemeindegrenze von Woking brannten etwa sechs Landhäuser. In allen Häusern der drei Dörfer auf der Weideseite brannte Licht und die Leute wachten bis zum Tagesanbruch.

Neugierige Menschenhaufen hielten sich hartnäckig auf den Brücken in Chobham und in Horsell. Leute kamen und gingen, aber die Menge blieb. Einige waghalsige Gesellen schlichen sich, wie man später hörte, in die Dunkelheit hinaus und krochen ganz nahe an die Marsmenschen heran. Doch sie kehrten nie wieder zurück. Von Zeit zu Zeit strich ein Lichtstrahl wie der Scheinwerfer eines Kriegsschiffes über die Weide und unmittelbar darauf folgte der Hitzestrahl. Von diesen Unterbrechungen abgesehen, schien jene große Fläche schweigend und verlassen. Die verkohlten Leichen lagen hier die ganze Nacht unter den Sternen und blieben den ganzen nächsten Tag dort. Aus dem Krater hatten viele Leuten ein hämmerndes Geräusch vernommen.

Das war der Stand der Dinge Freitagnacht. Im Mittelpunkt der Zylinder, der in der Rinde unseres alten Planeten wie ein vergifteter Wurfspeer steckte. Doch das Gift war noch kaum wirksam. In der übrigen Welt floss der Strom des Lebens wie schon seit undenklichen Zeiten. Das Fieber des Krieges musste erst noch aufkommen, das bald das Blut in den Adern gerinnen lassen, Nerven aufreiben und den Verstand zersetzen sollte.

Eine ganze, schlaflose Nacht hindurch hämmerten die Marsleute offenbar unermüdlich an Maschinen, die sie instand setzten. Immer wieder fuhr eine Masse grünlich-weißen Rauches zum sternenhellen Himmel auf.

Ungefähr um elf Uhr zog ein Zug Soldaten durch Horsell und verteilte sich am Rand der Weide, um einen Kordon zu bilden. Später marschierte ein zweiter Zug durch Chobham, um sich auf der Nordseite zu verteilen. Einige Offiziere von der Inkerman-Kaserne waren schon am frühen Morgen auf der Weide angekommen. Einer, Major Eden, wurde als vermisst gemeldet. Der Oberst des Regiments kam um Mitternacht zur Brücke von Chobham und befragte eifrig die Menge. Die militärischen Behörden waren sich des Ernstes der Lage ohne

Zweifel völlig bewusst. Am nächsten Morgen konnten die Zeitungen mitteilen, dass um elf Uhr eine Schwadron Husaren, zwei Maximgeschütze und etwa vierhundert Mann des Cardigan-Regiments von Aldershot aufbrachen.

Wenige Sekunden nach Mitternacht sah die Menge in der Chertsey Road in Woking einen Stern in nordwestlicher Richtung ins Fichtengehölz stürzen. Er fiel unter grünen Lichterscheinungen und blendete wie ein sommerlicher Blitz. Das war der zweite Zylinder.

9
Der Kampf beginnt

Der Samstag lebt in meiner Erinnerung als ein Tag der Gnadenfrist. Er war auch ein Tag der Abspannung, heiß und schwül. Wie man mir mitteilte, wechselte das Barometer unaufhörlich. Meiner Frau war es gelungen, bald einzuschlafen. Ich aber fand nur wenig Schlaf und stand früh auf.

Vor dem Frühstück ging ich in den Garten und blieb dort lauschend stehen. Aber in der Richtung Weide regte sich nichts als eine Lerche.

Der Milchmann kam wie gewöhnlich. Ich hörte das Rasseln seines Karrens und ging ums Haus herum zum Seitenpförtchen, um von ihm die letzten Neuigkeiten zu erfahren. Er erzählte mir, dass die Truppen die Marsmenschen im Laufe der Nacht eingekreist hätten und dass man die Geschütze erwarte. Ich hörte einen Zug nach Woking fahren– ein vertrautes, beruhigendes Geräusch!

»Man will sie nicht töten«, sagte der Milchmann, »wenn man es nur irgendwie vermeiden kann.«

Ein Nachbarn arbeitete in seinem Garten. Ich plauderte eine Weile mit ihm und schlenderte dann gemächlich ins Haus zurück, um zu frühstücken. Es war ein ganz gewöhnlicher Morgen. Mein Nachbar war der Ansicht, den Truppen werde es schon gelingen, die Marsleute während im Verlauf des Tages entweder gefangen zu nehmen oder zu vernichten.

»Es ist wirklich schade, dass sie sich so verschanzen«, sagte er. »Es wäre doch interessant zu hören, wie man auf einem anderen Planeten lebt. Wir könnten das eine oder andere von ihnen erfahren.«

Er kam an den Zaun heran und hielt mir eine Hand voll Erdbeeren hin, denn er gärtnerte ebenso freigebig wie leidenschaftlich. Zugleich teilte er mir mit, dass das Fichtengehölz bei den Byfleet Golf Links in Flammen stünde.

»Man sagt«, erzählte er, »dass dort noch so ein verdammtes Ding eingefallen wäre – Nummer zwei. Doch eins ist wirklich genug. Diese Bescherung wird die Versicherungsleute ein schönes Stück Geld kosten, bis alles wieder in Ordnung ist.«

Er lachte mit der Miene eines überaus gut gelaunten Mannes, als er das sagte. Das Gehölz, fuhr er fort, brenne noch immer, und er zeigte mir eine trübe Rauchwolke. »Sie werden es noch tagelang heiß unter den Füßen spüren wegen dem Torf und der dichten Schicht glühender Fichtennadeln«, sagte er. Dann wurde er ernst und sprach vom armen Ogilvy.

Nach dem Frühstück entschloss ich mich, anstatt zu arbeiten, einen Gang zur Weide zu machen.

Unter der Eisenbahnbrücke traf ich eine Gruppe von Soldaten. Es waren Pioniere, wie ich glaube, Leute mit kleinen runden Mützen, schmutzigen offenen roten Jacken, die ihre blauen Hemden sehen ließen, in dunklen Hosen und Stiefeln, die bis zur Wade reichten. Sie sagten mir, niemand dürfe über den Kanal. Als ich meine Blicke die Straße entlang auf die Brücke richtete, sah ich dort einen Mann des Cardigan-Regiments Wache stehen. Mit den Soldaten sprach ich eine Zeit lang. Ich erzählte ihnen von meiner Begegnung mit den Marsleuten am Vorabend. Keiner von ihnen hatte die Marsleute zu Gesicht bekommen. Sie machten sich nur ganz unklare Vorstellungen von ihnen. So kam es, dass sie mich mit Fragen bestürmten. Sie erzählten mir, sie wüssten nicht, wer das Eingreifen der Truppen veranlasst hätte. Sie vermuteten, bei der berittenen Garde hätte eine Auseinandersetzung stattgefunden. Der gewöhnliche Pionier ist bei weitem gebildeter als der gemeine Soldat, und sie besprachen die sonderbaren Bedingungen des voraussichtlichen Kampfes mit ziemlich viel Scharfsinn. Ich schilderte ihnen den Hitzestrahl, und sie fingen an, sich darüber zu streiten.

»Sich getarnt an sie heranschleichen und dann erst auf sie losstürzen, sage ich«, meinte einer.

»Hör auf!«, sagte ein anderer. »Wozu denn Tarnung bei dieser Hitze? Höchstens um dich besser zu braten. Nein, wir müssen so nahe heranrücken, wie das Terrain es erlaubt, und dann einen Graben ziehen.«

»Zum Kuckuck mit deinen Gräben! Du brauchst immer Gräben. Du hättest als Kaninchen zur Welt kommen sollen, Snippy.«

»Sie haben also wirklich keinen Nacken?«, fragte mich plötzlich ein dritter, ein kleiner, dunkler, nachdenklicher Mann, der eine Pfeife rauchte.

Ich wiederholte meine Beschreibung.

»Oktopoden«, sagte er, »Oktopoden sind das für mich. Da spricht man von Menschenfischern – diesmal heißt es Fische bekämpfen!«

»Es ist kein Mord, solche Bestien umzubringen«, sagte der erste Sprecher.

»Warum diese verfluchten Dinger nicht zusammenschießen und ein Ende mit ihnen machen?«, meinte der kleine Dunkelhaarige. »Man kann nicht wissen, was sie noch anstellen.«

»Wo sind denn deine Bomben?«, höhnte der erste. »Dazu ist nicht mehr Zeit. Einen Überfall machen, das ist mein Plan, und das sofort.«

Auf diese Weise besprachen sie den Fall weiter. Nach einer Weile verließ ich sie und ging zum Bahnhof, um mir so viele Morgenblätter wie möglich zu beschaffen.

Ich will aber den Leser mit einer Beschreibung des langen Morgens und des noch längeren Nachmittags nicht ermüden. Es gelang mir nicht, auch nur einen Blick auf die Weide zu werfen. Selbst die Kirchtürme von Horsell und Chobham waren in den Händen des Militärs. Die Soldaten, an die ich mich wandte, wussten nicht das geringste. Die Offiziere waren ebenso geheimnisvoll wie geschäftig. Die Leute in der Stadt fühlten sich, wie ich sah, vollkommen sicher bei der Anwesenheit des Militärs. Damals erst hörte ich von Marshall, dem Tabakhändler, sein Sohn befände sich unter den Toten auf der Weide. Die Soldaten hatten die Bewohner am Rand von Horsell genötigt, ihre Häuser zu schließen und zu verlassen.

So kehrte ich überaus ermüdet etwa zwei Uhr zum Mittagessen nach Hause zurück, denn, wie schon erwähnt, war der Tag drückend heiß. Um mich etwas zu erfrischen, nahm ich nachmittags ein kaltes Bad. Ungefähr um halb fünf ging ich zum Bahnhof, um mir ein Abendblatt zu kaufen, denn die Morgenblätter hatten nur sehr unzulängliche Berichte von der Ermordung Stents, Hendersons, Ogilvys und der anderen enthalten. Auch sonst stand wenig darin, was ich nicht schon wusste. Die Marsleute ließen nicht einen Zentimeter von sich sehen.

Sie schienen in ihrer Grube sehr geschäftig zu sein. Man vernahm ein unentwegtes Hämmern und sah fast ununterbrochen Rauchsäulen aufsteigen. Sie waren augenscheinlich beschäftigt, sich für einen Kampf in Bereitschaft zu setzen.

»Erneute Versuche wurden gemacht, eine Verständigung zu erzielen, doch ohne Erfolg«, das war eine stereotype Wendung der Blätter. Ein Pionier erzählte mir, der Annäherungsversuch habe darin bestanden, dass ein Mann in einer Grube an einer langen Stange eine Fahne schwenkte. Die Marsleute schenkten solchen Maßnahmen ebenso große Beachtung wie wir etwa dem Muhen einer Kuh.

Ich muss gestehen, dass mich der Anblick all dieser Ausrüstungen und Vorbereitungen aufs äußerste erregte. Meine Einbildungskraft wurde kriegerisch und besiegte die Eindringlinge auf vielerlei hervorragende Weise. Ein Stück meiner Schulknabenträume von Schlacht und Heldentum erwachte wieder in mir. Diesmal aber schien es mir kein ehrlicher Kampf zu sein. So hilflos erschienen mir jene Geschöpfe in ihrer Grube.

Etwa drei Uhr hörte man von Chertsey oder Addlestone her in dosierten Abständen die ersten Kanonenschüsse. Ich erfuhr, dass man das glimmende Fichtengehölz, in das der zweite Zylinder gefallen war, beschoss. Man hoffte, das Rohr zu zerstören, bevor es sich öffnete. Indessen dauerte es bis etwa fünf Uhr, ehe ein Feldgeschütz Chobham erreichte, um gegen die erste Abteilung der Marsleute gerichtet zu werden.

Um sechs Uhr abends, als ich mit meiner Frau im Gartenhaus beim Tee saß und eifrig den Kampf besprach, der uns bevorstand, hörte ich gedämpften Donner von der Weide her dröhnen. Unmittelbar darauf erscholl überaus heftiges Geschützfeuer. In blitzartiger Folge hörte ich ein furchtbares prasselndes Krachen, das den Boden erschütterte. Auf die Weise hinausstürzend, sah ich, wie die Wipfel der Bäume beim Oriental College in rauchenden roten Flammen standen und der Turm der kleinen Kirche daneben einstürzte. Die Kuppel der Moschee war verschwunden, und der Dachstuhl der Schule sah aus, als hätte ihn ein Hundertpfünder beschossen. Einer unserer Schornsteine zerflog, als wäre er von einer Bombe getroffen worden. Die Steine kamen über die Dachziegel herabgepoltert und bildete einen Haufen roter Trümmer auf dem Blumenbeet vor dem Fenster meines Studierzimmers.

Meine Frau und ich blieben wie betäubt stehen. Dann wurde mir klar, dass der Kamm des Maybury Hill im Bereich des Hitzestrahls der Marsleute sein müsse, jetzt, da das Schulgebäude aus dem Weg geräumt war.

Da fasste ich meine Frau am Arm. Ohne weitere Überlegung stürzte ich mich auf die Straße hinaus. Dann holte ich das Dienstmädchen und versprach ihr, den Koffer, nach dem sie jammerte, selbst hinunterzubringen.

»Wir können unmöglich hierbleiben«, sagte ich. Während ich sprach, hörte man einen Augenblick wieder Geschützfeuer auf der Weide.

»Aber wohin sollen wir gehen?«, fragte meine Frau entsetzt.

Verwirrt überlegte ich. Dann erinnerte ich mich an ihre Verwandten in Leatherhead.

»Leatherhead!«, schrie ich, den plötzlichen Lärm übertönend.

Sie blickte den Hügel hinunter. Die Leute stürzten erschreckt aus ihren Häusern.

»Wie sollen wir nach Leatherhead kommen?«, fragte sie.

Am Fuße des Hügels sah ich einen Trupp Husaren unter der Eisenbahnbrücke durchreiten. Sie sprengten durch die offenen Tore des Oriental College. Zwei stiegen vom Pferd und begannen, von Haus zu Haus zu laufen.

Die Sonne leuchtete durch den Rauch, der von den Wipfeln der Bäume aufstieg. Sie schien blutrot und warf auf alles einen ungewohnt düsteren Schein.

»Bleib hier stehen«, sagte ich, »hier bist du sicher«. Dann eilte ich sofort zu dem ›Gefleckten Hund‹, denn ich wusste, dass der Wirt ein Pferd und einen Dogcart besaß. Ich rannte, denn ich sah voraus, dass in kürzester Zeit jeder diese Seite des Hügels verlassen würde.

Ich fand den Wirt in seinem Schankzimmer, völlig unwissend über alles, was hinter seinem Hause vor sich ging. Ein Mann, der mir den Rücken zuwandte, sprach mit ihm.

»Ich will ein Pfund«, sagte der Wirt, »und außerdem habe ich keinen Kutscher.«

»Ich gebe Ihnen zwei Pfund«, sagte ich über die Schulter des Fremden hinweg.

»Wofür?«

»Und ich bringe Ihnen den Wagen um Mitternacht zurück«, sagte ich.

»Herrgott!«, rief der Wirt. »Wozu denn die Eile? Da bleibt einem ja der Verstand stehen. Zwei Pfund, und Sie wollen ihn zurückbringen? Was ist denn los?«

Ich brachte ihm hastig bei, dass ich mein Haus verlassen müsse, und so sicherte ich mir das Gefährt. Es erschien mir damals längst nicht so dringend, dass auch der Wirt sein Haus verlassen müsse. Ich trug Sorge, den Wagen auf der Stelle zu bekommen, fuhr mit ihm die Straße hinunter und ließ ihn unter der Obhut meiner Frau und meines Dienstmädchens. Dann stürzte ich ins Haus zurück und raffte einige wertvolle Dinge zusammen.

Die Buchen unterhalb des Hauses brannten lichterloh und das Gitter zur Straße hin glühte. Während ich noch meine Sachen packte, kam einer der Husaren heraufgelaufen. Er eilte von Haus zu Haus, um die Leute zur Flucht zu mahnen. Er lief schon wieder fort, als ich aus der Haustür trat und meine Schätze mit mir schleppte, die ich in ein Tischtuch gebunden hatte. Ich schrie ihm nach: »Was gibt's Neues?«

Er wandte sich um, starrte mich an und brüllte etwas von »rauskriechen in einem Ding, das wie ein Schüsseldeckel aussieht«. Damit lief er weiter zu dem Tor des Hauses auf der

Spitze des Kammes. Ein jäher Wirbel schwarzen Rauches zog der die Straße entlang und verbarg ihn einen Augenblick.

Ich lief zur Tür meines Nachbars, klopfte an und überzeugte mich von dem, was ich bereits wusste: Er war mit seiner Frau nach London gefahren und hatte sein Haus verschlossen. Ich eilte meinem Versprechen getreu ins Haus zurück, holte den Koffer meines Dienstmädchens, schleifte ihn heraus und befestigte ihn neben ihr auf dem Rücksitz des Wagens. Dann ergriff ich die Zügel und schwang mich auf den Kutschbock neben meine Frau. Im nächsten Augenblick waren wir Rauch und Lärm entkommen und jagten den Abhang gegenüber dem Maybury Hill hinab nach Old Woking.

Vor uns lag eine stille, sonnige Landschaft, Weizenfelder, die von jeder Seite der Straße aufstiegen, und das Wirtshaus von Maybury mit seinem hin- und herschwankenden Schild. Vor uns sah ich das Gefährt des Doktors. Am Fuß des Hügels wandte ich mich um, um die Hügelseite, die wir jetzt verließen, noch einmal zu sehen. Dichte Säulen schwarzen Rauches, durchzuckt von roten Feuerzungen, ragten in die stille Luft hinauf und warfen dunkle Schatten auf die grünen Baumwipfel im Osten. Der Rauch breitete sich schon weit aus, dem Fichtenwald von Byfleet im Osten und nach Woking im Westen zu. Die Straße war voller Leuten, die uns entgegenliefen. Und jetzt hörte man äußerst leise, aber deutlich das Knattern eines Maschinengeschützes durch die heiße, stille Luft hindurch, das rasch wieder verstummte, und zwischendurch das Krachen von Gewehren. Die Marsleute steckten offenbar alles in Reichweite ihres Hitzestrahls in Brand.

Ich bin kein erfahrener Kutscher und musste meine ganze Aufmerksamkeit auf das Pferd lenken. Als ich mich wieder umblickte, war der zweite Hügel von schwarzem Rauch verschluckt. Ich hieb mit der Peitsche auf das Pferd und hielt die Zügel lose, bis Woking und Send zwischen uns und diesem rasenden Aufruhr lagen. Den Doktor hatte ich zwischen Woking und Send überholte.

10
Im Sturm

Leatherhead ist etwa zwölf Meilen von Maybury Hill entfernt. Ein Duft von frischem Heu lag in der Luft, als wir zu den üppigen Wiesen jenseits von Pyrford kamen. Die Büsche beiderseits des Weges standen im fröhlichen Schmuck wilder Rosen. Das heftige Schießen, das begann, als wir den Maybury Hill hinabfuhren, hörte ebenso unvermutet auf, wie es eingesetzt hatte. Der Abend war wieder friedlich und still. Wir kamen ohne jeden Unfall ungefähr neun Uhr nach Leatherhead. Das Pferd rastete eine Stunde, während ich mit meinen Verwandten das Abendbrot nahm und meine Frau in ihre Obhut gab.

Meine Frau war während der Fahrt auffallend schweigsam gewesen und schien auch jetzt von böse Vorahnungen bedrückt zu sein. Ich versuchte, sie in jeder Weise aufzuheitern, bewies ihr, dass die Marsmenschen durch ihr Schwergewicht an die Grube gebunden seien und dass sie allenfalls nur etwas aus ihr herauskriechen könnten. Aber sie gab mir nur einsilbige Antworten. Hätte sie nicht das Versprechen, das ich dem Wirt gegeben hatte, abgehalten, hätte sie wohl auf mich eingedrungen, jene Nacht in Leatherhead zu bleiben. Bei Gott, hätte ich es nur getan! Ich erinnere mich noch, wie bleich ihr Gesicht war, als wir Abschied nahmen.

Ich selbst war den ganzen Tag in fieberhafter Erregung. Etwas von dem Kriegsfieber, das gelegentlich jede zivilisierte Gemeinschaft erfasst, war in mein Blut gefahren. Tief in mir war ich nicht besonders bekümmert, noch in dieser Nacht nach Maybury zurückzumüssen. Ich dachte sogar, dass jenes letzte Gewehrfeuer, das ich gehört hatte, die Vertilgung unserer Eindringlinge vom Mars bedeutet hatte. Genaugenommen wollte ich bei ihrem Tod dabei sein.

Es war fast elf Uhr, als ich mich zur Rückfahrt anschickte. Die Nacht war unerwartet finster. Als ich aus dem erleuchteten Hausflur trat, schien sie mir geradezu schwarz. Es war heiß und schwül wie bei Tage. Zu unseren Köpfen jagten die Wolken, obwohl das Buschwerk um uns von keinem Windhauch bewegt wurde. Der Diener zündete beide Wagenlampen an. Zum Glück kannte ich die Straße sehr genau.

Meine Frau stand im Licht der Einfahrt und sah mir zu, wie ich mich auf den Wagen schwang. Dann wandte sie sich plötzlich um und ging hinein. Sie überließ es unseren Verwandten, mir eine glückliche Fahrt zu wünschen.

Anfangs war ich ein wenig bedrückter Stimmung, denn die ängstliche Stimmung meiner Frau hatte mich angesteckt. Sehr bald aber kehrten meine Gedanken zu den Marsleuten zurück. Ich wusste damals noch nichts davon, wie der Kampf am Abend verlaufen war. Ich kannte nicht einmal die Umstände, die den Zusammenstoß beschleunigt hatten. Als ich durch Ockham kam – denn zurück fuhr ich nicht wieder über Send und Woking –, sah ich am westlichen Himmel einen blutroten Schein. Als ich näherkam, stieg er langsam am Himmel empor. Die treibenden Wolken eines drohenden Gewitters vermengten sich mit Schwaden schwarzen und roten Rauches.

Die Ripley Street war verlassen. Außer einigen beleuchteten Fenstern gab es im Dorf kein Lebenszeichen mehr. Doch entging ich nur mit knapper Not einem Unfall an der Ecke der Straße, die nach Pyrford führt. Dort stand eine Gruppe von Leuten, die mir alle den Rücken zukehrten. Sie riefen mir nichts zu, als ich an ihnen vorüberfuhr. Ich weiß nicht, wie viel sie von den Vorgängen jenseits des Hügels wussten. Ich weiß auch nicht, ob die schweigenden Häuser, an denen mein Weg vorbeiführte, in sorglosen Schlaf versunken oder verlassen und öde waren oder verwüstet und auf die Schrecken harrten, die die Nacht noch bringen sollte.

Von Ripley bis Pyrford fuhr ich im Tal des Wey. Der rote Feuerschein blieb unsichtbar, bis ich den kleinen Hügel jenseits der Kirche von Pyrford hinauffuhr. Die Bäume um mich herum bebten unter den ersten Anzeichen des Sturmes, der sich über mir zusammenzog. Dann hörte ich von der Pyrforder Kirche hinter mir Mitternacht schlagen, und dann trat die

Silhouette des Maybury Hill hervor, mit seinen Baumwipfeln und seinen Dächern, die sich schwarz und scharf von der Röte abhoben. In diesem Moment erhellte ein fahler grüner Schein die Straße vor mir und beleuchtete den fernen Wald vor Addlestone. Ich spürte einen Ruck an den Zügeln. Ich sah, wie die jagenden Wolken wie von einer grünen Feuerlanze durchstochen wurden, die ihre wilden Formen erhellte und auf das Feld zu meiner Linken einschlug. Es war die dritte ›Sternschnuppe‹!

Unmittelbar nach ihrem Erscheinen zuckte blendend violett der erste Blitz. Ein Donnerschlag folgte wie der Knall einer Rakete. Das Pferd verbiss sich in die Trense und ging durch.

Am Fuße des Maybury Hill führte ein sanft ansteigender Weg. Hier rasten wir entlang. Jetzt, wo das Gewitter losgebrochen war, schossen die Blitze von allen Seiten, wie ich es kaum je gesehen hatte. Die Donnerschläge, die mit seltsam krachenden Nebengeräuschen dicht aufeinander folgten, glichen eher den Explosionen einer riesigen elektrischen Maschine als gewöhnlichen, widerhallenden Detonationen. Das flackernde Licht wirkte blendend und verwirrend, und ein dünner Hagel peitschte in mein Gesicht, als ich den Abhang hinunterjagte.

Anfangs achtete ich nur auf die Straße vor mir. Plötzlich aber wurde meine Aufmerksamkeit durch etwas erregt, das sich mit rasender Geschwindigkeit auf dem gegenüberliegenden Abhang des Maybury Hill abwärts bewegte. Zuerst hielt ich es für das nasse Dach eines Hauses. Doch ein Blitz, der einem anderen unmittelbar folgte, zeigte es mir in rascher, rollender Bewegung. Es war eine flüchtige Erscheinung – ein Augenblick verwirrender Dunkelheit, gefolgt von einem taghellen Blitz, dann traten die roten Mauern des Waisenhauses nahe am Hügelkamm, die grünen Wipfel der Fichtenbäume und dieser zweifelhafte Gegenstand deutlich und scharf und glänzend heraus.

Und ich sah ihn wirklich! Wie soll ich ihn beschreiben? Ein ungeheurer Dreifuß, höher als viele Häuser, fuhr über die jungen Fichten und schmetterte sie in seinem Lauf zur Seite. Eine wandelnde Maschine aus glitzerndem Metall, die jetzt über die Heide fuhr. Gegliederte Seile aus Stahl hingen von ihr herab. Der rasselnde Lärm ihrer Fahrt vermischte sich mit dem Getöse des Donners. Ein Blitz, und sie kam deutlich zum Vorschein, wie sie mit zwei Füßen in der Luft über einen Weg setzte, um zu verschwinden und, wie es schien, beim nächsten Blitz etwa hundert Yards näher wieder zu erscheinen. Man mag sich etwa einen schräg gestellten, heftig den Boden entlang geschleuderten Melkschemel vorstellen. Das war der Eindruck, den jene kurzen Blitze zu gewinnen erlaubten. Doch anstatt eines Melkschemels denke man sich den gewaltigen Körper einer Maschine auf einem dreifüßigen Gestell.

Da teilten sich plötzlich die Bäume des Fichtenwald auf der Anhöhe vor mir, so wie sich brüchige Schilfrohre teilen, wenn ein Mann sie durchbricht. Sie brachen kurzweg ab, fielen der Länge nach hin. Ein zweiter ungeheurer Dreifuß tauchte auf, der, wie es schien, geradenwegs auf mich zuraste. Und ich fuhr ihm eilends entgegen! Aber beim Anblick des zweiten Ungetüms wurde ich kopflos. Ohne lange zu überlegen, riss ich das Pferd herum, und im nächsten Augenblick stand der Wagen über dem gestürzten Tier. Die Deichsel zerbrach mit Getöse. Ich wurde zur Seite geschleudert und fiel mit aller Wucht in eine seichte Wasserpfütze.

Ich kroch auf der Stelle hinaus und duckte mich hinter einem Ginsterbusch, meine Füße noch im Wasser. Das Pferd lag reglos da – dem armen Tier war das Genick gebrochen –, und bei den flammenden Blitzen sah ich die schwarze Masse des umgestürzten Wagens und die Umrisse des Rades, das sich noch langsam drehte. Im nächsten Augenblick kam die riesige Maschine an mir vorbei und wandte sich hügelaufwärts Pyrford zu.

Von Nahem sah der Gegenstand unglaublich seltsam aus, denn es war nicht eine bloße, sinnlose Maschine. Eine Maschine war es wohl, mit metallisch klingendem Schritt und langen, biegsamen, glitzernden Fühlern (von denen einer eine junge Fichte erfasste), die schwingend und rasselnd von dem seltsamen Körper herabhingen. Das Ding bahnte sich mit langen Schritten seinen Weg. Das eiserne, kappenartige Gehäuse obenauf bewegte sich hin und her und erweckte den zwingenden Eindruck, als sei es ein Kopf, der umherblickte. Hinter dem Hauptteil der Maschine befand sich ein ungeheurer Gegenstand aus weißem Metall, wie ein riesiger Fischkorb. Massen grünen Rauches entwichen stoßweise aus den Gelenken seiner Glieder, als das Ungetüm an mir vorbeiraste. Im Nu war es wieder fort.

Dies sah ich damals, wenn auch undeutlich beim Flackern des Blitzes.

Als es an mir vorbeikam, erscholl aus ihm ein frohlockendes und betäubendes Heulen, das den Donner übertönte: »Alu-u, Alu-u!« In der nächsten Minute war es mit seinem Gefährten vereinigt und bückte sich, eine halbe Meile entfernt, über einen Gegenstand, der auf dem Feld lag. Ich hege nicht den leisesten Zweifel, dass dieser Gegenstand der dritte jener zehn Zylinder war, die man vom Mars auf uns gefeuert hatte.

Einige Minuten lag ich da und spähte beim Schein gelegentlicher Blitze trotz Regen und Dunkelheit nach jenen riesenhaften metallenen Wesen, die sich in der Ferne auf und nieder bewegten. Ein dünner Hagel fiel herab. So wie die Blitze kamen und gingen, wurden die Gestalten eher nebelhaft oder strahlten in hellem Schein wieder auf. Hier und da trat eine längere Pause ein, und dann verschlang die Nacht alles.

Ich war oben vom Hagel und unten vom Pfützenwasser völlig durchnässt. Es dauerte einige Zeit, bis meine lähmende Verblüffung es mir erlaubte, mich in eine trockene Lage durchzukämpfen und überhaupt über die Gefahr nachzudenken, die mich bedrohte.

Nicht weit von mir entfernt stand die kleine Holzhütte eines Waldbauers, die aus einem Zimmer bestand und von einem kleinen Kartoffelgarten umsäumt war. Ich brachte mich wieder auf die Füße. Mich duckend und jede Gelegenheit eines Verstecks benutzend, lief ich auf die Hütte zu. Ich hämmerte an die Tür, fand aber bei den Leuten kein Gehör (wenn Leute da waren). Nach einiger Zeit gab ich es auf und gelangte, weite Strecken durch einen feuchten Graben kriechend und von jenen riesigen Maschinen unbemerkt, in den Fichtenwald von Maybury.

Unter dem Schutz der Bäume tastete ich mich, nass und durchfröstelt, bis zu meinem Haus durch. Ich versuchte, im Wald den Fußweg zu finden. Es war vollkommen dunkel im Gehölz. Die Blitze wurden seltener, der Hagel fiel in Säulen durch die Lücken der dichten Zweige.

Hätte ich die Bedeutung aller Erscheinungen, die ich gesehen hatte, klar erfasst, dann hätte ich wohl unverzüglich den Weg über Byfleet nach Cobham eingeschlagen und wäre auf diese Weise zurückgekehrt, um mich mit meiner Frau in Leatherhead wieder zu treffen. Aber in jener Nacht hinderten mich die seltsamen Erlebnisse und mein elendes körperliches Befinden daran. Ich war zerschunden, ermattet, bis auf die Haut durchnässt und vom Sturm betäubt und geblendet.

Ich hatte nur ganz unbestimmt den Plan, zu meinem Haus zu gelangen. Das war der einzige Gedanke, der mich erfüllte. Ich stolperte über die Baumstrünke, fiel in eine Pfütze, verletzte meine Knie an einer Planke und watete schließlich auf dem Weg, der vom Gasthaus »Zum College-Wappen« hinunterführt. Ich sage watete, denn das stürmische Wasser schwemmte den Sand in schmutzigen Wildbächen den Hügel hinunter. In dieser Dunkelheit taumelte plötzlich ein Mann auf mich zu und stieß mich fast zu Boden.

Er stieß einen Schreckensschrei aus, sprang zur Seite und rannte wie besessen davon, ehe ich meine Gedanken soweit gesammelt hatte, um ihn anzusprechen. Doch die Wut des Sturmes war gerade an dieser Stelle so heftig, dass ich nur mit dem Aufgebot meiner ganzen Kräfte den Weg hügelaufwärts kommen konnte. Ich ging dicht am Geländer zu meiner Linken entlang und tastete mich an den Planken weiter.

Auf dem Gipfel des Hügels stolperte ich über etwas Weiches. Beim Zucken eines Blitzes sah ich zu meinen Füßen eine Masse in schwarzem Tuch und ein Paar Stiefel. Ehe ich sehen konnte, in welchem Zustand der Mann dalag, war das Flackern des Lichtes wieder verschwunden.

Ich blieb über ihn gebeugt stehen und wartete auf den nächsten Blitz. Als er aufleuchtete, sah ich, dass es sich um einen kräftigen Mann handelte, der einfach, aber nicht schäbig gekleidet war. Sein Kopf war unter seinem Körper verborgen. Er lag zusammengekrümmt hart am Geländer, als wäre er heftig gegen den Zaun geschleudert worden.

Den Widerwillen überwindend, der bei einem Menschen, der noch nie zuvor einen toten Körper berührt hat, natürlich ist, bückte ich mich nieder, drehte ihn um und fühlte nach seinem Herzen. Er war tot. Offenbar war sein Genick gebrochen. Ein dritter Blitz zuckte, und das Gesicht des Mannes leuchtete auf. Ich sprang auf meine Füße. Es war der Wirt des ›Gefleckten Hundes‹, dessen Wagen ich gemietet hatte.

Behutsam stieg ich über ihn und eilte den Hügel weiter hinauf. Ich nahm meinen Weg an der Polizeiwache und dem ›College-Wappen‹ vorbei zu meinem Haus. Auf der Hügelseite brannte nichts, doch auf der Weide sah man einen roten Schein. Wilder Qualm rotgelben Rauches kämpfte mit dem niederströmenden Hagel. Soweit ich es beim Licht der Blitze unterscheiden konnte, waren die Häuser in meiner Umgebung zumeist unversehrt. Vor dem Gasthaus lag eine dunkle Masse auf der Straße.

Von der Straße abwärts der Maybury Bridge zu hörte ich Stimmen und das Getrampel von Füßen. Doch hatte ich nicht den Mut zu rufen oder hinzugehen. Ich öffnete die Tür mit meinem Hausschlüssel, trat ein, verschloss und verriegelte das Tor, stolperte bis zum Fuß der Treppe und setzte mich nieder. Meine Vorstellungskraft war voll jener sausenden metallischen Ungetüme und von dem toten Körper, der gegen das Geländer geschleudert worden war.

Ich verkroch mich am Fuß der Treppe, den Rücken an der Mauer gepresst, und zitterte heftig.

11
Am Fenster

Ich erwähnte bereits, dass sich meine Erregungsphasen irgendwie von selbst erschöpfen.

Nach einiger Zeit entdeckte ich, dass ich fror und ich durchnässt war. Ich bemerkte einige kleine Wasserpfützen, die sich auf dem Treppenläufer gebildet hatten. Ich stand fast mechanisch auf, ging ins Speisezimmer und trank etwas Whisky. Dann trieb mich etwas dazu, meine Kleider zu wechseln.

Nachdem ich sie gewechselt hatte, ging ich die Treppe hinauf in mein Studierzimmer. Warum, weiß ich nicht. Aus dem Fenster meines Studierzimmers hinaus blickte ich über die Bäume und die Eisenbahn hinweg auf die Horsell-Weide.

In der Hast unserer Abreise war dieses Fenster offen geblieben. Der Weg war dunkel, und im Gegensatz zu dem Bild, das der Fensterrahmen einschloss, schien diese Seite des Zimmers undurchdringlich finster zu sein. Ich blieb auf der Türschwelle stehen.

Das Gewitter war vorüber. Die Türme des Oriental College und die Fichtenbäume, die sie umgeben hatten, waren verschwunden. In weiter Ferne war, von einem lebhaften roten

Schein erhellt, die Weide um die Sandgruben herum sichtbar. Jenseits des Lichtes bewegten sich riesengroße, schwarze Gestalten, grotesk und seltsam, und liefen geschäftig hin und her.

In der Tat schien es so, als stünde das ganze Land in Flammen. Eine breite Hügelseite war besät mit winzigen Feuerzungen, die sich in den Windstößen des sterbenden Sturmes wanden und wirbelten und einen roten Widerschein auf die Wolkenzüge über ihnen warfen. Von Zeit zu Zeit trieb ein Rauchschleier, der von einer näheren Feuersbrunst kam, am Fenster vorbei und verhüllte die Gestalten der Marsleute. Ich konnte nicht sehen, was sie taten, noch vermochte ich deutlich ihre Formen auszumachen. Am allerwenigsten war ich imstande, die schwarzen Gegenstände zu erkennen, mit denen sie sich so geschäftig befassten.

Auch konnte ich das nähere Feuer nicht entdecken, obwohl sein Widerschein an den Wänden meines Studierzimmers tanzte. Ein scharfer, harziger Brandgeruch lag in der Luft.

Geräuschlos schloss ich die Tür und schlich auf das Fenster zu. Je näher ich kam, umso mehr weitete sich mein Ausblick, bis er auf der einen Seite die Häuser beim Wokinger Bahnhof, auf der anderen den verkohlten und geschwärzten Fichtenwald von Byfleet erreichte. Unten am Fuß des Hügels, bei der Eisenbahn, nahe dem Viadukt, war ein Licht auszumachen. Mehrere Häuser an der Straße nach Maybury und in den Gassen beim Bahnhof waren nichts als glimmende Trümmer.

Das Licht auf der Bahnstrecke machte mich zunächst stutzig. Ich sah eine schwarze Masse und einen lebhaften Schein und rechts davon eine Reihe gelber Rechtecke. Da erkannte ich, dass es ein zerstörter Zug war, dessen vorderer Teil zerschmettert war und in Flammen stand und die hinteren Wagen noch auf den Schienen standen.

Zwischen diese drei Hauptfeuerherde – die Häuser, der Zug und das brennende Land bei Chobham – schoben sich unregelmäßige Streifen dunklen Bodens, die hier und da durchbrochen wurden von Streifen schwach glimmenden und rauchenden Erdreichs. Es war ein überaus seltsames Schauspiel, diese weithin ausgedehnte, mit feurigen Punkten übersäte Ebene. Leute konnte ich zuerst nicht entdecken, obwohl ich eifrig nach ihnen Ausblick hielt. Später sah ich in Richtung des Lichtes auf dem Wokinger Bahnhof eine Zahl schwarzer Gestalten, die eine nach der anderen über die Lichtlinie eilten.

Das also war die kleine Welt, in der ich jahrelang so sorglos gelebt hatte, dieses feurige Chaos! Was in den letzten sieben Stunden geschehen war, wusste ich immer noch nicht. Auch erkannte ich nicht den Zusammenhang zwischen jenen mechanischen Ungeheuern und den schwerfälligen Klumpen, die der Zylinder ausgespien hatte, auch wenn ich ihn allmählich zu erraten begann. In einem eigentümlichen Gefühl unpersönlichen Interesses schob ich meinen Schreibtischstuhl ans Fenster, setzte mich darauf und starrte hinaus in die geschwärzte Landschaft und besonders auf jene drei riesigen schwarzen Unholde, die dort im Lichtschein bei den Sandgruben auf- und niedereilten.

Sie schienen erstaunlich geschäftig. Ich fragte mich, was sie wohl sein mochten. Waren sie vernunftbegabte Mechanismen? Ich glaubte aber, so etwas sei unmöglich. Oder saß in jedem ein Marsmensch, der es beherrschte, bewegte und leitete, so wie das Gehirn des Menschen in seinem Körper sitzt und herrscht? Ich fing an, diese Dinge mit menschlichen Maschinen zu vergleichen, mich zum ersten Mal in meinem Leben zu fragen, was wohl ein vernünftiges, aber tiefer stehendes Wesen von einem Panzerschiff oder einer Dampfmaschine denken möge.

Der Sturm hatte den Himmel geklärt, und über dem Rauch des brennenden Landes versank der kleine verblassende Stecknadelkopf des Mars im Westen, als ein Soldat in meinen Garten eindrang.

Beim Gartenzaun hörte ich ein leises Scharren. Ich raffte mich aus meiner Erstarrung auf und sah deutlich, wie er über die Zaunplanken kletterte. Beim Anblick eines anderen menschlichen Wesens verließ mich meine Betäubung und lehnte mich eifrig aus dem Fenster.

»Pst!«, rief ich leise.

Er blieb, als ob er zweifelte, rittlings auf dem Geländer sitzen. Dann stieg er herüber und kam über den Rasen zur Ecke des Hauses. Er ging vorgebeugt und trat nur leise auf.

»Wer ist da?«, rief er im gleichen Flüsterton. Er stand unter dem Fenster und spähte herauf.

»Wohin gehen Sie?«, fragte ich.

»Gott weiß es.«

»Wollen Sie sich verstecken?«

»Ja doch.«

»Kommen Sie ins Haus«, sagte ich.

Ich ging hinunter, öffnete die Tür und ließ ihn herein. Dann schloss ich die Tür wieder ab. Sein Gesicht konnte ich nicht sehen. Er trug keinen Hut und sein Rock war offen.

»Mein Gott!«, sagte er, als ich ihn hereinzog.

»Was ist denn geschehen?«, fragte ich.

»Was ist nicht geschehen?« Selbst in der Dunkelheit konnte ich sehen, wie er eine Gebärde der Verzweiflung machte. »Sie haben uns weggewischt – einfach weggewischt«, wiederholte er immer wieder.

Er folgte mir fast mechanisch ins Speisezimmer.

»Nehmen Sie einen Whisky«, sagte ich und schenkte ihm ein ordentliches Glas voll ein.

Er trank es aus. Dann setzte er sich plötzlich an den Tisch, legte seinen Kopf auf seine Arme und begann in einer geradezu leidenschaftlichen Erregung zu weinen und zu schluchzen wie ein kleines Kind. Neben ihm vergaß ich meine eigene, eben noch empfundene Verzweiflung und staunte.

Es dauerte eine Weile, ehe er seine Nerven soweit in Griff bekam, um meine Fragen zu beantworten, und dann konnte er nur verworren und gebrochen sprechen. Er war Kutscher in der Artillerie und war erst um sieben Uhr ins Gefecht gekommen. Zu dieser Zeit war das Geschützfeuer auf der Weide schon in vollem Gange. Man sagte, dass die erste Abteilung der Marsleute langsam zum zweiten Zylinder hinkroch, unter dem Schutz eines Metallschildes.

Später erhob sich dieser Schild auf ein dreifüßiges Gestell und wurde zur ersten jener Kriegsmaschinen, die ich gesehen hatte. Das Geschütz, das er lenkte, war bei Horsell mit dem Befehl aufgestellt worden, die Sandgruben zu bestreichen, und seine Ankunft hatte den Kampf beschleunigt. Als die Kanoniere der Geschützwagen sich zur Nachhut begaben, trat sein Pferd in ein Kaninchenloch, kam zu Fall und schleuderte ihn in eine eingesunkene Erdstelle. Im selben Augenblick explodierte die Kanone hinter ihm, die Munition flog in die Luft, alles um ihn herum stand in Flammen und er fand sich unter einem Haufen verkohlter Leichen und toter Pferde liegen.

»Ich lag ganz still«, erzählte er, »besinnungslos vor Schrecken, das Vorderteil eines Pferdes auf mir. Wir waren weggewischt worden. Und der Geruch – guter Gott! Wie verbranntes Fleisch! Mein ganzer Rücken war wund durch den Sturz des Pferdes. Ich musste dort liegen bleiben, bis ich mich besser fühlte. Eine Minute vorher war es noch wie bei einer Parade gewesen – dann das Stolpern, ein Krachen, ein Zischen!«

»Weggewischt!«, sagte er.

Lange Zeit lag er unter dem toten Pferd verborgen. Nur verstohlen spähte er auf die Weide hinaus.

Die Cardigan-Leute hatten in Plänkelformation einen Angriff gewagt, auf die Grube los, um einfach aus dem Leben hinausgefegt zu werden. Dann hatte sich das Ungetüm auf seine Füße erhoben und wanderte gemächlich zwischen den wenigen Flüchtigen die Weide entlang auf und ab. Dabei drehte sich seine kopfartige Bedachung nach allen Seiten, genauso wie der Kopf eines mit einer Kapuze bekleideten Menschen. Eine Art Arm trug einen komplizierten metallischen Behälter, aus dem grüne Blitze sprühten, und aus einem daran befestigten Trichter fuhr der Hitzestrahl heraus.

Soweit der Soldat sehen konnte, war auf der Weide nach wenigen Minuten kein Lebewesen mehr übrig geblieben. Jeder Busch, jeder Baum, der nicht schon ein geschwärztes Gerippe war, stand in Flammen. Jenseits der Bodenerhebung hatten die Husaren auf der Straße gestanden, jede Spur von ihnen war

verschwunden. Er hörte noch einige Zeit Maximgeschütze rasseln, doch dann wurde alles still. Das Ungeheuer schonte bis zuletzt den Wokinger Bahnhof und die Häusergruppe um ihn. Dann aber wurde plötzlich der Hitzestrahl hingelenkt. Die Stadt wurde ein Haufen brennender Trümmer. Darauf schloss die Maschine den Hitzestrahl und begann, indem sie dem Artilleristen den Rücken wandte, auf den glühende Fichtenwald zuzuwatscheln, in dem der zweiten Zylinder verborgen war. Im diesem Augenblick erhob sich ein zweiter glitzernder Titan aus der Grube.

Das zweite Ungetüm folgte dem ersten. Dann erst begann der Artillerist behutsam über die heiße Heidenasche hin nach Horsell zu kriechen. Es gelang ihm, lebend in einen feuchten Straßengraben zu gelangen. So entkam er nach Woking. Von da an bestand sein Bericht nur noch aus wirren Ausrufen. Durch den Ort zu kommen war unmöglich. Nur wenige Leute schienen noch am Leben zu sein. Die meisten waren wahnsinnig, viele mit Brandwunden oder halb verbrüht. Er ging um das Feuer herum und verbarg sich unter einigen, sengend heißen Trümmern Mauerwerks. Da kehrte eines der Marsungeheuer zurück. Er sah, wie es einen Mann verfolgte, ihn mit einem seiner stählernen Fangarme ergriff und seinen Kopf an den Stamm einer Fichte schmetterte. Schließlich, nach Einbruch der Nacht, lief der Artillerist in eiliger Hast zum Bahndamm und gelangte unversehrt hinüber.

Seitdem hatte er sich weiter in Richtung Maybury fortgeschlichen, in der Hoffnung, weiteren Gefahren zu entrinnen, wenn er die Richtung nach London einschlug. Die Leute hielten sich in Gräben und Kellern verborgen. Viele der Überlebenden hatten sich nach Woking Village und Send aufgemacht. Der Mann war völlig ausgelaugt vor Durst, bis er in der Nähe des Brückenbogens der Eisenbahn ein zerbrochenes Wasserrohr entdeckte, aus dem das Wasser sich wie aus einer Quelle auf die Straße ergoss.

Das war der Bericht, den ich Stück für Stück aus ihm herausbekam. Während er erzählte, wurde er ruhiger und versuchte, mir die Dinge so anschaulich zu machen, wie er sie gesehen hatte. Seit Mittag, sagte er mir gleich anfangs, hatte er keinen Bissen zu sich genommen. Ich fand noch etwas Hammelfleisch und Brot in der Speisekammer und brachte es ins Zimmer. Wir zündeten keine Lampen an, aus Furcht, die Aufmerksamkeit der Marsleute auf uns zu lenken. Immer wieder stießen unsere Hände zusammen, wenn wir nach Brot oder Fleisch langten. Während er sprach, traten die Gegenstände um uns etwas aus der Dunkelheit hervor. Die niedergetretenen Büsche und Rosensträucher draußen wurden sichtbar. Es sah aus, als hätte eine Schar Menschen oder Tiere den Rasen zerstampft. Allmählich nahm ich auch das Gesicht meines Gastes wahr. Es war geschwärzt und eingefallen, so wie zweifelsohne das meine auch.

Nachdem wir unsere Mahlzeit beendet hatten, tappten wir leise in mein Studierzimmer hinauf. Dort schaute ich wieder durch das offene Fenster. In einer einzigen Nacht war aus dem Tal eine Aschenhalde geworden. Die Feuer waren heruntergebrannt. Wo Flammen gewesen waren, sah man jetzt nur noch Rauchsäulen. Aber die zahllosen Trümmer eingestürzter und verwüsteter Häuser, die gespalteten und geschwärzten Bäume, die die Nacht verhüllt hatte, erhoben sich nun unheimlich und furchtbar in dem unbarmherzigen Schein der Morgendämmerung. Hier und da aber war ein Gegenstand glücklich dem Verderben entronnen – hier ein weißes Eisenbahnsignal, dort die Front eines Glashauses, weiß und heil inmitten der Verheerung. Nie zuvor in der Geschichte der Kriegsführung war eine Zerstörung so wahllos und allgemein vor sich gegangen. Und beleuchtet von dem aufsteigenden Licht im Osten, standen drei jener metallischen Riesen an einer Grube. Ihre Dachkappen drehten sich im Kreise herum, als überblickten sie die Verwüstung, die sie angerichtet hatten.

Mir schien, als hätte der Krater sich erweitert. Immer wieder fuhren Stöße lebhaft grünen Dampfes zum heller werdenden Himmel auf – fuhren auf, wirbelten sich umher, verteilten sich und verschwanden.

Jenseits erblickte man die Feuersäulen von Chobham. Beim ersten Strahl des Tages wurden es Säulen aus blutrotem Rauch.

12
Was ich von der Zerstörung von Weybridge und Shepperton sah

Als es heller wurde, zogen wir uns vom Fenster zurück und gingen leise die Treppe hinunter.

Der Artillerist stimmte mit mir überein, dass das Haus nicht der Ort wäre, an dem man verweilen sollte. Wie er mir sagte, wollte er in Richtung London, um dort mit seiner Batterie – Nr. 12 von der berittenen Artillerie – zusammenzutreffen. Meine Absicht war es, sofort nach Leatherhead zurückzukehren. So sehr hatte mich die Kraft der Marsleute beeindruckt, dass ich fest entschlossen war, meine Frau nach Newhaven zu bringen, um von dort mit ihr unverzüglich das Land zu verlassen. Denn mir war klar geworden, dass die Gegend um London unvermeidlich Schauplatz verhängnisvoller Kämpfe werden würde, ehe Geschöpfe wie diese vernichtet werden konnten.

Doch zwischen uns und Leatherhead lag der dritte Zylinder bei den wachsamen Riesen. Wäre ich allein gewesen, hätte ich wahrscheinlich alles in die Schanze geschlagen und wäre querfeldein gelaufen. Doch der Artillerist riet mir davon ab: »Einer rechten Frau«, sagte er, »erweist man keinen Gefallen, wenn man sie zur Witwe macht.« Schließlich ließ ich mich überreden, mit ihm im Schutz der Wälder nördlich bis Street Cobham zu gehen. Dort wollten wir uns trennen. Dann wollte ich einen großen Umweg über Epsom machen, um Leatherhead zu erreichen.

Ich wollte auf der Stelle aufbrechen, doch mein Gefährte stand im aktiven Dienst und verstand es besser. Er veranlasste mich zunächst, das ganze Haus nach einer Feldflasche zu durchstöbern, die er mit Whisky füllte. Jede mögliche Tasche stopften wir mit Zwieback und Fleischschnitten voll. Dann schlichen wir uns aus dem Haus und liefen, so schnell wir konnten, die Straße hinab, auf der ich die Nacht vorher gekommen war. Die Häuser schienen verlassen. Auf der Straße lagen dicht nebeneinander drei vom Hitzestrahl getroffene Leichen. Hier und da sah man Gegenstände, die die Leute auf ihrer Flucht verloren hatten – eine Uhr, einen Pantoffel, einen Silberlöffel und ähnliche armselige Kostbarkeiten. An der Ecke vor dem Postamt stand ein kleiner Karren, der mit Koffern und Hausgerät bepackt war, ohne Pferd, halb umgestürzt, mit einem gebrochenen Rad. Eine Geldschatulle war hastig aufgebrochen und in den Wirrwarr zurückgeschleudert worden.

Außer dem Pförtnerhäuschen beim Waisenhaus, das noch immer brannte, hatte keines der Häuser hier sehr gelitten. Der Hitzestrahl hatte die Schornsteine abgeschlagen und war weitergefahren.

Dennoch schien es außer uns keine lebende Seele am Maybury Hill zu geben. Die Mehrheit der Bewohner hatte auf der Straße nach Old Woking – derselben, auf der ich nach Leatherhead gefahren war – ihr Heil in der Flucht gesucht, oder sie hielt sich verborgen.

Wir gingen den kleinen Feldweg hinab, vorbei an der Leiche des Mannes in Schwarz, die jetzt vom nächtlichen Hagelschlag ganz durchnässt war, und schlugen uns am Fuß des Hügels in das Gehölz.

Wir arbeiteten uns bis zur Eisenbahn durch, ohne einer lebenden Seele zu begegnen. Der Wald jenseits des Eisenbahndammes war nur noch die gerodete und verkohlte Ruine eines Waldes. Zum größten Teil waren die Bäume umgestürzt, doch eine geringe Anzahl stand noch da, trostlose graue Stämme mit dunkelbraunen statt grünen Nadeln.

Auf unserer Seite hatte das Feuer nur einige näherstehende Bäume versengt, aber nicht genügend, um einen Brand zu entfachen. An einer Stelle hatten die Holzfäller noch am Samstag gearbeitet. Gefällte und frisch geschnittene Baumstämme lagen auf einer Lichtung mit ganzen Bergen von Sägespänen neben der Sägemaschine und ihrem Motor. Dicht daneben sah man eine für den vorübergehenden Gebrauch gezimmerte Hütte, die verlassen dalag. Kein Lüftchen regte sich an diesem Morgen. Alles war seltsam still. Selbst die Vögel waren verstummt.

Als wir so vorwärtseilten, sprachen der Artillerist und ich nur im Flüsterton. Von Zeit zu Zeit blickten wir über die Schulter zurück. Ein- oder zweimal hielten wir an, um zu lauschen.

Nach einiger Zeit näherten wir uns der Straße, und als wir ihr ganz nahe kamen, hörten wir das Klappern von Hufen und sahen durch die Baumstämme drei Kavalleristen, die langsam auf Woking zuritten. Wir riefen nach ihnen. Sie hielten, während wir auf sie zueilten. Es waren ein Leutnant und zwei Männer von den 8. Husaren. Sie trugen ein Gestell, das wie ein Theodolit aussah, das aber der Artillerist mir als Heliografen erklärte.

»Sie sind die ersten Menschen, die ich auf dieser Straße heute Morgen gesehen habe«, sagte der Leutnant. »Was ist denn eigentlich los?«

Seine Stimme und sein Gesicht waren erfüllt von Wissbegier. Auch die Soldaten hinter ihm starrten uns neugierig an. Der Artillerist sprang über den Graben auf die Straße hinab und salutierte.

»Kanonen zerstört, vorige Nacht, Herr Leutnant. Habe mich versteckt. Versuche zur Batterie zurückzukommen, Herr Leutnant. Sie werden, wenn Sie noch eine halbe Meile auf dieser Straße reiten, die Marsleute zu Gesicht bekommen, schätze ich.«

»Wie zum Kuckuck sehen die denn aus?«, fragte der Leutnant.

»Riesen in Rüstung, Herr Leutnant. Hundert Fuß hoch. Drei Beine und ein Rumpf wie Aluminium, mit einem ungeheuren Kopf in einer Kappe, Herr Leutnant.«

»Hören Sie doch auf!«, rief der Leutnant. »Was für ein verfluchter Blödsinn!«

»Sie werden schon sehen, Herr Leutnant. Sie führen eine Art Kasten mit sich, der Feuer ausspeit und Sie totschlägt.«

»Was meinen Sie eigentlich – ein Geschütz?«

»Nein, Herr Leutnant«, und der Artillerist gab nun eine lebhafte Beschreibung des Hitzestrahls. Mitten in seiner Schilderung unterbrach ihn der Leutnant und blickte nach mir. Ich stand noch immer auf dem Damm neben der Straße.

»Haben Sie es gesehen?«, fragte der Leutnant.

»Es ist vollkommen wahr«, erwiderte ich.

»So«, sagte der Leutnant, »dann glaube ich, ist es wohl auch meine Pflicht, es mir anzusehen. Passen Sie auf« – er wandte sich an den Artilleristen – »wir sind hierher abkommandiert, um die Leute aus ihren Häusern zu schaffen. Sie tun am besten, wenn Sie sich beim Brigadegeneral Marvin melden und ihm alles berichten, was Sie wissen. Er ist in Weybridge. Weg bekannt?«

»Ich kenne ihn«, sagte ich. Er wandte sein Pferd wieder südwärts.

»Eine halbe Meile, sagen Sie?«, fragte er.

»Höchstens«, entgegnete ich und wies über die Baumwipfel nach Süden. Er dankte mir und ritt weiter. Wir sahen sie nie wieder.

Etwas weiter stießen wir auf eine Gruppe aus drei Frauen und zwei Kindern. Sie waren eifrig damit beschäftigt, die Hütte eines Tagelöhners auszuräumen. Sie hatten sich einen kleinen Handwagen beschafft und beluden ihn mit unsauber aussehenden Bündeln und schäbigem Hausgerät. Sie waren viel zu eifrig am Werk, um uns anzusprechen, als wir vorübergingen.

Beim Bahnhof von Byfleet kamen wir aus den Fichtenbäumen heraus und fanden im Licht der Morgensonne das Land ruhig und friedlich. Wir befanden uns jetzt weit außerhalb des Bereiches des Hitzestrahls. Wären nicht die große Stille und Verlassenheit in manchen Häusern gewesen und das geschäftige Treiben und Packen in anderen, hätten wir nicht die kleine Gruppe von Soldaten gesehen, die bei der Eisenbahnbrücke stand und fortwährend nach Woking hinüberstarrte – es wäre ein Tag ähnlich jedem anderen Sonntag gewesen.

Einige Bauernwagen und Karren bewegten sich ächzend auf der Straße nach Oddlestone.

Plötzlich bemerkten wir durch den Zaun eines Feldes, jenseits eines Streifens ebenen Wiesengrundes, sechs Zwölfpfünder, die in gleichmäßigen Abständen aufgestellt und gegen Woking gerichtet waren. Die Kanoniere standen bei den Geschützen in Bereitschaft. Die Munitionswagen befanden sich in gefechtsmäßiger Entfernung. Und die Leute standen da, als erwarteten sie augenblicklichen Befehl.

»Sehr gut!«, sagte ich. »Einen Schuss werden sie auf alle Fälle abbekommen.«

Der Artillerist zögerte am Zaun. »Ich gehe weiter!«, sagte er.

Weiter in Richtung Weybridge, gerade bei der Brücke, stand einige Soldaten in weißen Arbeitskitteln und warfen eine lange Schanze auf. Dahinter lagen wieder einige Geschütze.

»Zwecklos! Das nenne ich Pfeil und Bogen gegen Blitze«, sagte der Artillerist. »Die haben den Feuerstrahl noch nicht gesehen.«

Die Offiziere, die nicht beschäftigt waren, standen da und blickten unverwandt über die Baumwipfel südwestwärts. Und die Mannschaft hielt alle Augenblicke mit dem Graben ein, um in dieselbe Richtung zu starren.

Byfleet war in wilder Bewegung. Die Leute packten ein, und ein Trupp Husaren, einige zu Fuß, andere beritten, jagte sie durcheinander. Drei oder vier schwarze, stattliche Wagen mit dem Kreuz in weißem Feld und ein alter Stellwagen wurden nebst andern Gefährten in der Dorfstraße beladen. Es waren Scharen von Leuten in den Straßen, die meisten von ihnen sonntäglich genug gestimmt, um mit ihren besten Gewändern bekleidet zu sein. Die Soldaten hatten die größte Mühe, ihnen den Ernst der Lage begreiflich zu machen. Wir sahen einen runzligen alten Gesellen mit einer riesigen Kiste und etwa zwanzig oder mehr Blumentöpfen mit Orchideen, wie er wütend einen Korporal anfuhr, der die Blumen zurücklassen wollte. Ich blieb stehen und fasste ihn beim Arm.

»Wissen Sie, was dort drüben ist?«, fragte ich ihn und wies auf die Fichtenwipfel, die die Marsleute verbargen.

»Was?«, sagte er und wandte sich um., »Ich habe eben erklärt, wie kostbar diese Blumen sind.«

»Der Tod!«, schrie ich. »Der Tod kommt! Der Tod!«

Und indem ich es ihm überließ, das hinunterzuwürgen, so gut er konnte, eilte ich dem Artilleristen nach. An der Ecke blickte ich zurück. Der Soldat hatte ihn stehen gelassen. Er aber stand noch bei seiner Kiste und den Orchideentöpfen und starrte verständnislos über die Bäume hinweg.

Kein Mensch in Weybridge konnte uns sagen, wo das Hauptquartier aufgeschlagen war. Der ganze Ort befand sich in einem Zustand geräuschvoller Verwirrung, den ich in noch keiner Stadt zuvor erlebt hatte. Überall Karren und Wagen, die erstaunlichsten Zusammensetzungen von Fahrgelegenheiten und Pferdematerial. Die angesehenen Einwohner des Ortes, Männer in Golf- und Ruderkostümen, hübsch gekleidete Frauen, alle packten ein, von den Flussbummlern kräftig unterstützt. Die Kinder aufgeregt und zum größten Teil höchst entzückt über diese erstaunliche Änderung ihrer Sonntagserfahrungen. Und inmitten dieses Wirrwarrs stand der würdige Priester, der mit anerkennenswertem Mut einen Frühgottesdienst abhielt. Seine Glocke schrillte in die Aufregung hinein.

Der Artillerist und ich saßen auf der Sockelstufe des Trinkbrunnens und hielten mit den mitgenommenen Essvorräten eine ganz leidliche Mahlzeit. Soldatenpatrouillen, hier keine Husaren, sondern weiße Grenadiere, ermahnten die Leute, nicht länger zu zögern, sondern zu fliehen oder in den Kellern Zuflucht zu suchen, sobald das Schießen beginnen sollte. Als wir die Eisenbahnbrücke überschritten, sahen wir, wie ein stetig anwachsender Menschenhaufen sich in und vor dem Bahnhof angesammelt hatte und wie der Bahnsteig mit Koffern und Paketen überhäuft war.

Wir hielten uns einige Zeit in Weybridge auf. Zur Mittagsstunde befanden wir uns an der Stelle neben der Shepperton-Schleuse, an der Wey und Themse sich vereinigen. Der Wey hat eine dreiteilige Mündung. An dieser Stelle kann man Boote mieten oder man benutzt die Fähre, die über den Fluss führt. Auf der Seite von Shepperton war ein Gasthaus mit einem Rasenplatz. Dahinter erhob sich der Turm der Sheppertoner Kirche über den Bäumen.

Hier fanden wir einen erregten und lärmenden Haufen Flüchtiger versammelt. Bisher war die Flucht noch nicht zu einer Panik angewachsen, doch waren schon jetzt viel mehr Leute da, als die Boote, die hin- und herfuhren, aufnehmen konnten. Immer mehr Menschen kamen, die unter ihren schweren Lasten keuchten. Ein Ehepaar schleppte sogar eine kleine Haustür heran, auf die es seine Gerätschaften getürmt hatte. Ein Mann meinte, er würde versuchen, vom Sheppertoner Bahnhof abzufahren.

Es wurde viel hin- und hergeschrien. Irgendjemand machte sogar Witze. Die Leute schienen sich vorzustellen, dass die Marsleute einfach furchtbare menschliche Wesen seien, die wohl eine Stadt angreifen und plündern könnten, aber die man schließlich doch gewiss vernichten würde. Jeden Augenblick spähten die Leute über den Weg hinweg zu Wiesen vor Chertsey. Dort aber war alles ruhig.

Jenseits der Themsen – außer dort, wo die Boote landeten – war alles still, in grellem Gegensatz zur Surreyseite. Die Leute, die dort landeten, trabten alle den Feldweg hinab. Das große Fährboot hatte eben eine Fahrt zurückgelegt. Drei oder vier Soldaten standen auf dem Rasenplatz des Gasthauses, gafften und machten sich über die Flüchtlinge lustig, ohne Anstalten zu machen, ihnen zu helfen. Das Gasthaus war vorschriftsmäßig geschlossen.

»Was ist das?«, rief ein Bootsmann und »Kusch dich, du Narr!«, herrschte ein Mann neben mir seinen kläffenden Hund an. Da war der Ton wieder, dieses Mal aus der Gegend von Chertsey, ein dumpfer Schlag – das Feuern eines Geschützes.

Die Schlacht begann. Fast unmittelbar fielen unsichtbare Batterien jenseits des Flusses zu unserer Rechten in den Chor ein, unsichtbar wegen der Bäume, heftig feuernd, eine nach der anderen.

Eine Frau kreischte. Jedermann stand bei dem plötzlichen Beginn der Schlacht wie gebannt da, die ganz in unserer Nähe tobte und uns doch unsichtbar blieb. Nichts war zu sehen als ebene Wiesen und unbekümmert weitergrasende Kühe und beschnittene Silberweiden, die reglos im warmen Sonnenlicht standen.

»Die Soldaten werden sie schon aufhalten«, meinte eine Frau neben mir etwas unsicher. Feiner Rauch erhob sich über den Baumkronen.

Plötzlich sahen wir eine Rauchwolke weit oben am Fluss, ein Rauchstoß, der in die Luft schoss und dort hängen blieb. Im diesem Augenblick hob sich der Boden unter unseren Füßen. Ein heftiger Zündschlag erschütterte die Luft. Einige Fenster in den näher gelegenen Häusern zerbarsten. Wie betäubt blieben wir stehen.

»Da sind sie!«, rief ein Mann in blauem Jersey. »Da drüben! Seht ihr's nicht? Da drüben!«

Blitzschnell, einer nach dem anderen, tauchten ein, zwei, drei, vier gepanzerte Marsleute in weiter Ferne bei den kleinen Bäumen jenseits der ebenen Wiesen auf, die sich bis nach Chertsey erstrecken. Zügig näherten sie sich dem Fluss. Zuerst erschienen sie wie kleine kapuzinerartige Gestalten, die sich rollend fortbewegten, schnell wie fliegende Vögel.

Dann kam ein fünfter in schräger Richtung auf uns zu. Ihre gepanzerten Leiber glitzerten in der Sonne, als sie auf die Geschütze zurasten. Im Näherkommen wuchsen sie mit reißender Schnelligkeit. Der, der am weitesten entfernt war, ganz links, schwang einen ungeheuren Behälter in der Luft, und der geisterhafte, furchtbare Hitzestrahl, den ich schon Freitagnacht gesehen hatte, senkte sich über Chertsey und traf die Stadt.

Beim Anblick dieser seltsamen, schnellen, schrecklichen Geschöpfe schien die Menge am Ufer vor Schrecken erstarrt zu sein. Man hörte weder Schreie noch Jammer. Alles blieb still. Dann ein heiseres Gemurmel, eine Bewegung von Füßen – ein Aufspritzen von Wasser. Ein Mann, der zu erschrocken war, um seine Reisetasche von der Schulter fallen zu lassen, warf sich herum und stieß mich mit seiner Last fast zu Boden. Eine Frau stieß mit ihrer Hand nach mir und stürzte an mir vorüber. Mit der Menge zugleich wandte ich mich um. Doch mein Entsetzen war nicht stark genug, um mich am Denken zu hindern. Der furchtbare Hitzestrahl beschäftigte meine Gedanken. Unter das Wasser flüchten! Das war das Richtige!

»Tauchen!«, schrie ich, ohne gehört zu werden.

Ich wandte mich wieder um und rannte dem herankommenden Marsmensch entgegen – rannte schnurstracks die kiesige Böschung hinunter und stürzte mich kopfüber ins Wasser. Andere folgten mir. Ein Boot kam zurück. Und die Leute sprangen heraus, als ich an ihnen vorbeistürmte. Die Steine unter meinen Füßen waren lehmig und schlüpfrig. Der Fluss war so seicht, dass ich vielleicht zwanzig Fuß weit lief und das Wasser mir nur bis zur Hüfte reichte. Dann, als der Marsmensch kaum zweihundert Yards entfernt auftauchte, warf ich mich nieder und tauchte unter. Immer, wenn die Leute aus den Booten in den Fluss sprangen, erscholl es wie Donnerschläge in meinen Ohren. Auf beiden Seiten des Flusses kletterten Leute an Land.

Doch die Marsmaschine beachtete diese hin- und herlaufende Menschenmenge nicht mehr, so wie ein Mensch, der mit dem Fuß einen Ameisenhaufen zertreten hat, dessen Verwirrung keine Beachtung schenkt. Als ich meinen Kopf halb erstickt über das Wasser hob, war die Dachhaube des Marsmenschen zu den Truppen gerichtet, die immer noch über den Fluss schossen. Als er sich näherte, schwang er frei in der Luft jenes Ding, das der Generator des Hitzestrahls sein musste.

Im nächsten Augenblick war die Maschine am Ufer. Weit ausschreitend watete sie halb durch. Die Knie der Vorderbeine waren schon auf dem anderen Ufer. Gleich darauf erhob es sich schon zu seiner vollen Größe, ganz in der Nähe von Shepperton. Sofort begannen die sechs Geschütze gleichzeitig zu feuern. Sie lagen für unsere Augen am rechten Ufer hinter den Ausläufern des Dorfes verborgen. Die unerwartete Nähe der Erschütterung und die Geschwindigkeit, mit der der letzte Schuss dem ersten folgte, ließen meinen Puls fliegen. Das Ungeheuer erhob schon den Hitzestrahlgenerator, als die erste Bombe sechs Yards über der Dachhaube detonierte.

Ich stieß einen Schrei des Erstaunens aus. Ich sah und hörte nichts von den vier anderen Marsungetümen, meine Aufmerksamkeit galt einzig und allein dem nächstliegenden Ereignis.

Dann detonierten zwei weitere Bomben in der Luft, dicht neben dem Körper des Riesen. Er drehte die Dachhaube, gerade als die vierte Bombe einschlug, doch nicht schnell genug, um ihr ausweichen zu können.

Die Bombe fuhr mitten ins Gesicht des Marsmenschen. Seine Haube blähte sich, blitzte auf und zersprang in ein Dutzend zerspringender Stücke roten Fleisches und glitzernden Metalls.

»Getroffen!«, rief ich. Meine Stimme klang halb kreischend, halb jubelnd.

Ich hörte die antwortenden Schreie von den Leuten, die um mich herum im Wasser standen. In der augenblicklichen freudigen Stimmung hätte ich aus dem Wasser springen können.

Der enthauptete Kolos wankte wie ein betrunkener Riese, doch stürzte nicht. Wie durch ein Wunder gewann er sein Gleichgewicht wieder. Nichts war mehr da, das seinen Lauf zügelte, und der Generator, der den Hitzestrahl abfeuerte, blieb hoch erhoben. So raste er polternd auf Shepperton zu. Die lebende Intelligenz, der Marsmensch in der Dachhaube, war erschlagen. Seine Reste waren in die vier Winde zerstoben. Das Ding war jetzt bloß noch ein wildes Gewirr aus Metall, das seiner Vernichtung entgegeneilte. Ledig jeder Führung, lief es in gerader Richtung weiter. Es traf den Turm der Sheppertoner Kirche, zerschmetterte ihn, so wie ein Rammbock ihn zerschmettert hätte, bog seitwärts ab, polterte weiter, stürzte schließlich unter ungeheurem Getöse in den Fluss und entschwand meinen Blicken.

Ein heftiger Zündschlag erschütterte die Luft. Ein Strahl aus Wasser, Dampf, Schmutz und zersplittertem Metall schoss hoch auf. Als der Generator mit dem Hitzestrahl das Wasser berührte, verwandelte sich dieses unmittelbar in Dampf. Im nächsten Moment wälzte sich eine ungeheure Woge wie eine schlammige Springflut, aber kochend heiß, den gekrümmten oberen Lauf des Flusses entlang. Ich sah, wie Leute dem Ufer zustrebten, hörte ihre jammernden Schreie nur undeutlich neben dem Zischen und Brüllen, das den Zusammenbruch des Marsungeheuers begleitete.

Für einen Augenblick beachtete ich die Hitze nicht und vergaß das dringende Gebot der Selbsterhaltung. Ich watete durch das tosende Wasser, stieß einen schwarz gekleideten Mann zur Seite, um vorwärts zu kommen, bis ich endlich um die Biegung des Flusses sehen konnte. Ein halbes Dutzend verlassener Boote trieb ziellos auf dem Wellengewirr umher. Weiter unten sah ich das gestürzte Marsungetüm quer über dem Fluss liegen. Der größte Teil war unter Wasser.

Dichte Wolken aus Dampf strömten aus dem Wrack. Durch die stark wirbelnden Wellen konnte ich die riesenhaften Glieder sehen, wie sie das Wasser bewegten und einen Schauer aus Schlamm und Schaum aufpeitschten. Die Fühler griffen und schlugen um sich wie lebende Arme. Und abgesehen von der hilflosen Zwecklosigkeit dieser Bewegungen, sah das Ganze aus, als führe ein verwundetes Geschöpf mit den Wellen einen verzweifelten Kampf um sein Leben. Ungeheure Mengen einer rötlich-braunen Flüssigkeit quollen zischend aus der Maschine.

Meine Aufmerksamkeit wurde von diesem Anblick durch ein wütendes Heulen abgelenkt, ein Heulen, wie man es in unseren Fabrikstädten von Sirenen hört. Ein Mann, der knietief im Wasser neben dem Uferweg stand, rief mich laut flüsternd an und machte mir ein Zeichen. Zurückblickend sah ich die anderen Marsleute mit gewaltigen Schritten das Flussufer aus Richtung Chertsey herbeieilen. Und dieses Mal sprachen die Geschütze von Shepperton vergeblich.

Ich tauchte sofort unter, hielt den Atem an, bis jede Bewegung in mir erstarrte. Ich trieb mich, von Schmerz gequält, unter dem Wasser weiter, solange es mir möglich war. Das Wasser um mich war in wildem Aufruhr und wurde immer heißer. Als ich einen Augenblick meinen Kopf aus dem Wasser hob, um Atem zu schöpfen und Haare und Wasser aus den Augen zu wischen, stieg der Dampf wie ein wirbelnder weißer Nebel auf, der die Marsleute zunächst meinen Blicken entzog. Der Lärm war betäubend. Dann aber sah ich sie, riesige graue Gestalten, die in dem Nebel noch größer wirkten. Sie waren an mir vorübergeschritten. Zwei von ihnen beugten sich gerade über die schäumenden und tobenden Trümmer ihres Kameraden.

Der dritte und der vierte standen neben ihnen im Wasser, einer etwa 200 Yards von mir entfernt, der andere schaute in Richtung Laleham. Sie hielten die Hitzestrahlgeneratoren hoch in die Luft, und die zischenden Strahlen schossen in alle Richtungen.

Die Luft war von Lärm erfüllt, von einem betäubenden und verwirrenden Gemisch aus Geräuschen, von dem klirrenden Getöse der Marsmaschinen, dem Krachen einstürzender Häuser, dem dumpfen Aufschlagen der Bäume, Gitter und flammenumzüngelten Scheunen und dem Knattern und Prasseln des Feuers. Dichter schwarzer Rauch wirbelte auf und vermischte sich mit dem Dampf des Flusses. Wo der Hitzestrahl über Weybridge schoss, loderte weißglühendes Licht auf, das sich sofort in einen rauchigen Tanz gelblicher Flammen verwandelte. Die näher liegenden Häuser waren noch unversehrt. Beschattet, durch den Qualm undeutlich und düster, erwarteten sie ihr Schicksal, während das Feuer hinter ihnen auf- und niederraste.

Ich stand nur einen Augenblick in dem brusthohen, fast kochenden Wasser, betäubt von meiner Lage. Ich hatte keine Hoffnung zu entrinnen. Durch den Qualm hindurch konnte ich die Leute sehen, die mit mir im Fluss gewesen waren. Wie kleine Frösche, die durchs Gras fliehen, wenn ein Mensch sie aufschreckt, arbeiteten sie sich durch das Schilf aus dem Wasser oder rannten in wildem Entsetzen auf dem Uferweg auf und ab.

Plötzlich schossen die weißen Blitze des Hitzestrahls auf mich zu. Die Häuser sanken bei ihrer Berührung zusammen und spien Flammen aus. Die Bäume verwandelten sich mit Getöse in Feuersäulen. Die Blitze flackerten auf dem Uferweg auf und ab und verzehrten die Leute, die dort planlos auf- und niederliefen. Dann näherten sie sich dem Rande des Wassers, keine fünfzig Yards von der Stelle entfernt, auf der ich stand. Nun schoss der Strahl über den Fluss hinüber nach Shepper-

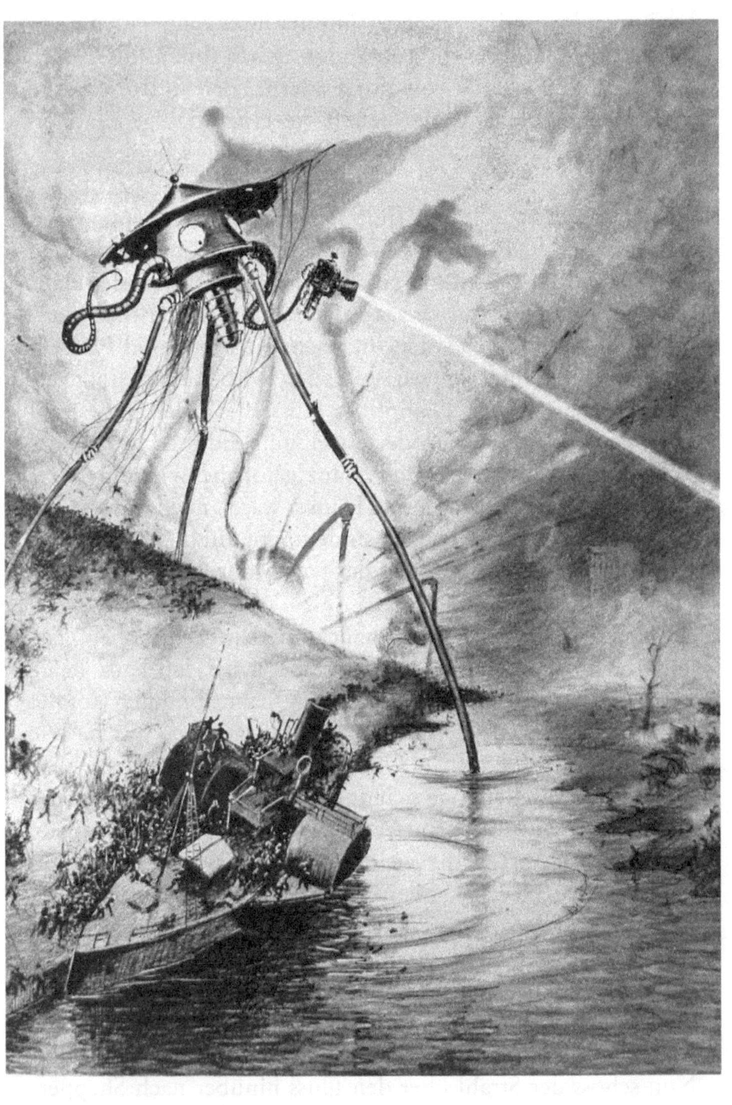

ton. Wo er das Wasser berührte, schwoll es in einer kochenden, dampferfüllten Blase auf. Ich wandte mich dem Ufer zu.

Im nächsten Augenblick stürzte sich eine riesige, dem Siedepunkt nahe Welle über mich. Ich schrie laut auf. Halb verbrüht, halb geblendet, taumelte ich, besinnungslos vor Schmerz, durch das aufschießende, zischende Wasser dem Ufer zu. Wäre ich mit dem Fuß ausgeglitten, es wäre mein Ende gewesen. Hilflos fiel ich vor den Augen der Marsleute auf die breite, nackte, kiesige Sandbank, die sich dort beim Zusammenfluss von Wey und Themse hinzieht. Ich erwartete nichts als den Tod.

Ich erinnere mich dunkel, wie ein Marsmensch den Fuß seiner Maschine etwa zwanzig Yards von meinem Kopf entfernt niederstellte, wie dieser tief in den lockeren Kiessand einsank, wie der Kies hierhin und dorthin stob, wie jener Fuß wieder erhoben wurde. Ich erinnere mich an die Augenblicke banger Erwartung, und dann, wie die vier die Überbleibsel ihres Kameraden forttrugen, erst ganz deutlich sichtbar, gleich darauf verschwommen in einem Rauchschleier. Schließlich, so schien es mir, verschwanden sie in der unermesslichen Fläche von Fluss und Wiese in unendlicher Entfernung ganz. Und nun kam es mir Stück für Stück zum Bewusstsein: Ich war wie durch ein Wunder entkommen.

13
Wie ich dem Kuraten begegnete

Nach dieser plötzlichen Vorführung der Fähigkeiten auch der irdischen Waffen, zogen sich die Marsleute wieder in ihr ursprüngliches Hauptquartier auf der Horsell-Weide zurück. In ihrer Hast und überdies mit den Resten ihres zerschmetterten Gefährten beladen, übersahen sie ohne Zweifel viele solche verstreut liegende und unnötige Opfer, wie ich es war. Hätten sie ihren Kameraden im Stich gelassen und sich sofort aufgemacht, hätte es zu jener Zeit zwischen ihnen und London nichts gegeben als Batterien zwölfpfündiger Geschütze. Ohne Zweifel hätten sie die Hauptstadt schneller erreicht als die Nachricht von ihrem Herannahens. Ihre Ankunft wäre ebenso plötzlich, erschreckend und vernichtend gewesen wie das Erdbeben, das ein Jahrhundert zuvor Lissabon zerstört hatte.

Doch sie hatten keine Eile. Ein Zylinder folgte dem anderen auf seiner Bahn von Planet zu Planet. Alle vierundzwanzig Stunden erhielten sie Verstärkung. Währenddessen gingen die Militär- und Marinebehörden, die sich jetzt der ungeheuren Gewalt ihrer Gegner völlig bewusst waren, mit fieberhaftem Eifer ans Werk. Jede Minute wurde ein neues Geschütz aufgepflanzt. Bevor noch die Dämmerung hereinbrach, barg jedes Gehölz, jede Reihe vorstädtischer Landhäuser an dem hügeligen Abhang um Kingston und Richmond eine kampflustige schwarze Mündung. Durch die verkohlte und verödete Fläche – in einem Ausmaß von etwa zwanzig Quadratmeilen –, die das Feldlager der Marsleute auf der Horsell-Weide umschloss, durch die ausgebrannten und in Trümmern liegenden Dörfer mit ihren grünen Bäumen, durch die schwarzen und rauchenden Säulengänge, die noch einen Tag zuvor Fichtenanpflanzungen gewesen waren, krochen die treuen Kundschafter mit den Heliografen, die den Kanonieren das Herannahen der Marsleute anzeigen sollten. Die Marsleute aber waren jetzt von der Bedeutung unserer Artillerie unterrichtet. Sie kannten die Gefahren menschlicher Nähe. Nicht einer von ihnen wagte sich außerhalb des Bereiches einer Meile von jedem Zylinder, es sei denn um den Preis seines Lebens.

Es schien so, als verbrächten diese Riesen den frühen Nachmittag damit, hin- und herzuwandern und den gesamten Inhalt des zweiten und des dritten Zylinders – jener lag bei den Addlestone Golf Links, dieser bei Pyrford – in ihre ursprüngliche Grube auf der Horsell-Weide zu bringen. Weiter drüben, beim geschwärzten Heidekraut und den zertrümmerten Gebäuden, die sich weit und breit erstreckten, stand einer als Wache, während die übrigen ihre riesigen Kriegsmaschinen verließen und in die Grube hinabstiegen. Sie arbeiteten bis spät in die Nacht hinein mit ganzer Kraft. Die hochgetürmte Säule aus dichtem grünem Rauch, die sich aus der Grube erhob, konnte von den Hügeln bei Merrow gesehen werden und soll selbst von Banstead und Epsom Downes aus bemerkt worden sein.

Während die Marsleute hinter mir sich auf diese Weise für ihren nächsten Angriff rüsteten, während sich vor mir die Menschheit zum Kampf vorbereitete, bahnte ich mir unter unsäglichen Schmerzen und Mühen meinen Weg durch Feuer und Rauch des brennenden Weybridge nach London.

Ich sah ein sehr kleines verlassenes Boot in ziemlicher Entfernung flussabwärts treiben. Und nachdem ich den größten Teil meiner durchnässten Kleidungsstücke abgeworfen hatte, eilte ich ihm nach, erreichte es und entkam so der Verwüstung. Es waren keine Ruder im Boot, aber ich paddelte, soweit es meine verbrühten Hände erlaubten. So gelangte ich, nur mit großer Mühe weitertreibend, den Fluss hinab nach Halliford und Walton. Dabei blickte ich mich unentwegt um, wie man wohl begreifen wird. Ich folgte dem Fluss, denn ich sagte mir, dass das Wasser mir die beste Chance zur Flucht bieten würde, wenn diese Riesen wiederkehrten.

Das dampfende Wasser, das sich bei dem Sturz der Marsmaschine gebildet hatte, floss mit mir stromabwärts. So konnte ich über eine Meile nur wenig von beiden Ufern erkennen.

Einmal jedoch entdeckte ich eine Reihe schwarzer Gestalten, die aus Richtung Weybridge über die Wiesen zogen. Halliford schien gänzlich verödet zu sein. Einige Häuser am Fluss standen in Flammen. Es berührte mich seltsam, den Ort so friedlich daliegen zu sehen, so verlassen unter dem heißen blauen Himmel, während der Rauch und kleine Feuerfäden schnurgerade in die schwüle Luft des Nachmittags aufstiegen. Ich hatte noch nie zuvor Häuser ohne den Zulauf einer störenden Menschenmenge brennen sehen. Ein wenig weiter rauchte und glühte das ausgedorrte Schilf am Ufer. Eine Feuerlinie, die landeinwärts führte, kroch gierig über ein Heufeld.

Lange Zeit trieb ich so hin. Nach all dem Schrecklichen, das ich erlebt hatte, war ich von Schmerzen gepeinigt und erschöpft. Die Hitze auf dem Wasser war fast unerträglich. Dann überfiel mich wieder die Angst und so paddelte ich weiter. Die Sonne brannte auf meinen nackten Rücken. Endlich, als mir nach der Krümmung die Brücke von Walton entgegenkam, besiegten Fieber und Schwäche meine Angst. Ich landete am Middlesex-Ufer und legte mich, zu Tode erschöpft, im hohen Gras nieder. Es war, wie ich vermute, etwa vier oder fünf Uhr. Ich erhob mich bald wieder und lief eine halbe Meile weiter, ohne einer lebenden Seele zu begegnen. Dann legte ich mich wieder in den Schatten einer Hecke. Ich erinnere mich dunkel, während dieses letzten anstrengenden Marsches mit mir selbst gesprochen zu haben. Ich war auch sehr durstig und bereute es bitter, nicht mehr Wasser getrunken zu haben. Es ist auch eigentümlich, dass ich so etwas wie Ärger über meine Frau empfand. Ich kann es mir nicht erklären, aber mein ohnmächtiges Verlangen, Leatherhead zu erreichen, brachte mich über alle Maßen auf.

Ich entsinne mich nicht mehr deutlich an die Ankunft des Kuraten. Ich schlummerte also wahrscheinlich. Erst allmählich nahm ich ihn wahr, wie er mit Ruß bedeckten Hemdsärmeln dasaß und mit seinem aufwärts gerichteten, glatt rasierten Gesicht auf ein schwach flackerndes Licht starrte, das am Himmel tanzte. Es war ein Himmel, den man bei uns einen »Makrelen-Himmel« nennt. Er war über und über besät mit feinen, daunenfedergleichen Wölkchen, die von der sinkenden Hochsommersonne rosig angehaucht waren.

Ich setzte mich auf, und beim Geräusch meiner Bewegung blickte er sich rasch nach mir um.

Er schüttelte den Kopf.

»Haben Sie etwas Wasser?«, fragte ich ohne Begrüßung.

»Sie haben schon seit einer ganzen Stunde um Wasser gebeten«, sagte er.

Einen Augenblick lang schwiegen wir und maßen uns gegenseitig mit den Blicken. Ich muss gestehen, dass er eine recht seltsame Gestalt in mir vorfand, nackt bis auf meine durchnässten Hosen und Socken, halb verbrüht, und Gesicht und Schultern von Rauch geschwärzt. Sein Gesicht war das eines blonden Schwächlings, sein Kinn trat stark zurück, sein Haar lag in krausen, fast flachsfarbenen Wellen auf seiner niedrigen Stirne. Seine Augen waren ziemlich groß, blassblau und starrten ins Leere. Er sprach abgebrochen und blickte irgendwohin von mir weg.

»Was bedeutet das?«, sagte er. »Was sollen alle diese Dinge bedeuten?«

Ich starrte ihn an, ohne Antwort zu geben.

Er streckte eine dünne weiße Hand aus und fuhr in fast klagendem Ton fort: »Warum werden solche Dinge zugelassen? Was für Sünden haben wir begangen? Die Morgenandacht war zu Ende, ich wandelte durch die Straßen, um meine Gedanken für den Nachmittag zu sammeln – da – Feuer, Erdbeben, Tod! Als ob es Sodom und Gomorrha wäre! Die ganze Arbeit zerstört, die ganze Arbeit ... Was sind diese Marsleute?«

»Was sind wir?«, antwortete ich und räusperte mich.

Er umklammerte seine Knie und wandte sich mir wieder zu. Eine halbe Minute vielleicht brütete er schweigend vor sich hin: »Ich wandelte durch die Straßen, um meine Gedanken zu sammeln«, sagte er. »Und plötzlich Feuer, Erdbeben, Tod!« Er verfiel wieder in Schweigen. Sein Kinn sank fast auf seine Knie.

Bald darauf fing er wieder an und fuhr mit der Hand umher: »Die ganze Arbeit – alle die Sonntagsmessen. Was haben wir denn getan – was hat Weybridge getan? Alles verschwunden – alles zerstört. Die Kirche! Wir haben sie erst vor drei Jahren wiederaufgebaut. Verschwunden! – Vom Erdboden gefegt! Warum?«

Abermals eine Pause, dann brach er wieder los wie ein Irrer: »Der Rauch Seines Feuers gehet auf für ewig und immerdar!«, schrie er. Seine Augen loderten und sein magerer Finger wies nach Weybridge.

Ich war jetzt soweit, um mir über ihn klar zu werden. Das entsetzliche Trauerspiel, in das er verflochten war – er war offensichtlich ein Flüchtling aus Weybridge –, hatte ihn an den Rand des Wahnsinns getrieben.

»Sind wir weit von Sunbury?«, fragte ich in einem ausdruckslosen Ton.

»Was sollen wir tun?« fragte er. »Sind denn diese Geschöpfe überall? Ist ihnen denn die Erde übergeben worden?«

»Sind wir weit von Sunbury?«

»Diesen Morgen erst hielt ich den Frühgottesdienst ab.«

»Die Dinge haben sich seither verändert«, sagte ich ruhig. »Sie müssen Ihren Kopf aufrecht behalten. Es gibt noch Hoffnung.«

»Hoffnung?«

»Ja, Hoffnung in Menge – trotz aller Zerstörung!«

Ich fing an, meine Ansicht über unsere Lage darzulegen. Anfangs hörte er zu, doch während ich weitersprach, verwandelte sich das Interesse in seinen Augen wieder in das leere Starren von vorher und seine Blicke schweiften von mir ab in die Ferne.

»Das muss der Anfang vom Ende sein«, sagte er, mich unterbrechend, »das Ende! Der große und schreckliche Tag des Herrn! Wenn die Menschen werden anrufen die Berge und die Felsen, dass sie mögen fallen auf sie und sie verbergen – verbergen vor Seinem Angesicht, vor dem Antlitz dessen, der da sitzet auf dem Throne!«

Ich begann nun, die Sachlage zu verstehen, gab meine anstrengenden Vernunftpredigten auf, richtete mich mühsam auf und legte meine Hand auf seine Schulter.

»Seien Sie ein Mann«, sagte ich. »Der Schock hat Sie um Ihren Verstand gebracht. Wozu ist denn die Religion gut, wenn sie beim ersten Unglück zusammenbricht? Bedenken Sie doch, was Erdbeben und Wasserfluten, Kriege und Vulkane schon früher der Menschheit angetan haben. Dachten Sie denn, dass Gott mit Weybridge eine Ausnahme machen wollte? ... Er ist kein Versicherungsagent, mein Herr.«

Eine Zeit lang saß er in Schweigen verloren da.

»Aber wie sollen wir entfliehen?«, fragte er plötzlich. »Sie sind unverwundbar, sie sind erbarmungslos.«

»Weder das eine noch vielleicht das andere«, antwortete ich. »Und je mächtiger sie sind, umso vernünftiger und behutsamer sollten wir sein. Nicht einmal drei Stunden ist es her, dass einer von ihnen da drüben getötet wurde.«

»Getötet!«, sagte er und starrte mich an. »Wie können die Gesandten des Herrn getötet werden?«

»Ich sah es«, fuhr ich in meiner Erzählung fort. »Der Zufall will es eben, dass wir ins Ärgste hineingeraten sind«, sagte ich, »das ist alles.«

»Was bedeutet denn jenes Flackern am Himmel?«, fragte er unvermittelt.

Ich sagte ihm, dass es die Signale der Heliografen seien – das Zeichen menschlicher Hilfe und Bemühungen am Himmel.

»Wir sind gerade mitten drinnen«, sagte ich, »so ruhig alles auch ist. Das Flackern am Himmel deutet auf nahenden Sturm. Dort drüben, glaube ich, sind die Marsleute, und nach London zu, dort, wo die Hügel um Richmond und Kingston sich erheben und die Bäume Schutz gewähren, werden Schanzen aufgeworfen und Geschütze aufgepflanzt. Bald werden die Marsleute wieder hierherkommen ...«

Während ich noch sprach, sprang er auf und unterbrach mich mit einer Gebärde.

»Hören Sie!«, sagte er.

Jenseits der niedrigen Hügel über dem Wasser erschollen der dumpfe Widerhall ferner Geschütze und in weiter Ferne ein unheimliches Schreien. Dann war alles still. Ein Maikäfer schwirrte über die Hecke an uns vorüber. Hoch im Westen hing, bleich und kaum sichtbar, die Sichel des Mondes über dem Rauch von Weybridge und Shepperton und der heißen, stillen Pracht der sinkenden Sonne.

»Am besten«, sagte ich, »gehen wir nach Norden.«

14
In London

Mein jüngerer Bruder befand sich in London, als die Marsleute Woking überfielen. Er war Medizin-Student, arbeitete gerade für eine bevorstehende Prüfung und hörte von ihrer Ankunft erst am Samstagmorgen. Die Morgenblätter am Samstag enthielten als Ergänzung ziemlich ausführliche Fachartikel über den Planeten Mars, das Leben auf dem Planeten und so weiter und nur ein kurzer, in unbestimmten Wendungen gehaltener Kurzbericht, der durch seine Kürze umso auffälliger wirkte.

Die Marsleute, durch die Annäherung einer Menschenmenge erschreckt, haben eine Anzahl Menschen mit einem Schnellfeuergeschütz getötet, so etwa lautete der Bericht. Er schloss mit den Worten: »So furchtbar sie auch scheinen mögen, haben sich die Marsleute noch nicht aus der Grube, in die sie gefallen sind, gerührt und scheinen auch ganz unfähig dazu zu sein. Dies ist wahrscheinlich eine Folge der relativ ungleich stärkeren Anziehungskraft der Erde.« Über diesen letzten Punkt breitete sich der Artikelschreiber noch sehr beruhigend aus.

Im biologischen Kurs der Vorbereitungsschule, die mein Bruder zu jener Zeit besuchte, waren natürlich alle Studenten von lebhafter Anteilnahme an diesen Vorgängen erfüllt. Doch auf den Straßen waren keine Zeichen einer ungewöhnlichen Erregung wahrzunehmen. Die Nachmittagsblätter brachten einige Neuigkeiten unter riesigen Schlagzeilen. Doch außer der Bewegung der Truppen auf der Weide und dem Brand des Fichtenwaldes zwischen Woking und Weybridge um acht Uhr wussten sie nichts weiter zu berichten.

Später teilte die »St. James Gazette« die bloße Tatsache von der Unterbrechung der telegrafischen Verbindung in einer besonderen Ausgabe mit. Man nahm an, dass dies dem Sturz einiger brennender Fichtenstämme auf die Leitungen zuzuschreiben wäre. Über das Gefecht in jener Nacht, der Nacht meiner Fahrt nach Leatherhead und zurück, wurde nichts weiter bekannt.

Mein Bruder war nicht im Geringsten um uns besorgt, als er aus der Beschreibung der Blätter erfuhr, dass der Zylinder gute zwei Meilen von unserem Haus entfernt war. Er nahm sich vor, in der Nacht zu mir zu fahren, um sich, wie er sagte, die Geschöpfe anzusehen, bevor sie getötet würden. Er sandte mir ein Telegramm, das mich nie erreichte. Das war um vier Uhr. Den Abend verbrachte er in einem Konzertsaal.

Auch in London herrschte Samstagnacht ein starkes Unwetter. Mein Bruder fuhr in einer Droschke zur Waterloo Station. Auf dem Bahnsteig, von dem der Mitternachtszug die Station gewöhnlich verlässt, erfuhr er nach einigem Warten, dass ein Unfall die Züge daran hindere, diese Nacht Woking zu erreichen. Über das Nähere dieses Unfalls konnte er nichts Verlässliches in Erfahrung bringen. Selbst die Bahnbeamten wussten zu dieser Zeit noch nichts Bestimmtes. Auf dem Bahnhof herrschte nur kleine Aufregung, und die Bahnbeamten, weit davon entfernt, etwas anderes anzunehmen als eine geringe Störung zwischen Byfleet und Woking Junction, fertigten die Theaterzüge ab, die gewöhnlich über Woking mit einem Umweg über Virginia Water oder Guildford fuhren. Ebenso eifrig waren sie damit beschäftigt, die Linien der Sonntags-Vergnügungszüge nach Southampton und Portsmouth zu ändern. Der Nachtberichterstatter einer Zeitung, der meinen Bruder irrtümlich für den Betriebsleiter hielt, mit dem er eine entfernte Ähnlichkeit besitzt, stellte sich ihm in den Weg und versuchte einiges aus ihm herauszubekommen. Außer einigen Bahnbeamten brachten nur wenige Leute den Unfall mit den Marsmenschen in Verbindung.

In einem anderen Bericht dieser Ereignisse las ich, dass am Sonntagmorgen »ganz London durch die Nachrichten aus Woking elektrisiert war«. In Wahrheit aber gab es nichts, das diesen übertriebenen Ausdruck rechtfertigen konnte. Zahlreiche Leute in London haben bis zur Panik am Montagmorgen nichts von den Marsleuten gehört. Nur jene, die davon gehört hatten, nahmen sich die Zeit, um sich aus den hastig entworfenen Kurzmeldungen der Sonntagsblätter ein Bild zu machen. Aber die Mehrheit der Leute in London liest keine Sonntagsblätter. Außerdem wurzelt das gewohnte Gefühl persönlicher Sicherheit so tief in der Seele des Londoners, und aufregende Zeitungsnachrichten sind eine so alltägliche Sache in London, dass die Leute ohne besondere Furcht Dinge wie diese lesen konnten:

»Vorige Nacht verließen die Marsleute um sieben Uhr ihre Zylinder. Sie wagten sich in Rüstungen aus Metallplatten hervor, zerstörten das Bahnhofsgebäude von Woking samt den umliegenden Häusern vollständig und vernichteten ein ganzes Bataillon des Cardigan-Regimentes. Einzelheiten sind nicht bekannt. Maximgeschütze erwiesen sich als völlig nutzlos gegen ihren Schutzpanzer. Sie zertrümmerten Feldgeschütze. Husaren flohen nach Chertsey. Die Marsleute scheinen langsam nach Chertsey oder Windsor vorzurücken. In West Surrey herrscht große Angst. Schanzen werden aufgeworfen, um einem Einrücken in London vorzubeugen.«

Auf diese Weise drückte sich die »Sunday Sun« aus. Ein geschickter und mit bemerkenswerter Geschwindigkeit geschriebener Fachaufsatz im »Referee« verglich die Sache mit einen plötzlich auf ein Dorf losgelassenen Zoo.

Niemand war in London über die Beschaffenheit der gepanzerten Marsleute genau unterrichtet. Noch immer herrschte die fixe Idee, dass diese Ungeheuer nur schwerfällig »krabbelten«, »mühselig krochen«. Solche Ausdrücke fanden sich fast in jedem der ersten Berichte. Keiner jener Kurzberichte rührte von einem Augenzeugen her. Die Sonntagsblätter druckten Sonderausgaben, als weitere Nachrichten bekannt wurden. Manche druckten sie auch ohne das. Aber es gab tatsächlich keine Neuigkeiten bis zum späten Nachmittag, als die Behörden den Presseagenturen bekannt gaben, was sie wussten. Es wurde die Mitteilung gemacht, dass die Bewohner von Walton und Weybridge, und überhaupt aus diesem ganzen Bezirk, auf den Straßen London zuströmten. Das war alles.

Am Morgen ging mein Bruder in die Kirche des Foundling Hospital. Immer noch wusste er nicht, was sich am Abend zuvor zugetragen hatte. Er hörte dort Anspielungen auf den Einfall der Marsbewohner und ein besonderes Gebet um Frieden. Nach dem Gottesdienst kaufte er eine Ausgabe des »Referee«. Die darin enthaltenen Nachrichten machten ihn besorgt, und er begab sich erneut zur Waterloo Station, um dort herauszubekommen, ob die Verbindung schon wieder hergestellt sei. Die Stellwagen, die Droschken, die Radfahrer und die zahllosen Leute, die in ihren besten Kleidern umherspazierten, schienen von den seltsamen Nachrichten, die die Zeitungsjungen ausriefen, kaum berührt zu werden. Die Leute interessierten sich zwar, aber wenn sie besorgt waren, so nur wegen ihrer dort wohnenden Angehörigen. Auf dem Bahnhof hörte er zum ersten Mal, dass die Verbindungen nach Windsor und Chertsey schon unterbrochen waren. Die Kofferträger erzählten ihm, dass am Morgen einige wichtige Telegramme von den Stationen Byfleet und Chertsey eingetroffen wären. Plötzlich aber sei nichts mehr gekommen. Mein Bruder konnte keine genaueren Einzelheiten aus den Männern herausbekommen. »Der Kampf vor Weybridge geht weiter«, darauf liefen alle ihre Mitteilungen hinaus.

Der Bahndienst war jetzt in große Unordnung geraten. Eine erhebliche Menschenmenge, die aus den Ortschaften des südwestlichen Bahnnetzes Freunde erwarteten, stand unschlüssig herum. Ein grauköpfiger alter Herr trat an meinen Bruder heran und ließ sich in heftigen Worten über die South-Western Company aus. »Die sollte mal tüchtig rangenommen werden«, sagte er.

Ein paar Züge kamen aus Richmond, Putney und Kingston an. Sie brachten Leute, die ausgezogen waren, um einen Tagesausflug zu Wasser zu machen. Doch die Schleusen waren geschlossen worden und sie glaubten etwas wie ein Gefühl von Angst, das in der Luft lag, bemerkt zu haben. Ein Mann in blauweiß gestreiftem Flanell wandte sich an meinen Bruder, um seine seltsamen Neuigkeiten an den Mann zu bringen:

»Scharen von Leuten fahren auf Karren und Wagen und allen erdenklichen Fuhrwerken nach Kingston und schleppen dabei Koffer mit ihren Habseligkeiten mit«, sagte er. »Sie kommen aus Molesey und Weybridge und Walton und behaupten, in Chertsey ein heftiges Geschützfeuer gehört zu haben. Berittene Soldaten sollen ihnen geraten haben, schleunigst die Flucht zu ergreifen, da die Marsleute kämen. Auch wir hörten Geschützfeuer an der Hampton Court Station, aber wir hielten es für Donner. Was zum Kuckuck soll denn das alles bedeuten? Die Marsleute können doch nicht aus ihrer Grube heraus? Oder doch?«

Mein Bruder konnte ihm keine Auskunft geben.

Später bemerkte er, dass sich ein unbestimmtes Gefühl der Angst auch der Benutzer der U-Bahn bemächtigt hatte und dass die Sonntagsausflügler aus den südwestlichen grünen ›Lungen‹ – Barnes, Wimbledon, Richmond Park, Kew und so weiter – ungewöhnlich früh zurückzukehren begannen. Aber nicht einer von ihnen wusste außer leeren Gerüchten etwas Nennenswertes zu erzählen. Jeder, der im Bahnhof zu tun hatte, schien schlechter Laune zu sein.

Etwa um fünf Uhr geriet der anschwellende Menschenhaufen am Bahnhof in ungeheure Aufregung, weil die fast beständig geschlossene Verbindungslinie zwischen den südöstlichen und südwestlichen Haltestellen geöffnet wurde. Die Aufregung wuchs beim Anblick einfahrender Güterwagen, die mit riesigen Geschützen beladen, und Wagenabteilen, die von Soldaten dicht besetzt waren. Es waren die Geschütze, die von Woolwich und Chatham heraufgebracht worden waren, um Kingston zu decken.

Sofort begann ein Austausch von Scherzworten: »Ihr werdet gefressen werden!« – »Wir sind die Tierbändiger!« und dergleichen. Kurz darauf kam ein Zug Wachleute, die die Bahnsteige räumten. Auch mein Bruder begab sich wieder auf die Straße.

Die Kirchenglocken läuteten zum Abendsegen. Eine Abteilung von Mädchen der Heilsarmee kam singend die Waterloo Street hinunter. Bei der Brücke beobachteten ein paar Müßiggänger einen sonderbaren braunen Schaum, der in großen Flocken den Fluss hinabtrieb. Die Sonne versank eben und der Big Ben und der Palace of Westminster erhoben sich in einen Abendhimmel, den man sich kaum friedlicher vorstellen konnte, einen goldenen Himmel, unterbrochen von langen Querstreifen purpurroter Wolken. Es ging die Rede von einem schwimmenden Leichnam um. Einer der Männer, ein Reservist, wie er behauptete, erzählte meinem Bruder, er habe gesehen, wie im Westen ein Heliograf aufblitzte.

In der Wellington Street begegnete mein Bruder einem Paar stämmiger Burschen, die gerade mit noch feuchten Zeitungsblättern und auffallenden Plakaten aus der Fleet Street stürmten. »Furchtbare Katastrophe!«, brüllten sie, einer den anderen überschreiend. »Kämpfe in Weybridge! Ausführliche Beschreibung! Flucht der Marsleute! London in Gefahr!« Mein Bruder musste ihnen drei Pence für eine Ausgabe des Blattes zahlen.

Jetzt, und erst jetzt machte er sich einen Begriff von der vollen Gewalt und der Furchtbarkeit jener Ungeheuer. Er erfuhr, dass sie nicht bloß eine Handvoll kleiner, plumper Geschöpfe waren, sondern Wesen, die riesige mechanische Körper lenkten, die sich blitzschnell bewegen und mit solcher Kraft ihre Opfer treffen konnten, dass selbst die mächtigsten Geschütze ihnen nicht standzuhalten vermochten.

Sie wurden geschildert als »ungeheure spinnenartige Maschinen, fast hundert Fuß hoch, fähig, sich mit der Schnelligkeit von Eilzügen vorwärtszubewegen, und imstande waren, Strahlen von unermesslicher Hitze abzufeuern.« Verborgene Batterien, die hauptsächlich aus Feldgeschützen bestanden, seien in der Umgebung der Horsell-Weide aufgepflanzt worden, besonders zwischen dem Wokinger Bezirk und London. Man habe fünf Maschinen gesehen, wie sie sich der Themse näherten. Eine sei durch Zufall zerstört worden. In allen anderen Fällen seien die Geschosse fehlgegangen und die Batterien von den Hitzestrahlen sofort vernichtet worden.

Es wurden schwere Verluste von Soldaten gemeldet, aber der Ton des Berichtes war hoffnungsvoll. Die Marsleute seien zurückgeschlagen worden. Sie seien nicht unverwundbar. Sie hätten sich wieder in ihr Zylinderdreieck in der Gegend von Woking zurückgezogen. Leute mit Heliografen näherten sich ihnen unentwegt von allen Seiten.

Mit größter Schnelligkeit würden von Windsor, Portsmouth, Aldershot, Woolwich, selbst aus dem Norden, Geschütze an Ort und Stelle gebracht, unter anderem fünfundneunzig Tonnen schwere Geschütze aus Woolwich. Alles in allem würden hundertundsechzehn aufgestellt oder hastig vorbereitet werden, hauptsächlich zum Schutz von London. Niemals vorher habe in England ein so ungeheures oder zügiges Aufgebot von kriegerischer Macht stattgefunden.

Jeder in Zukunft niederfallende Zylinder würde, so hoffte man, durch starke Sprenggeschosse sofort zerstört werden, Sprenggeschosse, die schleunigst hergestellt und verteilt werden sollten. Ohne Zweifel, fuhr der Bericht fort, könne die Lage nicht sonderbarer und ernster sein, aber die Öffentlichkeit sei hiermit ermahnt, Panik zu vermeiden.

Ohne Zweifel seien die Marsleute äußerst seltsame und erschreckende Geschöpfe, aber im schlimmsten Fall wären es nicht mehr als zwanzig gegen unsere Millionen. Die Behörden hätten guten Grund, aus dem Umfang der Zylinder zu schließen, dass im äußersten Fall nicht mehr als fünf in jedem Zylinder stecken könnten – zusammen also fünfzehn. Wenigstens einer sei schon tot – vielleicht schon mehr.

Die Öffentlichkeit sei schon genügend vor der drohenden Gefahr gewarnt worden. Die umfangreichsten Vorsichtsmaßregeln seien getroffen worden, um die Bevölkerung der bedrohten südwestlichen Vororte zu schützen. Und mit wiederholten Beteuerungen in Bezug auf die Sicherheit Londons und in festem Vertrauen darauf, dass die Behörden ihrer schweren Aufgabe gewachsen seien, schloss diese Quasi-Proklamation.

Das alles war in riesigen Buchstaben gedruckt, so frisch, dass das Papier noch feucht war. Es war nicht Zeit gewesen, ein Wort der Erklärung hinzuzufügen. Es sei merkwürdig gewesen, erzählte mein Bruder, wie rücksichtslos der übrige Inhalt des Blattes verstümmelt und beseitigt wurde, um für diese Mitteilungen Raum zu schaffen.

In der ganzen Wellington Street entlang konnte man Leute sehen, wie sie diese blassroten Blätter auseinanderfalteten und lasen. Die Strand[4] war plötzlich erfüllt von den lärmenden Stimmen eines Heeres von Zeitungsverkäufern, die jenen Pionieren auf dem Fuße folgten. Die Leute kletterten von den Bussen herab, um sich Blätter zu sichern. Diese Nachrichten erregten die Menge natürlich aufs äußerste, so groß ihre frühere Gleichgültigkeit auch war.

Die Tür eines Landkartenladens an der Strand wurde aufgeschlossen, erzählte mein Bruder, und hinter dem Fenster war ein Mann in seinem Sonntagsanzug mit zitronengelben Handschuhen zu erkennen, wie er Karten von Surrey hastig an der Scheibe befestigte.

Als er, die Zeitung in seiner Hand, die Strand entlang zum Trafalgar Square kam, sah mein Bruder einige Flüchtlinge aus West Surrey. Ein Mann kam mit seiner Frau, zwei Knaben und einigen Einrichtungsstücken in einem Karren, wie ihn Gemüsehändler benutzen. Er kam aus Richtung Westminster Bridge, dicht gefolgt von einem Heuwagen mit fünf oder sechs anständig aussehenden Leuten und einigen Koffern und Bündeln. Die Gesichter dieser Leute waren eingefallen, ihre ganze Erscheinung stand in auffallendem Gegensatz zu dem sonntäglich geschmückten Äußern der Leute in den Omnibussen. Modisch gekleidete Menschen blickten neugierig aus ihren Mietwagen auf die Flüchtlinge.

Diese stoppten auf dem Platz, unschlüssig, welchen Weg sie einschlagen sollten. Schließlich wandten sie sich ostwärts und zogen die Strand entlang. Einige Zeit später kam ein Mann in Arbeitskleidern auf einem jener altfränkischen Dreiräder mit einem kleinen Vorderrad. Er hatte ein kreideweißes Gesicht und war über und über von Schmutz bedeckt.

---

4 eine Straße in London

Mein Bruder wandte sich hinunter zur Victoria Station und begegnete einer ganzen Schar solcher Leute. Er hatte das unbestimmte Gefühl, dabei auch auf mich zu stoßen. Er bemerkte eine ungewöhnlich große Menge von Polizisten, die den Verkehr regelten. Einige von den Flüchtlingen besprachen die Ereignisse mit den Leuten in den Omnibussen. Einer behauptete, die Marsleute gesehen zu haben. »Kessel auf Stelzen, sage ich Ihnen, die laufen wie Menschen.« Die meisten erschienen durch ihre seltsamen Erfahrungen belebt und aufgeregt.

Jenseits der Victoria Station machten die Wirtshäuser mit diesen Ankömmlingen ein gutes Geschäft. An allen Straßenecken sammelten sich Leute an, lasen Zeitungen, sprachen erregt miteinander oder starrten diese ungewöhnlichen Sonntagsgäste an. Diese schienen sich mit der allmählich anbrechenden Nacht nur noch zu vermehren, und schließlich wirkten die Straßen nach dem Bericht meines Bruders wie die Epsom High Street an einem Derbytag. Mein Bruder sprach mehrere dieser Flüchtlinge an, erhielt aber von den meisten nur vage Antworten.

Keiner von ihnen konnte ihm irgendwelche Nachrichten von Woking mitteilen. Es gab nur einen Mann, der ihm versicherte, dass Woking in der vorigen Nacht gänzlich zerstört worden sei.

»Ich komme aus Byfleet«, erzählte er. »Ein Mann auf einem Fahrrad kam am frühen Morgen durch unseren Ort; er lief von Tür zu Tür und ermahnte uns zur Flucht. Dann kamen Soldaten. Wir gingen hinaus und wollten wissen, was los wäre, und sahen dichte Rauchwolken im Süden – nichts als Rauch; keine lebende Seele kam des Weges. Dann hörten wir die Geschütze in Chertsey, und die Leute kamen aus Weybridge. So schloss ich schließlich mein Haus ab und floh.«

Zu jener Zeit herrschte ein starkes Gefühl der Verbitterung auf den Straßen. Man tadelte die Behörden wegen ihrer Unfähigkeit, der fremden Eindringlinge ohne alle diese Umstände Herr zu werden. Um acht Uhr etwa erscholl im ganzen Süden Londons heftiges Geschützfeuer. Durch den gewaltigen Lärm auf den Hauptstraßen konnte es mein Bruder nicht hören, aber als er sich durch die stillen Nebengassen zum Fluss durchschlug, hörte er es ganz deutlich.

Es war zehn Uhr geworden, als er von Westminster zu seiner Wohnung am Regent's Park zurückkehrte. Er war jetzt schon sehr besorgt um mich und durch die erkennbare Tragweite dieser Ereignisse ganz verstört. Es drängte ihn plötzlich, sich in Gedanken mit kriegerischen Einzelheiten zu beschäftigen, genauso wie auch ich mich am Samstag damit beschäftigt hatte. Er dachte an alle jene in erwartungsvoller Ruhe harrenden Geschütze, an jenen plötzlich in einen Nomadenbezirk verwandelten Landstrich. Er bemühte sich, hundert Fuß hohe »Kessel auf Stelzen« sich vorzustellen.

Einige Karren, von Flüchtlingen besetzt, fuhren die Oxford Street entlang, manche auch in der Marylebone Road. Aber so langsam verbreiteten sich die Nachrichten, dass die Regent Street und die Portland Road von den Leuten, die auch sonst Sonntagnacht dort lustwandelten, erfüllt waren. Es standen wohl auch Gruppen lebhaft diskutierender Menschen herum. Aber am Rande des Regent's Park ergingen sich so viele stille Pärchen im Licht der spärlichen Gaslampen, wie man dort sonst auch immer zu sehen pflegte. Die Nacht war still und warm, fast ein wenig drückend. Gelegentlich scholl der Lärm der Geschütze herüber, und nach Mitternacht bemerkte man ein Wetterleuchten im Süden.

Mein Bruder las immer wieder das Zeitungsblatt und fürchtete schon, dass mir das Schlimmste wiederfahren sei. Er war rastlos, und nach dem Abendbrot ging er wieder aus und trieb sich ziellos herum. Dann kehrte er zurück und versuchte, seine nagenden Gedanken durch seine Prüfungsschriften zu verscheuchen. Kurz nach Mitternacht ging er zu Bett, wurde aber in den ersten Morgenstunden des Montags durch Türklopfer, Füßegetrappel auf den Straßen, Getrommel und Glockenläuten aus einem düsteren Traum geschreckt. Ein roter Widerschein spielte sich auf der Decke.

Einen Augenblick blieb er betäubt liegen und fragte sich, ob der Tag schon angebrochen oder die Welt verrückt geworden sei. Dann sprang er aus dem Bett und eilte ans Fenster.

Sein Zimmer war eine Dachkammer. Als er den Kopf zum Fenster hinaussteckte, vernahm er die Straße hinauf und hinunter einen dutzendfachen Widerhall des Lärmes, den das Öffnen seiner Fenster hervorrief. Köpfe in allen Spielarten nächtlicher Verstörtheit tauchten auf. Überall wurden ratlose Rufe laut.

»Sie kommen!«, brüllte ein Polizist, indem er auf das Tor loshämmerte. »Die Marsleute kommen!« Dann eilte er weiter zum nächsten Tor.

Der Lärm von Trommeln und Trompeten schallte von der Kaserne in der Albany Street herüber. In jeder Kirche in Hörweite war man damit beschäftigt, den Schlaf durch Sturmläuten zu töten. Man vernahm das Geräusch sich öffnender Tore. In den gegenüberliegenden Häusern leuchtete ein Fenster nach dem anderen in gelbem Licht auf.

Eine geschlossene Kutsche kam die Straße heraufgesprengt. Dicht auf dem Fuße folgten zwei Mietwagen, der Vortrab einer langen Reihe rasender Wagen, die zum größten Teil nach der Chalk Farm Station eilten, wo die Sonderzüge der North-Western die Reisenden aufnahmen und wo man die Steigung zur Euston Station vermeiden konnte.

Lange Zeit starrte mein Bruder in dumpfer Betäubung aus dem Fenster. Er sah dem Polizisten nach, wie er auf ein Haustor nach dem anderen hämmerte und sich seiner unverständlichen Botschaft entledigte. Da öffnete sich die Zimmertür meines Bruders und der Mann, der jenseits der Treppe wohnte, kam herein. Er war noch in Hemd, Hose und Pantoffeln, die Hosenträger hingen lose herab und sein Haar war noch vom Schlaf zerzaust.

»Was zum Teufel ist denn los?«, fragte er. »Ein Feuer? Der Teufel hole diesen Lärm!«

Beide steckten ihre Köpfe weit aus dem Fenster, eifrig bemüht, zu verstehen, was eigentlich der Polizist rief. Aus den

Seitengassen strömten Leute, die in eifrig schwatzenden Gruppen umherstanden.

»Was zum Teufel soll denn das alles bedeuten?«, fragte der Nachbar meines Bruders.

Mein Bruder antwortete nur beiläufig und begann sich anzuziehen. Mit jedem Kleidungsstück eilte er ans Fenster, um ja nichts von der wachsenden Erregung auf der Straße zu versäumen. Auf einmal tauchten Leute auf, die ganz frühe Zeitungsblätter verkauften und mit ihrem Gebrüll die Straße erfüllten.

»London in Erstickungsgefahr! Die Schanzen von Kingston und Richmond erstürmt! Furchtbare Massaker im Themsetal!«

Rings um ihn herum – in den Zimmern unten, in den Häusern nebenan und gegenüber und hinten in den Park Terraces und in den hundert Gassen jenes Teiles von Marylebone und im Westbourne Park Bezirk und in St. Pancras und westlich und nördlich in Kilburn und St. John's Wood und Hampstead und östlich in Shoreditch und Highbury und Haggerston und Haxton und mehr noch, durch das ganze Riesengewirr Londons hin von Ealing bis East Ham rieben sich die Leute die Augen und öffneten ihre Fenster, um hinauszustarren und nutzlose Fragen zu stellen, und kleideten sich hastig an, als der erste Windstoß, der dem kommenden Sturm der Angst voranging, durch die Straßen fuhr. Es war der Anfang einer großen Panik. London, das Sonntagnacht schlaff und stumpf schlafen gegangen war, erwachte nun in den ersten Stunden des Montagmorgens mit einem starken Gefühl der Gefahr.

Außerstande, von seinem Fenster aus zu erfahren, was eigentlich vorgefallen ist, ging mein Bruder hinunter und trat auf die Straße hinaus, gerade als die Morgendämmerung die Wolken zwischen den Firsten der Häuser rosig färbte. Die fliehende Menge zu Fuß und im Wagen wuchs jeden Augenblick an. »Schwarzer Rauch!«, hörte er die Leute rufen, immer wieder »Schwarzer Rauch!« Es war unvermeidlich, sich von einer so einmütig gefühlten Angst angesteckt zu werden. Als mein Bruder an der Torschwelle zögerte, sah er einen anderen Zeitungsverkäufer nahen und kaufte ihm ein Blatt ab. Der Mann eilte mit seiner Ware wieder weiter und verkaufte die Blätter für einen Shilling das Stück – ein groteskes Gemisch aus Habgier und Angst.

Und in dieser Zeitung las mein Bruder jene verhängnisvolle Meldung des Oberkommandanten:

»Die Marsleute sind imstande, mit einer Art Raketen ungeheure Wolken eines schwarzen und giftigen Dampfes auszusenden. Sie haben unsere Batterien erstickt, Richmond, Kingston und Wimbledon zerstört und rücken nun langsam nach London vor, indem sie unterwegs alles auslöschen. Es ist unmöglich, sie aufzuhalten. Es gibt keine andere Rettung vor dem schwarzen Rauch als unverzügliche Flucht.«

Das war alles, aber es war genug. Die ganze Bevölkerung der Sechsmillionenstadt schreckte auf, lief und stürzte in wildem Wirrwarr durcheinander. Bald schon würde sie sich wohl in Massen nordwärts ergießen.

»Schwarzer Rauch!«, hallte es von allen Seiten. »Feuer!«

Die Glocken der benachbarten Kirche läuteten schrill, ein achtlos gelenkter Karren zerbrach unter Schreien und Fluchen an einem Wassertrog auf der Straße. Matte Lichter tanzten in den Häusern auf und ab und auf manchen der vorübereilenden Droschken leuchteten noch die brennenden Laternen. Am Himmel hellte sich die Dämmerung auf, klar und ruhig und mild.

Mein Bruder hörte in den Stuben und hinter ihm treppauf und treppab eilige Schritte. Seine Vermieterin, nur in einen Schlafrock und in einen Schal gehüllt, kam ans Tor. Ihr Mann folgte ihr fluchend.

Als mein Bruder anfing, sich die Bedeutung all dieser Dinge klar zu machen, ging er hastig auf sein Zimmer zurück, steckte alles vorrätige Geld in seine Tasche – alles in allem etwa zehn Pfund – und trat wieder auf die Straße hinaus.

15
Was in Surrey geschah

Während der Kurat dasaß und an der Hecke auf der ebenen Wiese bei Halliford verwirrte Reden führte, während mein Bruder den Flüchtlingen zusah, wie sie über die Westminster Bridge strömten, hatten sich die Marsleute zum Angriff entschlossen. Soweit man aus den widersprechenden Berichten, die darüber verfasst wurden, klug werden kann, blieb die Mehrheit bis neun Uhr abends in der Horsell-Grube eifrig mit Vorbereitungen beschäftigt. Sie arbeiteten mit großer Eile und produzierten riesige Mengen grünen Rauches.

Gewiss aber ist, dass drei Marsleute etwa um acht Uhr aus der Grube herauskamen und sich, langsam und behutsam vorrückend, ihren Weg durch Byfleet und Pyrford nach Ripley und Weybridge bahnten. So kamen sie, die sinkende Sonne im Rücken, in den Bereich der Batterien. Diese Marsleute rückten nicht geschlossen vor, sondern in einer Linie, jeder etwa anderthalb Meilen vom anderen entfernt. Sie setzten sich durch ein sirenenartiges Geheul miteinander in Verbindung, das auf- und niedersteigend alle Noten der Tonleiter umfasste.

Dieses Geheul und das Feuern der Geschütze in Ripley und St. George's Hill waren es, was wir in Upper Halliford gehört hatten. Die Kanoniere in Ripley, unerfahrene Artillerie-Freiwillige, denen man diese Aufgabe nie hätte erteilen sollen, flohen dann zu Pferd und zu Fuß kopflos durch das verödete Dorf. Der Marsmensch stieg ganz gemächlich über ihre Geschütze hinweg, ohne von seinem Hitzestrahl Gebrauch zu machen, fuhr sachte zwischen ihnen hindurch, überholte sie und kam so ganz unvermutet zu den Geschützen in Painshill Park, die er vernichtete.

Die Leute von St. George's Hill aber standen unter besserer Führung oder waren kaltblütiger. Da sie hinter einem Fichtenwald verborgen waren, schienen sie von dem Marsmensch, der ihnen am nächsten war, gar nicht bemerkt worden zu sein. Sie richteten ihre Geschütze mit soviel Überlegung, als ob sie sich bei einer Truppenschau befänden, und gaben auf etwa tausend Yards Schussweite Feuer.

Die Geschosse blitzten alle um den Marsmensch herum. Man sah ihn einige Schritte vorwärts gehen, taumeln und stürzen. Ein allgemeines gellendes Geschrei, und die Geschütze wurden in wilder Hast von neuem geladen. Der niedergeworfene Marsmensch stimmte ein lang gedehntes Klagegeheul an und im Nu tauchte ein zweiter blinkender Riese bei den Bäumen im Süden auf, der ihm antwortete. Es hatte den Anschein, als sei ein Bein des Dreifußes von einem der Geschosse zerschmettert worden. Die volle Ladung der zweiten Salve ging weit vor dem Marsmensch auf die Erde nieder und im selben Augenblick richteten seine beiden Gefährten ihre Hitzestrahlen auf die Batterie. Die Munition explodierte, die Fichtenbäume um die Geschütze herum standen in Flammen und nur einer oder zwei von der Mannschaft, die bereits über den Kamm des Hügels liefen, entkamen.

Dann schien es, als ob die drei eine eingehende Beratung abhielten. Die Kundschafter, die sie beobachteten, berichten, dass sie die nächste halbe Stunde dort geblieben wären, ohne sich zu rühren. Der niedergestürzte Marsmensch kroch vorsichtig aus seinem Gehäuse heraus. Eine kleine braune Gestalt, die, wunderlich genug, bei dieser Entfernung wie ein Rostfleck aussah. Er war augenscheinlich damit beschäftigt, das Bein wieder auszubessern. Um neun Uhr war er damit fertig, denn seine Kappe tauchte wieder über den Bäumen auf.

Einige Minuten nach neun Uhr kamen zu diesen drei Wachtposten vier weitere Marsleute, von denen jeder ein dickes schwarzes Rohr trug. Ein ähnliches Rohr wurde jedem der drei anderen ausgehändigt. Alle sieben rückten nun vor, um sich in gleichen Abständen in einer gekrümmten Linie zwischen St. George's Hill, Weybridge und dem Dorf Send südwestlich von Ripley zu verteilen.

Ein Dutzend Raketen schossen von den Hügeln vor ihnen hoch, sobald sie sich in Bewegung setzten, und warnten die wartenden Batterien um Ditton und Esher. Zur selben Zeit setzten vier ihrer Kriegsmaschinen, die mit ähnlichen Rohren bewaffnet waren, über den Fluss. Zwei von ihnen kamen, sich schwarz vom westlichen Himmel abhebend, dem Kuraten und mir zu Gesicht, während wir erschöpft und von Schmerzen gequält die Straße entlangeilten, die von Halliford nordwärts führt. Es sah aus, als ob sie auf einer Wolke reisten, denn ein milchartiger Nebel bedeckte die Felder und reichte bis zu einem Drittel ihrer Höhe.

Bei diesem Anblick verfiel der Kurat in ein leises Schluchzen und begann zu rennen. Ich aber wusste, dass es nicht gut war, einem Marsmenschen zu entlaufen, wandte mich seitwärts und kroch durch taunasse Nesseln und Dornengestrüpp in den breiten Graben, der neben der Straße verlief. Der Kurat blickte sich um, sah, was ich vorhatte und wandte sich nun um, um mir zu folgen.

Die zwei Marsmenschen hatten haltgemacht. Der eine, der näher bei uns stand, blickte nach Sunbury, der andere, wie eine graue Nebelmasse vor dem Abendstern, stand abseits in Richtung Staines.

Das zwischenzeitliche Geheul der Marsleute hatte aufgehört. In jenem riesigen Halbkreis mit ihren Zylindern als Mittelpunkt, bezogen sie in vollkommenem Schweigen ihre Stellungen. Es war ein Halbmond, dessen Hornspitzen zwölf Meilen voneinander entfernt lagen. Wohl niemals seit der Erfindung des Schießpulvers hat eine Schlacht in solcher Stille begonnen. Wir ebenso wie ein möglicher Beobachter bei Ripley hätten genau denselben Eindruck gewonnen – die Marsleute schienen unbestrittenen als Herrscher über die hereinbrechende Nacht, beleuchtet nur von einem milden Mondlicht, den Sternen, dem Abglanz des scheidenden Tages und dem rötlichen Schein auf St. George's Hill und im Gehölz von Painshill.

Gegen diesen Halbmond gerichtet, in Staines, Hounslow, Ditton, Esher, Ockham, hinter Hügeln und Gehölz südlich des Flusses, entlang den ebenen, nordwärts gelagerten Wiesen, wo immer nur eine Gruppe von Bäumen oder Dorfhäusern genügend Deckung bot, standen Geschütze in stummer Erwartung. Signalraketen schossen in den Himmel, ergossen ihre Funkenregen in die Nacht und erloschen.

Die Spannung bei den schweigenden Batterien erreichte ihren Höhepunkt. Die Marsleute brauchten nur bis in die Feuerlinie vorzurücken und sofort würden jene reglosen Menschenmassen, jene Geschütze, die dunkel durch die frühe Nacht schimmerten, in die Wut eines wilden Kampfes ausbrechen.

Kein Zweifel, der Gedanke, der in Tausenden jener wachenden Köpfe alle anderen Gedanken beherrschte, der auch in meinem Kopf jeden anderen Gedanken zurückdrängte, war die ungelöste Frage, wie weit jene uns wohl zu beurteilen verstanden. Erfassten sie, dass unsere Millionen ein geschlossenes, durch Arbeit geeintes Ganzes waren? Oder legten sie unsere Feuerzeichen, unser Bombenschleudern, unser hartnäckiges Bedrängen ihres Lagers etwa so aus, wie wir die wütende Einmütigkeit im Angriff eines gestörten Bienenschwarmes auslegen? Träumten sie davon, uns ausrotten zu können? (Damals wusste noch niemand, welcher Art Nahrung sie bedurften.) Hundert solcher Fragen kreuzten sich in meinem Geist, als ich die riesigen Formen jener Wachtposten beobachtete. Zugleich aber dachte ich an all jene unbekannten und verborgenen Streitkräfte, die sich in Richtung London zu befinden mochten. Hatte man Fallgruben angelegt? Hatte man die Pulvermühlen in Hounslow gewissermaßen als Schlingen vorbereitet? Würden die Londoner Herz und Mut genug besitzen, um aus ihrem mächtigen Häusermeer ein größeres Moskau zu machen?

Da klang nach einer, wie uns schien, unermesslich langen Zeit, während wir durch das Buschwerk krochen und vorsichtig hinausspähten, ein Schall zu uns herüber wie der ferne Donner eines Geschützes. Da hob der Marsmensch, der neben uns stand, sein Rohr hoch in die Luft und feuerte es wie ein Geschütz mit einem heftigen Knall ab, mit einem Knall, der die Erde erbeben ließ. Der Marsmensch, der bei Staines stand, antwortete ihm. Kein Aufblitzen war zu sehen, kein Rauch, nichts als jenes schussartige Getöse.

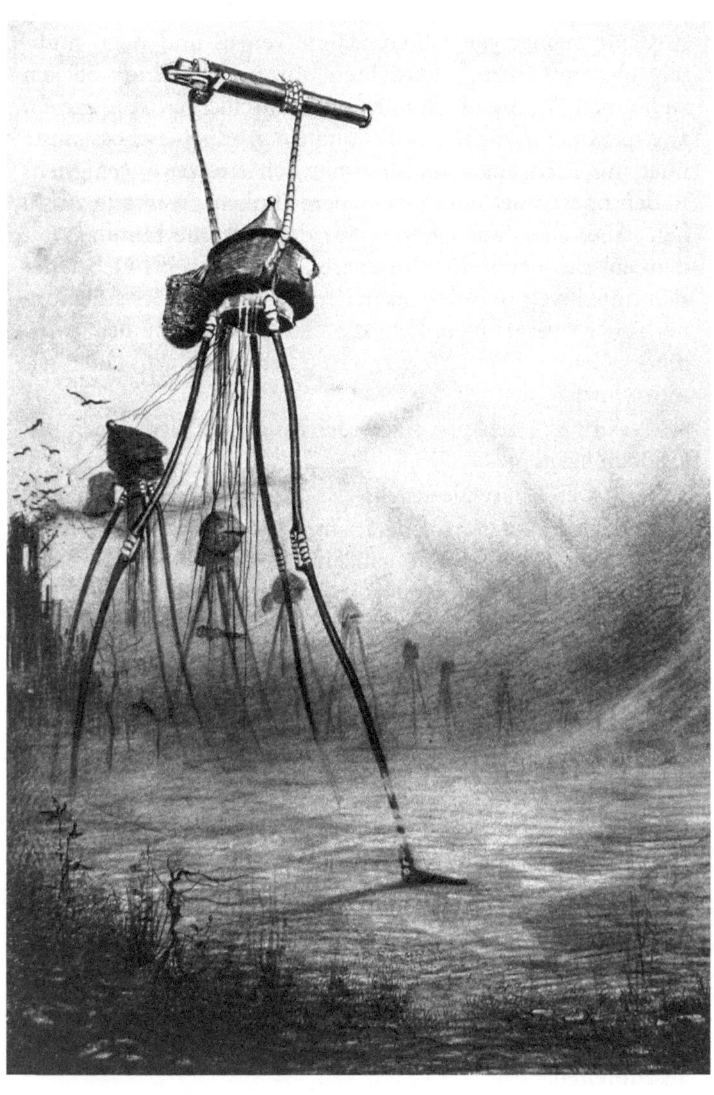

Durch diesen Notschüssen vergleichbaren Lärm wurde ich derart erregt, dass ich meine persönliche Sicherheit und den Zustand meiner verbrühten Hände vergaß und mich mühsam in dem Gestrüpp aufrichtete, um nach Sunbury blicken zu können. Während ich mich noch durchkämpfte, folgte ein zweiter Knall in meiner Nähe, und ein großes Geschoss sauste über mir Richtung Hounslow hin. Ich erwartete wenigstens Rauch oder Feuer oder eine andere ähnliche Wirkung zu sehen. Aber alles, was ich sah, war der tiefblaue Himmel, auf dem ein einziger Stern schimmerte, und der weiße Nebel, der sich unten weit und tief ausbreitete. Auch kein Geschützdonner war zu vernehmen, kein die Herausforderung beantwortendes Getöse. Die Ruhe war wiederhergestellt. Aus einer Minute wurden drei.

»Was ist geschehen?«, fragte der Kurat, der sich neben mir erhoben hatte.

»Gott weiß!«, erwiderte ich.

Eine Fledermaus huschte an uns vorbei und verschwand. Ein Geräusch wie von fernem Geschrei erhob sich und verstummte. Ich blickte wieder zum Marsmensch und sah, wie er sich nun pfeilschnell in östlicher Richtung das Flussufer entlang bewegte.

Jeden Augenblick erwartete ich, das Feuer einer verborgenen Batterie auf ihn losbrechen zu sehen. Doch die Ruhe des Abends blieb ungestört.

Die Gestalt des Marsmenschen entfernte sich immer weiter. Bald hatten ihn der Nebel und die hereinbrechende Nacht verschluckt. Wir folgten unserer Eingebung und kletterten höher hinauf. Vor Sunbury erhob sich ein dunkler Gegenstand, etwa so, als hätte sich plötzlich ein kegelförmiger Hügel dort eingeschoben, der das weitere Land unseren Blicken verbarg. Jenseits des Flusses oberhalb Waltons sahen wir in der Ferne eine zweite solche Erhebung. Noch während wir sie anstarrten, schienen diese hügelartigen Körper sich zu senken und auszubreiten.

Von einem plötzlichen Gedanken bewegt, blickte ich nach Norden und sah, dass dort ein dritter dieser wolkigen schwarzen Kegel aufgetaucht war.

Alles war mit einem Mal ganz still geworden. Fern im Südosten hörten wir die eulenartigen Schreie der Marsleute, durch die sie sich miteinander verständigten und diese unheimliche Stille nur noch mehr zum Bewusstsein brachten. Dann wieder erbebte die Luft unter dem Donner ihrer Geschütze. Aber keine irdische Artillerie antwortete.

Zu dieser Zeit konnten wir alle diese Vorgänge nicht begreifen. Später aber sollte ich die Bedeutung dieser unheimlichen Hügel, die sich in der Dämmerung bildeten, noch verstehen. Jeder einzelne der Marsleute, die sich in jener halbmondartigen Linie aufgestellt hatten, hatte auf ein unbekanntes Zeichen hin vermittels jenes geschützartigen Rohres einen ungeheuren Behälter abgefeuert. Sie feuerten überall dorthin, wo ein Hügel, eine Anhöhe, eine Häusergruppe oder irgendeine Schutzwehr, hinter der sie eine Batterie vermuteten, ihm ein Ziel boten. Manche feuerten nur eine jener Büchsen ab, manche, wie in dem Fall, den wir gesehen hatten, auch zwei. Der Marsmensch vor Ripley soll nicht weniger als fünf Schüsse nacheinander abgegeben haben. Diese Büchsen zersprangen, wenn sie zur Erde fielen, explodierten aber nicht. Unverzüglich aber strömte aus ihnen eine ungeheure Menge schweren, tintenschwarzen Dampfes, der hochstieg und sich zu einer riesigen, ebenholzschwarzen, geballten Wolke verdichtete und zu einem gasförmigen Hügel wurde, der sich hob und senkte und sich dann langsam über die ihn umgebende Fläche ausbreitete. Die Berührung dieses Dampfes, das Einatmen des geringsten seiner beißenden Teilchen bedcutete für alles, das atmete, den Tod.

Er war schwer, dieser Dampf, schwerer als der dichteste Rauch. So kam es, dass nach dem ersten heftigen Ausströmen und Aufschießen, das dem Bersten der Büchse folgte, er wieder zu sinken begann und sich, mehr in der Art eines flüssigen als eines gasförmigen Körpers, über das Erdreich ergoss. Er verließ die Hügel und strömte in die Täler und Gräben und

Wasserrinnen, ähnlich wie es bei der Kohlensäure der Fall sein soll, die aus vulkanischen Klüften hervorströmt. Wo er das Wasser berührte, trat ein seltsamer chemischer Vorgang ein: die Oberfläche bedeckte sich sofort mit einem pulverartigen Schaum, der langsam sank und weiteren Raum schuf. Dieser Schaum war gänzlich unauflöslich. Es war eine sonderbare Erscheinung, verglichen mit der augenblicklichen Wirkung des Gases, dass man das Wasser, wenn jener Schaum durch Siebe entfernt wurde, ohne Schaden trinken konnte. Der Dampf verteilte sich nicht wie echtes Gas. Er hing klumpenweise zusammen, ergoss sich klebrig über abschüssiges Erdreich, ließ sich zögernd vom Wind treiben, vermengte sich nur allmählich mit dem Nebel und der Feuchtigkeit der Luft und fiel wie Staub zur Erde. Wir können nur schließen, dass bei diesem Dampf ein uns unbekanntes Element wirksam sein muss, das im Blau der Spektralanalyse eine Gruppe von vier Linien hervorruft. In allem übrigen tappen wir in Bezug auf die Art seiner Zusammensetzung völlig im Dunkeln.

Jetzt, wo der heftige Schwall nach der Detonation vorüber war, haftete der schwarze Rauch so fest auf dem Boden, dass es noch vor seinem Abfließen, in einer Höhe von fünfzig Fuß in der Luft, auf Dächern und oberen Stockwerken hoher Häuser und auf großen Bäumen, eine Möglichkeit gab, sich seiner giftigen Wirkung völlig zu entziehen. Das bewährte sich noch in jener Nacht in Street Cobham und Ditton.

Ein Mann, der an diesem Ort dem Tode entrann, überlieferte einen merkwürdigen Bericht von diesen Vorgängen: Er hätte beobachtet, wie das seltsame, schlangenartige Verteilen des Rauches vor sich ging. Er berichtete, wie er vom Kirchturm aus heruntergeblickt und die Häuser des Dorfes wie Geister aus dem pechschwarzen Nichts sich erheben sah. Einen Tag und einen halben blieb er oben, erschöpft, halb verhungert und von der Sonne versengt. Die Erde hob sich unter dem blauen Himmel und vor dem Bild der fernen Hügel wie eine schwarze, samtene, weite Fläche ab. Allmählich tauchten dann die roten Dächer, die grünen Bäume und später schwarz umschleierte Büsche und Zäune, Tennen, Hütten und Mauern hier und dort wieder in das Sonnenlicht.

Aber das geschah nur in Street Cobham, wo der schwarze Dampf liegen blieb, bis er von selbst in der Erde versank. In der Regel reinigten die Marsleute die Luft, wenn der Rauch ihren Absichten entsprochen hatte, indem sie in den Qualm hineinwateten und einen Dampfstrahl auf ihn richteten.

Auf diese Weise verfuhren sie mit den Qualmmassen in unserer Nähe, wie wir das von den Fenstern eines verlassenen Hauses in Upper Halliford, wohin wir zurückgekehrt waren, beobachten konnten.

Von dort konnten wir auch die Scheinwerfer auf den Hügeln von Richmond und Kingston hin- und herleuchten sehen. Um elf Uhr klirrten unsere Fenster und wir hörten den Donner der riesigen Belagerungsgeschütze, die dort aufgepflanzt worden waren. Mit wiederholten Unterbrechungen dauerte das Feuer ungefähr eine Viertelstunde lang. Das konnten nur blinde Schüsse auf die unsichtbaren Marsleute in Hampton und Ditton gewesen sein. Dann verschwanden die bleichen Strahlen des elektrischen Lichtes, um einem glühend roten Schein zu weichen.

Damals ging der vierte Zylinder – ein glänzender grüner Meteor – in Bushey Park nieder, wie ich später erfuhr. Ehe noch die Geschütze auf der Hügelkette von Richmond und Kingston ihr Feuer eröffneten, fand fern im Südwesten noch eine unregelmäßige Kanonade statt, die, wie ich vermute, den ins Blaue hinein abgefeuerten Schüssen der dort aufgepflanzten Geschütze zuzuschreiben ist. Sie wurden noch abgegeben, bevor der schwarze Dampf die Mannschaft überwältigte.

So nach einem wohlerwogenen Plan vorgehend, wie Menschen etwa ein Wespennest ausräuchern, entsandten die Marsleute diesen seltsamen erstickenden Qualm über das Land in Richtung London. Die Enden der halbmondartigen Linie erweiterten sich langsam, bis sie schließlich das Land von Hanwell bis Coombe und Malden umklammerten. Die ganze Nacht hindurch rückten die Marsleute mit ihren vernichtenden Rohren vor. Nicht ein einziges Mal, nachdem der Marsmensch bei St. George's Hill zu Fall gebracht worden war, gaben sie der Artillerie auch nur den Hauch einer Chance zu einem wirksamen Angriff. Wo immer eine Möglichkeit vorhanden war, dass, für sie erkenntlich, Geschütze aufgestellt sein konnten, wurde eine frische Büchse jenes schwarzen Qualmes abgefeuert. Wo die Geschütze ungedeckt dastanden, wurde der Hitzestrahl eingesetzt.

Um Mitternacht warfen die glühenden Bäume an den Abhängen des Richmond Parkes und der Feuerschein auf dem Hügel von Kingston ihr Licht auf ein Netz schwarzen Rauches, der das ganze Themsetal überzog und verschwinden ließ und sich erstreckte, soweit das Auge reichte. Mitten hindurch wateten langsam zwei Marsleute, die ihre zischenden Dampfstrahlen hierhin und dorthin schickten.

Die Marsleute setzten in dieser Nacht den Hitzestrahl nur sehr selten ein, sei es, dass sie nur einen beschränkten Vorrat an den Stoffen besaßen, mit denen sie ihn herstellten, sei es, dass es in ihrer Absicht lag, das Land nicht zu verwüsten, sondern nur den Widerstand, den sie gefunden hatten, zu brechen oder einzuschüchtern. Darin erreichten sie ohne Zweifel ihr Ziel. Sonntagnacht brach der organisierte Widerstand gegen ihre Bewegungen zusammen. Von da an konnte keine wie immer geartete Vereinigung von Menschen ihnen standhalten, so hoffnungslos war das Unternehmen gescheitert. Selbst die Mannschaften der Torpedoboote und der Torpedozerstörer, die ihre Schnellfeuergeschütze die Themse hinaufgeschleppt hatten, weigerten sich zu bleiben, meuterten und kehrten wieder um. Das einzige Angriffsunternehmen, an das sich die Leute nach jener Nacht noch heranwagten, war das Anlegen von Minen und Fallgruben. Doch selbst diese Arbeiten erfolgten unter einem teils unsinnigen, teils krampfhaft überhasteten Aufwand von Kräften.

Man muss sich nur das Schicksal jener Batterien vor Esher vorstellen, die in fast übermenschlich gespannter Erwartung im Zwielicht der Ereignisse harrten. Überlebende gab es nicht.

Man kann sich von allem nur ein Bild machen: alles in bester Ordnung, voll Erwartung, die Offiziere eifrig und wachsam, die Mannschaft bereit, der Munitionsvorrat aufgehäuft zur Hand, die Abprotzer bei ihren Pferden und Wagen, die Menge bürgerlicher Zuschauer so nahe, wie es ihnen erlaubt wurde, die milde Ruhe des Abends, die Ambulanzen und die Feldzelte mit den Verbrannten und Verwundeten von Weybridge, dann plötzlich der dumpfe Widerhall der Schüsse, die die Marsleute abfeuerten, und die unförmigen Geschosse, die über Bäume und Häuser sausten und auf den benachbarten Feldern zerschellten.

Man kann sich weiter ausmalen, wie die allgemeine Aufmerksamkeit plötzlich erregt wurde, als diese schwarze Masse in blitzschnellen Windungen und Aufblähungen vorwärts schoss, sich himmelwärts auftürmte und das Zwielicht in völlige Finsternis verwandelte, wie ein seltsamer und schrecklicher Gegner in der Gestalt von Dampf sich auf seine Opfer stürzte, wie Menschen und Pferde immer mehr in der Dunkelheit verschwanden, wie alles durcheinander flüchtete, wilde Rufe ausstieß und kopfüber niederstürzte. Man kann sich die Schreie des Entsetzens ausmalen, vorstellen, wie die Geschütze im Stich gelassen wurden, wie die Menschen sich röchelnd am Boden wanden, wie der dichte Rauchkegel sich nach allen Seiten hin ausbreitete. Und dann Nacht und Vernichtung – nichts als die schweigende Masse undurchdringlichen Qualmes, der seine Toten umhüllte.

Vor dem Morgengrauen ergoss sich der schwarze Rauch durch die Straßen Richmonds. Der in Auflösung begriffene Organismus der Regierung raffte sich vor seinem Ende noch zu einer letzten Pflicht auf: die Bevölkerung Londons zur augenblicklichen Flucht aufzurufen.

16
Die Flucht aus London

Man begreift wohl so die brüllende Woge der Angst, die durch die größte Stadt der Welt jagte, als der Montag andämmerte: der Strom der Flucht, der mit reißender Geschwindigkeit zu einem wilden Gewässer anschwoll, in schäumender Wut um die Bahnhöfe brandete, sich bei den Schiffswerften der Themse zu einem entsetzlichen Wirbel aufbäumte und auf jedem möglichen Flussbett, das nach Norden oder Osten führte, durchzubrechen suchte. Gegen zehn Uhr verlor die Organisation der Polizei, gegen Mittag selbst die Organisation der Eisenbahnbeamten jeden Zusammenhang, ohne innere Ordnung und Autorität verschmolzen sie erst zögernd, dann umso rascher mit der großen gleichartigen Masse des sozialen Körpers.

Alle Eisenbahnlinien nördlich von der Themse und die Leute von der South-Eastern in der Cannon Street waren schon Sonntag um Mitternacht von der drohenden Gefahr verständigt worden. Schon um zwei Uhr waren die Züge überfüllt. Die Leute kämpften wie Wilde um Stehplätze in den Wagen.

Gegen drei Uhr wurden selbst in der Bishopsgate Street Leute niedergetreten und erdrückt. Etwa zweihundert oder mehr Yards von der Liverpool Street Station entfernt wurden Revolverschüsse abgegeben und Leute erstochen. Die Schutzleute, die hingeschickt wurden, um die Ordnung aufrechtzuerhalten, zerschlugen den Leuten erschöpft und wütend die Köpfe, die sie beschützen sollten.

Als der Tag voran schritt und die Zugführer und die Heizer sich weigerten, nach London zurückzukehren, trieb der drückende Zwang der Flucht die Leute in immer dichteren Massen von den Bahnhöfen weg auf die Straßen, die nach Norden führten. Um die Mittagsstunde hatte man einen Marsmenschen in Barnes gesehen, und eine Wolke mächtig sinkenden schwarzen Qualmes trieb die Themse entlang über die Ebene von Lambeth und schnitt in ihrem trägen Herannahen jede Möglichkeit der Flucht über die Brücken ab. Eine zweite Wolkenschicht trieb über Ealing hinweg und umzingelte eine kleine Insel von Überlebenden auf Castle Hill, die wohl ihr Leben retten, aber auf keinen Ausweg hoffen konnten.

Nach fruchtlosem Kampf, bei Chalk Farm in einen Zug der North-Western zu gelangen – die Maschinen der Züge, die am Güterbahnhof Reisende aufgenommen hatten, pflügten förmlich durch einen schreienden Menschenhaufen hindurch, und ein Dutzend handfester Männer kämpfte darum, die Menge daran zu hindern, den Zugführer gegen seinen Heizkessel zu schleudern –, schlug sich mein Bruder zur Chalk Farm Road durch, wand sich durch einen Schwarm dahineilender Fahrzeuge vorwärts und hatte das Glück, bei der Erstürmung eines Fahrradladens als erster anzukommen.

Das Vorderrad des Fahrrads, das er an sich riss, wurde durchgeschnitten, als er sie durch das Fenster zerrte. Dennoch saß er auf und fuhr mit keiner ernsteren Verletzung als einem Schnitt im Handgelenk los. Der steile Anstieg des Haverstock Hill war einiger gestürzter Pferde wegen nicht passierbar. So lenkte mein Bruder in die Belsize Road ein und entkam der wütenden Panik. Dem Saum der Edgware Road folgend, erreichte er, hungrig und erschöpft, doch der Menge weit voraus, um sieben Uhr Edgware. Die ganze Straße entlang standen die Leute neugierig und staunend. Mein Bruder wurde von Radfahrern, einigen Reitern und zwei Automobilen überholt. Eine Meile vor Edgware brachen die Räder und das Gefährt wurde unbrauchbar. Er ließ es auf der Straße liegen und schleppte sich ins Dorf. In der Hauptstraße des Ortes waren die Läden halb geöffnet. Auf den Bürgersteigen und in den Fenstern sammelten sich Leute, die verwundert auf jenen außergewöhnlichen Zug von Flüchtlingen starrten, der jetzt heranzunahen begann. Meinem Bruder gelang es, in einem Wirtshaus etwas zu essen zu bekommen.

Er blieb einige Zeit in Edgware, ratlos, was er anstellen solle. Die Flüchtlinge nahmen an Zahl immer mehr zu. Viele von ihnen schienen wie mein Bruder geneigt zu sein, im Orte zu bleiben. Von den Eindringlingen des Mars wusste niemand

Neues zu berichten. Die Straße war jetzt schon voll von Leuten, aber noch lange nicht überfüllt. Die meisten Flüchtlinge waren mit Fahrrädern ausgerüstet, bald aber tauchten auch Automobile, Hansoms und Kutschen auf, die rasch vorübereilten und in den dichten Staubwolken verschwanden, die sie auf der Straße nach St. Albans aufwirbelten.

Es war vielleicht nur ein ganz unklares Vorhaben, den Weg nach Chelmsford zu wählen, wo einige seiner Freunde wohnten, was meinen Bruder schließlich bewog, einen stillen Feldweg, der ostwärts führte, einzuschlagen. Nach kurzer Zeit gelangte er zu einem Zaunsteig, kletterte hinüber und folgte einem Fußweg in nordöstlicher Richtung. Er kam an einigen Bauernhäusern und mehreren kleinen Ortschaften vorbei, deren Namen er nicht kannte. Er sah nur wenige Flüchtlinge. Erst auf einem Grasweg in der Nähe von High Barnet stieß er auf die beiden Frauen, die seine Reisegefährtinnen werden sollten. Er kam gerade zur rechten Zeit, um sie zu retten.

Er hörte ihre Schreie und, um die Ecke eilend, sah er zwei Männer, die sie aus dem kleinen Ponywagen, den sie lenkten, mit Gewalt herauszuzerren versuchten, während ein dritter sich damit abmühte, den Kopf des erschreckten Ponys zu halten. Eine der Damen, eine kleine, in Weiß gekleidete Frau, kreischte nur immerzu. Die andere, eine dunkle, schlanke Erscheinung, schlug nach dem Mann, der ihren Arm gepackt hatte, mit der Peitsche, die sie in ihrer freien Hand hielt.

Mein Bruder erfasste die Sachlage auf der Stelle, rief laut und eilte auf den Kampfplatz. Einer der Männer ließ sofort von den Damen ab und wandte sich ihm zu. Mein Bruder, der aus dem Gesichtsausdruck seines Gegners sofort erkannte, dass ein Kampf unvermeidlich war, stürzte sich als erfahrener Boxer sofort auf ihn und schlug ihn gegen das Wagenrad nieder.

Es war nicht die Zeit, um die Ritterlichkeit von Boxern zu üben. Mein Bruder machte ihn durch einen Fußtritt kampfunfähig. Dann packte er den Mann, der die schlanke Dame am Arm gefasst hatte, beim Rockkragen. Er hörte das Klappern von Hufen, die Peitsche schlug ihm ins Gesicht, ein dritter

Gegner versetzte ihm einen wuchtigen Schlag zwischen die Augen, und der Mann, den er festhielt, riss sich los und rannte den Feldweg hinunter in die Richtung, aus der er gekommen war.

Halb betäubt sah mein Bruder sich jetzt dem Mann gegenüber, der den Kopf des Pferdes gehalten hatte. Er bemerkte dann, wie der Wagen mit den stets zurückblickenden Frauen, heftig nach beiden Seiten schwankend, den Feldweg entlang davonfuhr. Der Mann vor ihm, ein plumper Lümmel, machte Miene, sich auf ihn zu stürzen, aber mein Bruder schleuderte ihn mit einem Faustschlag ins Gesicht zurück. Als er sich endlich frei sah, warf er sich herum und lief so schnell er konnte den Feldweg entlang dem Wagen nach. Der Plumpe hing dicht an seinen Fersen und der Flüchtige, der sich jetzt umgewandt hatte, folgte in einiger Entfernung.

Plötzlich taumelte mein Bruder und fiel zu Boden. Sein nächster Verfolger stürzte auf ihn los. Als er sich wieder aufgerichtet hatte, sah er sich erneut zwei Angreifern gegenüber. Es fehlte nur wenig und es wäre um ihn geschehen gewesen, hätte nicht die schlanke Dame mutig den Wagen angehalten. Sie stieg aus und kam ihm zu Hilfe. Sie hatte von Anfang an einen Revolver mit sich geführt, der aber unter den Sitzen verborgen war, als sie und ihre Gefährtin angegriffen wurden. Sie feuerte ihn nun auf eine Entfernung von sechs Yards ab und hätte um ein Haar meinen Bruder erwischt. Der weniger mutige Räuber machte sich auf und davon und sein Spießgeselle folgte ihm und verwünschte seine eigene Feigheit. Sie machten beide noch in Sichtweite halt und blieben auf dem Feldweg stehen, wo der dritte Mann besinnungslos lag.

»Nehmen Sie ihn!«, rief die schlanke Dame und reichte meinem Bruder den Revolver.

»Gehen Sie zum Wagen zurück«, bat mein Bruder, indem er sich das Blut von seiner geplatzten Lippe wischte.

Sie wandte sich wortlos ab – beide keuchten heftig –, und dann gingen sie zum Wagen, in dem die Dame in Weiß mit krampfhafter Anstrengung das erschreckte Pony zu halten versuchte.

Die Räuber hatten offenbar genug. Als mein Bruder sich wieder nach ihnen umblickte, zogen sie sich zurück.

»Ich setze mich hierher«, sagte mein Bruder, »wenn ich darf«. Er stieg ein und ließ sich auf den leeren Vordersitz nieder. Die Dame blickte über ihre Schulter.

»Geben Sie mir die Zügel«, sagte sie und strich mit der Peitsche über die Flanke des Ponys. Im nächsten Augenblick waren die drei Männer hinter eine Krümmung des Weges den Blicken meines Bruders verborgen.

So kam es, dass mein Bruder keuchend, mit verletztem Mund und Kiefer und blutbefleckten Fingerknöcheln ganz unvermutet auf einer unbekannten Straße mit zwei unbekannten Frauen dahinfuhr.

Er erfuhr, dass sie die Gattin und die jüngere Schwester eines in Stanmore lebenden Chirurgen waren, der in den frühen Morgenstunden von einem gefährlichen Fall in Pinner zurückgekehrt war und auf einer Eisenbahnstation, an der ihn sein Weg vorübergeführt, von dem Heranrücken der Marsleute gehört hatte.

Er war nach Hause geeilt, hatte die Frauen geweckt – das Dienstmädchen hatte sie schon vor zwei Tagen verlassen –, hatte etwas Vorrat zusammengerafft, für meinen Bruder zum Glück einen Revolver unter die Sitze gelegt und ihnen aufgetragen, nach Edgware zu fahren, wo es ihnen gelingen würde, in einen Zug zu kommen. Er blieb zurück, um die Nachbarn zu verständigen. Er hatte ihnen versprochen, sie etwa um halb fünf Uhr morgens einzuholen. Nun war es beinahe neun Uhr. Sie hatten seither nichts von ihm gesehen. Sie konnten wegen des fast beängstigend anwachsenden Gedränges nicht in Edgware bleiben. Und so waren sie auf diesen Seitenweg gelangt.

Das war die Geschichte, die sie in abgebrochenen Sätzen meinem Bruder erzählten. Dann machten sie in der Nähe von New Barnet wieder halt. Mein Bruder aber versprach ihnen, wenigstens so lange bei ihnen zu bleiben, bis sie einen endgültigen Beschluss über ihre nächsten Schritte gefasst hätten oder bis der vermisste Arzt sie getroffen hätte. Er versicherte ihnen, ein erfahrener Revolverschütze zu sein, um ihnen Vertrauen einzuflößen. Er war aber alles mehr als vertraut mit dieser Waffe.

An der Straße schlugen sie eine Art Lager auf. Das Pony tat sich an einer Hecke gütlich. Mein Bruder erzählte ihnen die Einzelheiten seiner Flucht aus London und außerdem alles, was er von den Marsleuten und ihrem Treiben wusste. Die Sonne stieg höher am Himmel. Nach geraumer Zeit stockte das Gespräch und wich einem unbehaglichen Zustand banger Erwartung. Einige Fußgänger kamen des Weges. Aus ihnen brachte mein Bruder heraus, soviel er konnte. Jede gebrochene Antwort, die er erhielt, vertiefte seinen Eindruck von der schweren Heimsuchung, die über die Menschheit gekommen war, vertiefte auch seine Überzeugung von der zwingenden Notwendigkeit, die Flucht fortzusetzen. In eindringlichen Worten machte er das auch den Damen begreiflich.

»Wir haben Geld bei uns«, sagte das Mädchen und zögerte dann fortzufahren.

Ihre Augen begegneten denen meines Bruders und ihr Vertrauen kehrte wieder.

»Auch ich habe Geld mit«, sagte mein Bruder.

Sie erklärte nun, außer einer Fünfpfundnote ungefähr dreißig Pfund in Gold bei sich zu führen, und schlug vor, damit zu einem Zug bei St. Albans oder New Barnet zu fahren. Mein Bruder, der die Wut der Londoner, als sie die Züge stürmten, mit angesehen hatte, hielt dieses Vorhaben für hoffnungslos und stellt nun seinen Plan vor: Essex zu durchqueren und so nach Harwich zu gelangen, um von dort das Land zu verlassen.

Mrs. Elphinstone – so hieß die Dame in Weiß – wollte auf keine Ratschläge hören und rief unaufhörlich nach ihrem »George«. Ihre Schwägerin aber war erstaunlich ruhig und vernünftig und schließlich bereit, dem Vorschlag meines Bruders zu folgen.

So schlugen sie also die Richtung nach Barnet ein, in der Absicht, die Great North Road zu kreuzen. Mein Bruder lenkte das Pony, um es soviel wie möglich zu schonen.

Als die Sonne höher stieg, wurde es unbeschreiblich heiß. Unter den Füßen brannte ein dichter weißlicher Sand, sodass sie nur sehr langsam vorwärtskamen. Die Hecken waren grau vor Staub. Und als sie in die Nähe von Barnet kamen, vernahmen sie ein immer lauter anschwellendes Gemurmel.

Sie begegneten immer mehr Leuten. Die meisten starrten vor sich hin, murmelten unbestimmte Fragen und sahen erschöpft, abgemagert und schmutzig aus. Ein Mann im Frack ging zu Fuß an ihnen vorüber, seine Augen auf den Boden geheftet. Sie hörten seine Stimme, und als sie nach ihm blickten, sahen sie, wie er mit der einen Hand sein Haar raufte und mit der anderen nach unsichtbaren Dingen schlug. Als sein Wutanfall vorüber war, ging er seine Straße weiter, ohne sich auch nur ein einziges Mal umzublicken.

Als die Gesellschaft meines Bruders sich dem Kreuzweg im Süden von Barnet näherte, sahen sie eine Frau über ein Feld zur Linken auf die Straße zukommen. Sie trug ein Kind auf dem Arm, zwei andere führte sie. Dann ging ein Mann in einem schmutzigen schwarzen Anzug vorbei, einen dicken Rock in der einen Hand, eine kleine Reisetasche in der anderen. Als sie um die Ecke des Feldweges fuhren, dort, wo bei seiner Einmündung in die Landstraße einige Landhäuser stehen, kam ein kleines Gefährt angefahren, das von einem schweißbedeckten schwarzen Pony gezogen wurde. Ein blasser Bursche mit einem Sporthut lenkte es. Drei Mädchen, die wie Fabrikmädchen des Londoner Eastend aussahen, und zwei kleine Kinder saßen zusammengekauert im kleinen Wagen.

»Hier kommen wir doch nach Edgware?«, fragte der mit wilden Augen dreinblickende totenblasse Lenker des Gefährts in unverkennbarer Londoner Mundart. Und als mein Bruder ihm zeigte, er solle die Richtung zu seiner Linken einschlagen, hieb er auf das Pony ein, ohne sich lange mit Dank-Förmlichkeiten aufzuhalten.

Jetzt bemerkte mein Bruder, wie aus den Häusern vor ihnen ein dünner grauer Rauch oder Nebel aufstieg, der die weiße Vorderseite einer Terrasse jenseits der Straße verschleierte, die zwischen den Landhäusern zum Vorschein kam. Mrs. Elphinstone schrie beim Anblick einiger züngelnder rauchiger Feuerflammen, die aus den Häusern vor ihnen in den blauen Himmel aufschossen, plötzlich auf. Der wilde Lärm löste sich jetzt in ein wirres Stimmengemenge, das Knirschen vieler Räder, das Ächzen von Wagen und das Geklapper von Hufen auf. Keine fünfzig Yards vom Kreuzweg entfernt machte der Feldweg eine scharfe Biegung.

»Gott im Himmel!«, rief Mrs. Elphinstone. »Wohin führen Sie uns denn?«

Mein Bruder hielt an, denn die Hauptstraße war ein brodelnder Strom von Leuten, ein reißender Wildbach menschlicher Wesen, die nach Norden stürmten, einer drängend nach dem anderen. Ein langer Wolkenzug aus Staub, weiß und leuchtend im Sonnenglanz, ließ alles innerhalb von zwanzig Fuß über dem Boden grau und undeutlich erscheinen. Durch die dahineilenden Füße einer dichten Menge von Pferden und Männern und Frauen zu Fuß und durch die Räder von Gefährten aller erdenklichen Art bildete er sich immer wieder neu.

»Platz da!«, hörte mein Bruder Stimmen schreien. »Macht Platz!«

Zum Kreuzungspunkt des Feldweges und der Straße zu gelangen, hieß soviel wie in den Rauch eines Feuers hineinfahren. Die Menge brüllte wie ein Feuer. Der Staub war heiß und prickelnd. Und in der Tat stand etwas weiter oben an der Straße ein Landhaus in Flammen und wälzte dichte Mengen schwarzen Rauches über die Straße, um die Verwirrung zu erhöhen.

Zwei Männer kamen dem Wagen nach. Dann ein schmutziges Weib, das ein schweres Bündel trug und heftig schluchzte. Ein verlaufener Jagdhund, heruntergekommen und mit Schrammen bedeckt, lief schnüffelnd um sie herum und floh, als mein Bruder ihm drohte.

Soviel man von der Straße, die nach London führte, zwischen den Häusern zur Rechten sehen konnte, war sie ein einziger großer Strom schmutziger, fliehender Leute, die zwischen die Landhäuser zu beiden Seiten des Weges eingeklemmt waren. Die schwarzen Köpfe, die dicht aneinander gedrängten Gestalten traten deutlicher hervor, als sie auf die Straßenecke zustürzten und vorübereilten. Dann verloren sie sich wieder in der fliehenden Menge, die schließlich von einer Staubwolke in der Ferne verschlungen wurde.

»Vorwärts! Vorwärts!«, riefen die Stimmen. »Platz da, macht Platz!«

Mein Bruder stand beim Kopf des Ponys. Unwiderstehlich angezogen, ging er Schritt für Schritt vorwärts den Feldweg hinunter.

Edgware war ein Schauplatz der Verwirrung, Chalk Farm ein aufrührerischer Tumult gewesen, hier aber war eine ganze Bevölkerung in Bewegung. Die Karren und die Wagen drängten sich dicht einer hinter dem anderen und ließen nur wenig Platz für jene rascheren und ungeduldigeren Fahrzeuge, die jeden Augenblick vorwärts schossen, so oft sich eine Gelegenheit dazu bot, dabei schleuderten sie die Leute rücksichtslos an die Zäune und die Tor der Landhäuser.

»Nur drauflos!« war der allgemeine Schrei. »Nur drauflos! Sie kommen!«

Auf einem Karren stand ein blinder Mann in der Uniform der Heilsarmee. Er schlenkerte mit seinen gekrümmten Fingern herum und brüllte unaufhörlich: »O Ewigkeit! O Ewigkeit!« Seine Stimme war heiser und überaus laut, sodass mein Bruder ihn noch lange hören konnte, als er im südwestlichen Staub schon den Blicken entschwunden war. Einige Karren waren vollgepfropft mit Leuten, die blödsinnig auf ihre Pferde einhieben und mit anderen Kutschern zankten. Einige Leute wieder saßen reglos da, mit trostlosen Augen ins Leere starrend. Andere nagten vor Durst an ihren Fingern oder lagen auf dem Boden ihres Fuhrwerks lang ausgestreckt. Die Zäume der Pferde waren voller Schaum, ihre Augen blutunterlaufen.

Man sah Mietwagen, Kutschen, Geschäftswagen, Fuhrwerke ohne Zahl, eine Postkutsche, einen Straßensäuberungswagen mit der Aufschrift »Gemeindebezirk St. Pancras«, einen riesigen Bauholzwagen, der mit roh aussehenden Gesellen beladen war. Der Geschäftskarren einer Brauerei rasselte vorüber. Seine beiden Räder waren bespritzt mit frischem Blut.

»Aus dem Weg!«, riefen die Stimmen. »Aus dem Weg!«

»Ewigkeit! Ewigkeit!«, hallte es von der Straße wider.

Traurige, abgemagerte, gut gekleidete Frauen schleppten sich weiter mit Kindern, die weinten und stets stolperten. Ihre zarten Kleider starrten vor Staub, ihre müden Gesichter waren von Tränen entstellt. Viele von ihnen wurden von teils nachsichtigen, teils mürrischen und rohen Männern begleitet. Seite an Seite mit ihnen drängte sich mit roher Gewalt ein Haufen Londoner Gesindels vorwärts, in schwarze Lumpen gekleidet, die mit lauter Stimme unflätige Reden führten.

Dann sah man stämmige Arbeiter, die kraftvoll vorwärts drängten, elend aussehende, ungekämmte Burschen, offenbar Ladenschwengel oder Tagelöhner, nach ihrer Kleidung zu schließen, die gelegentliche Raufereien veranstalteten. Bisweilen sah man noch einen verwundeten Soldaten, ferner Leute, die wie die Gepäckträger der Bahnhöfe gekleidet waren, und ein trostlos aussehendes Geschöpf in einem Nachthemd, über das ein Rock geworfen war.

Aber so verschieden auch ihre Zusammensetzung war, bestimmte Züge hatte diese Menge gemein. Angst und Schmerz brüteten auf den Gesichtern, Angst saß ihnen im Nacken. Ein Lärm auf der Straße, ein Streit um einen Wagenplatz genügten und jeder beschleunigte seine Schritte. Selbst ein Mann, der so elend und gebrochen war, dass seine Knie unter ihm wankten, wurde für einen Augenblick wieder hochgerissen.

Hitze und Durst hatten bei dieser Menge schon ihr Werk getan. Die Haut war trocken, die Lippen schwarz und aufgesprungen. Sie waren durstig und erschöpft und ihre Füße wund. Und aus den vielen Schreien hörte man Gezänk und Vorwürfe und stöhnende Ermattung heraus. Die meisten Stimmen waren schon heiser und schwach. Und zwischendurch der immer gleiche Refrain: »Platz! Platz! Die Marsleute kommen!«

Nur wenige rasteten oder trennten sich von der Flut. Der Feldweg mündete ziemlich abschüssig in einer engen Öffnung in die Hauptstraße und machte den trügerischen Eindruck, als käme er aus Richtung London. Dennoch drängte ein geringer Bruchteil der Leute in die Mündung hinein. Schwächlinge arbeiteten sich mit den Ellbogen aus dem Strom heraus. Doch ruhten sie zum größten Teil nur einen Augenblick aus, um wieder in ihn einzutauchen. Ein wenig abseits vom Feldweg lag, von zwei Freunden betreut, ein Mann, dem eines seiner Beine mit ein paar blutigen Lumpen umwickelt war. Der Glückliche hatte wenigstens Freunde.

Ein altes Männlein mit einem kriegerisch aussehenden Schnurrbart, das mit einem fadenscheinigen schwarzen Gehrock bekleidet war, hinkte aus dem Haufen, zog seine Stiefel aus – seine Socken waren Blut befleckt – schüttelte einen Kieselstein heraus und humpelte weiter. Ein kleines Mädchen von acht oder neun Jahren, ganz allein, warf sich neben die Hecke dicht neben meinen Bruder und weinte bitterlich.

»Ich kann nicht weiter! Ich kann nicht weiter!«

Mein Bruder erwachte aus der Erstarrung. Er hob sie auf, sprach ein paar freundliche Worte zu ihr und trug sie zu Miss Elphinstone. Sobald mein Bruder sie berührte, wurde sie ganz still, wie erschreckt.

»Ellen!«, schrie eine Frau im Haufen mit weinender Stimme. »Ellen!« Und das Kind machte sich von meinem Bruder los und schoss nach der Mutter rufend davon.

»Sie kommen«, sagte ein Mann zu Pferd, der den Feldweg entlang ritt.

»Aus dem Weg da!«, brüllte ein Kutscher und richtete sich hoch auf. Mein Bruder sah einen geschlossenen Wagen in den Feldweg hineinfahren.

Die Leute drängten zurück, einer drückte den anderen, um dem Pferd auszuweichen. Mein Bruder schob das Pony und den Wagen an die Hecke zurück. Der Mann fuhr vorbei, um an der Wegbiegung zu halten. Es war eine Kutsche mit einer Deichsel für zwei Pferde, aber nur eines war in den Strängen.

Mein Bruder sah undeutlich durch den Staub hindurch, wie zwei Männer einen Gegenstand auf einer weißen Tragbahre herausgehoben und ihn behutsam auf das Gras zwischen die Ligusterhecken legten.

Einer der Männer eilte auf meinen Bruder zu. »Wo bekommt man hier etwas Wasser?«, fragte er. »Er geht rasch seinem Ende entgegen und leidet heftigen Durst. Es ist Lord Garrick.«

»Lord Garrick!«, rief mein Bruder. »Der Präsident des Obersten Gerichtes?«

»Das Wasser!«, rief der andere.

»Vielleicht finden Sie in einem dieser Häuser eine Wasserleitung«, sagte mein Bruder. »Wir haben kein Wasser. Und ich kann meine Begleiterinnen nicht verlassen.«

Der Mann drängte sich durch die Menge zum Tor des Eckhauses.

»Vorwärts!«, riefen die Leute und schoben ihn zur Seite. »Sie kommen! Vorwärts!«

Mein Bruder war entsetzt und verwirrt. Sobald sie sich zurückgezogen hatten, kam es ihm wieder zum Bewusstsein, wie dringend und unvermeidlich es war, den Menschenstrom zu durchqueren.

Ohne Verzug wandte er sich entschlossen an Miss Elphinstone. »Wir müssen diesen Weg einschlagen«, sagte er und lenkte das Pony wieder herum.

Zum zweiten Mal an diesem Tag legte das Mädchen eine Probe ihres Mutes ab. Um eine Furt durch diesen Menschenstrom zu erzwingen, stürzte sich mein Bruder in das Getriebe hinein und hielt ein Droschkenpferd zurück, während sie das Pony an dessen Kopf vorbeilenkte. In diesem Augenblick hemmte ein Fuhrwerk sein Rad und riss einen langen Span vom Ponywagen ab. Gleich darauf wurden sie von dem Strom erfasst und vorwärtsgetrieben. Mein Bruder, auf dessen Gesicht und Händen die Peitsche des Kutschers rote Striemen hinterlassen hatte, kletterte in den Wagen zurück und nahm seiner Begleiterin die Zügel ab.

»Richten Sie den Revolver auf den Mann hinter uns, wenn er zu heftig drängt«, sagte er und reichte ihr die Waffe. »Nein! – Richten Sie ihn auf sein Pferd.«

Dann suchte er nach einer Gelegenheit, über die Straße hinweg nach rechts zu fahren. Aber einmal im Strom, schien er seine Willenskraft zu verlieren und ein Glied dieses staubigen Menschenrudels zu werden. Sie wurden von dem wilden Strom durch Chipping Barnet geschwemmt. Sie befanden sich schon wieder eine Meile jenseits des Stadtzentrums, bevor sie sich auf die andere Seite des Weges durchgekämpft hatten. Der Lärm, die Verwirrung waren unbeschreiblich. Aber in der Stadt und hinter ihr zweigte sich die Straße erneut und spaltete so wenigstens den Andrang der Masse.

Sie wandten sich nun östlich durch Hadley. Dort, wie auch später, stießen sie beiderseits der Straße auf eine beträchtliche Menge von Leuten, die aus dem Fluss tranken. Manche mussten kämpfen, um zum Wasser zu gelangen. Etwas weiter auf einer Anhöhe in der Nähe von East Barnet bemerkten sie zwei Eisenbahnzüge, die langsam einer nach dem anderen ohne Signal, ohne Aufsicht dahinfuhren. Die Züge wimmelten von Leuten, selbst zwischen den Kohlen hinter der Maschine kauerten Menschen, die auf der Great Northern Railway nordwärts zu entkommen versuchten. Mein Bruder vermutete, dass diese Züge sich erst außerhalb Londons mit Flüchtlingen gefüllt haben mussten. Zu jener Zeit hatte der wütende Ansturm der Leute die Benutzung der Londoner Bahnhöfe unmöglich gemacht.

In der Nähe von Hadley machte die Gesellschaft meines Bruders für den Rest des Nachmittags halt. Die Schrecken des Tages hatten alle drei fast völlig erschöpft. Schon regte sich der erste Hunger. Die Nacht begann kalt. Keiner von ihnen wagte zu schlafen. Am Abend eilten viele Leute die Straße an ihrem Rastplatz entlang, vor ungekannten Gefahren fliehend, die in Wahrheit noch vor ihnen lagen. Denn sie liefen in die Richtung, aus der mein Bruder gekommen war.

17
Die »Thunder Child«

Hätten die Marsleute nur blindlings zerstören wollen, hätten sie am Montag die gesamte Bevölkerung Londons vernichten können, wie sie sich langsam über die nächsten Grafschaften hin ausbreitete. Nicht nur durch Barnet, sondern auch durch Edgware und Waltham Abbey, und die ostwärts laufenden Straßen entlang nach Southend und Shoeburyness. Und südlich von der Themse nach Deal und Broadstairs ergoss sich der gleiche tobende Haufen. Wenn einer an jenem Junimorgen in einem Ballon in dem strahlenden Blau über London geschwebt wäre, dann hätte er jede Straße, die aus dem unendlichen Straßenknäuel nach Norden oder Osten führte, von dahinströmenden Flüchtlingen schwarz übersät gefunden, jeder Punkt ein menschlicher Niedergang aus Schrecken und körperlichem Elend. Nie in der Geschichte der Welt hatte sich eine solche Masse menschlicher Wesen in Bewegung gesetzt, nie so gemeinsam dieselben Leiden ertragen. Die sagenhaften Scharen von Goten und Hunnen, die gewaltigsten Heere, die Asien je erblickt hatte: was wären sie anderes gewesen als kleine Wellen in diesem Strom. Und es war kein disziplinierter Marsch. Es war eine wilde Jagd, gewaltig und voller Schrecken, chaotisch, ziellos – sechs Millionen Menschen, die unbewaffnet und ohne Lebensmittel blindlings weitertrieben. Es war der Anfang vom Ende der Zivilisation, das Massaker am Menschengeschlecht.

Gerade unter sich hätte ein Fliegender ein weit gesponnenes Netz von Straßen gesehen, Häuser, Kirchen, Plätze, Gassen, Gärten, die, schon verödet, sich verteilten wie über eine ungeheure Landkarte, die im Süden verwischt und zerstört war.

Es sah aus, als ob eine Riesenfeder über Ealing, Richmond und Wimbledon Tinte über die Karte verspritzt hätte. Stetig und unaufhaltsam wuchs jeder dieser Flecken. Er breitete sich aus, sandte Rinnsale hierhin und dorthin, staute sich an Erhebungen des Bodens, ergoss sich dann wieder über abschüssiges

Erdreich in neu entdeckte Täler, ebenso wie ein Strom aus Tinte sich über Löschpapier verteilt.

Und drüben, bei den blauen Hügeln, die sich südlich vom Fluss erheben, eilten die glitzernden Marsleute hin und her und legten ruhig und überlegen einmal über diesen, dann über jenen Landstrich ihre Giftwolken, die sie, sobald sie ihren Zweck erfüllt hatten, wieder mit ihren Dampfstrahlen erstickten. So ergriffen sie Besitz vom besiegten Land.

Ihr Ziel schien nicht so sehr die Ausrottung als völlige Unterjochung und Erstickung jedes Widerstandes. Sie sprengten jede Pulveransammlung in die Luft, schnitten jede Telegrafenlinie ab und zerstörten jede Eisenbahn, wo sie nur konnten. Sie trennten die Sehnen der Zivilisation durch.

Dabei hatten sie scheinbar keine besondere Eile zu haben, ihr Arbeitsfeld auszudehnen. Sie gelangten an diesem Tag nicht über das Zentrum von London hinaus. Gut möglich, dass eine beträchtliche Anzahl Leute in London am Montagmorgen in ihren Häusern blieb. Dass viele von dem schwarzen Rauch zu Hause erstickt wurden, ist gewiss.

Zur Mittagsstunde bot die Werft von London ein erstaunliches Schauspiel. Dampfboote und Schiffe aller Art, deren Eigentümer von den Flüchtlingen mit ungeheuren Geldsummen bestochen worden waren, lagen in Bereitschaft. Viele Menschen, die an diese Fahrzeuge heranschwammen, sollen mit Bootshaken zurückgestoßen und ertränkt worden sein.

Etwa ein Uhr am Nachmittag wurde der verblassende Rest einer Wolke schwarzen Qualmes zwischen den Bogen der Blackfriars Bridge gesehen. Und nun wurde die Werft Schauplatz einer wahnsinnigen Verwirrung, heißer Kämpfe und Zusammenstöße. Eine Zeit lang waren zahllose Boote und Barken im nördlichen Bogen der Tower Bridge eingeklemmt. Seeleute und Löscharbeiter mussten wie Wilde gegen die Menge ankämpfen, die in hellen Haufen vom Ufer her andrängte. Die Leute kletterten tatsächlich die Brückenpfeiler hinunter …

Als eine Stunde später ein Marsmensch jenseits des Big Ben auftauchte und den Fluss hinunterwatete, trieben nur noch Schiffstrümmer an Limehouse vorüber.

Über den Einfall des fünften Zylinders werde ich später berichten. Der sechste ging bei Wimbledon nieder. Mein Bruder hielt neben den im Wagen schlafenden Frauen auf einer Wiese Wache und sah den grünen Blitz weit drüben jenseits der Hügel. Am Dienstag strebte die kleine Gesellschaft, noch immer entschlossen, über das Meer zu fahren, durch das von Menschen wimmelnde Land nach Colchester vorwärts. Die Nachricht, dass die Marsleute nun ganz London eingenommen hätten, wurde bestätigt. Sie waren in Highgate gesehen worden. Und, wie man erzählte, sogar schon bei Neasdon. Doch meinem Bruder kamen sie bis zum nächsten Morgen nicht zu Gesicht.

Am Dienstag nun überfiel die versprengten Massen die Angst vor dem Hunger. Und sobald sie hungrig wurden, hörten sie auf, das Recht des Eigentums zu achten. Mit Waffen in der Hand rückten die Bauern aus, ihre Viehställe, ihre Scheunen, ihre reifenden Feldfrüchte zu verteidigen.

Eine Zahl von Leuten gingen wie mein Bruder nun in östlicher Richtung. Ein paar ganz Verzweifelte gingen sogar nach London zurück, um sich Nahrung zu beschaffen. Das waren hauptsächlich Leute aus den nördlichen Vororten, deren Kenntnisse über den schwarzen Rauch nur vom Hörensagen stammten. Mein Bruder erfuhr, dass etwa die Hälfte der Mitglieder der Regierung sich in Birmingham versammelt hatte und dass ungeheure Mengen starker Sprengstoffe vorbereitet wurden, um für automatische Minen in den Midland Grafschaften verwendet zu werden.

Zur gleichen Zeit hörte mein Bruder, dass die Midland Railway Company die im ersten Schrecken aufgegebene Strecke wieder dem Verkehr übergeben hatte und von St. Albans Züge nach Norden abgehen ließ, um in den beängstigend überfüllten Nachbargrafschaften Londons etwas Luft zu schaffen. Weiter wurde in Chipping Ongar bekannt gegeben, dass in den Nordstädten große Mehlvorräte zur Verfügung stünden und dass binnen vierundzwanzig Stunden unter die hungernde Bevölkerung der Nachbarschaft Brot verteilt werden würde.

Diese Nachricht aber hielt meinen Bruder nicht von der Ausführung seines Fluchtplanes ab. Die drei Leute flohen den ganzen Tag lang unaufhaltsam in östlicher Richtung und erlebten von jener Brotverteilung nicht mehr als eben ihre Verheißung. Tatsache ist, dass auch niemand sonst mehr davon erlebte. In dieser Nacht ging die siebte »Sternschnuppe« nieder und fiel auf den Primrose Hill. Sie ging nieder, während Miss Elphinstone Wache hielt. Sie wechselte sich mit meinem Bruder in dieser Pflicht ab. Auch sie sah den Stern.

Am Mittwoch erreichten die drei Flüchtlinge, die die Nacht auf einem Feld mit unreifen Weizen verbracht hatten, Chelmsford. Hier beschlagnahmte eine Gruppe von Bewohnern, die sich »Öffentlicher Unterstützungsausschuss« nannte, das Pony als Nahrungsmittel und wollte nichts als Entgelt dafür geben als das Versprechen, die Besitzer am kommenden Tag an seiner Verzehrung teilnehmen zu lassen. Hier waren Gerüchte im Umlauf, dass die Marsleute in Epping seien. Ebenso erfuhr man, dass die Pulvermühlen von Waltham Abbey während des erfolglosen Versuches, einen der Eindringlinge in die Luft zu sprengen, zerstört worden seien.

Die Leute spähten hier von den Kirchtürmen nach den Marsleuten aus. Mein Bruder zog es vor – wie sich später herausstellte, zu seinem Glück – sofort zur Küste aufzubrechen, statt auf Nahrung zu warten, obwohl sie alle drei sehr hungrig waren. Um die Mittagsstunde kamen sie durch Tillingham, das seltsam genug ganz still und verödet schien, bis auf einige diebische Plünderer, die nach Nahrungsmitteln suchten. In der Nähe von Tillingham erblickten sie plötzlich das Meer und zugleich die erstaunlichste Ansammlung von Fahrzeugen aller Art, die man sich nur vorstellen konnte. Denn nachdem die Schiffer nicht mehr die Themse hinauffahren konnten, begaben sie sich an die Küste von Essex, nach Harwich, Walton, Clacton und später nach Forness und Shoebury, um Leute aufzunehmen.

Die Schiffe waren in einer ungeheuren, sichelförmigen Linie aufgestellt, die sich zum Vorgebirge hin, die Naze, im Nebel verlor. Dicht am Ufer hatte eine Unmenge Fischerbarken Anker geworfen, englische, schottische, französische, holländische und schwedische. Dann sah man kleine Dampfboote von der Themse, Yachten und elektrische Boote. Darüber hinaus sah man Schiffe größerer Art, eine große Menge schmutziger Kohlenschiffe, gepflegte Handelsschiffe, Viehtransporter, Passagierdampfer, Petroleumtanker, Ozeanbummler, selbst einen alten weißen Transportsegler, zierliche weiße und graue Linienschiffe aus Southampton und Hamburg. Die ganze blaue Küste am Blackwater entlang konnte mein Bruder dichte Schwärme von Booten wahrnehmen, von denen man mit den Leuten auf dem Ufer feilschte. Diese Bootsmassen erstreckten sich auch das Blackwater hinauf beinahe bis Maldon.

Ungefähr zwei Meilen draußen lag ein Panzerschiff so tief im Wasser, dass es den Augen meines Bruders fast wie ein halb versenktes Schiff erschien. Das war das Rammboot »Thunder Child«. Es war das einzige Kriegsschiff in Sichtweite. Aber in weiter Ferne lag auf dem glatten Spiegel der See – an jenem Tage herrschte Totenstille – eine Schlange schwarzen Rauches, die die nächsten Panzerschiffe der Kanalflotte anzeigte, die in einer weit gezogenen Linie auf- und abkreuzten. Sie fuhren während des Einfalles der Marsleute mit vollem Dampf und klar zum Gefecht längs der Themsemündung, kampfbereit und doch machtlos.

Beim Anblick des Meeres wurde Mrs. Elphinstone trotz guten Zuredens von heillosem Schrecken überwältigt. Sie war noch nie aus England herausgekommen. Sie erklärte, lieber sterben zu wollen, als sich ohne Freunde einem fremden Land anzuvertrauen, und so weiter. Die Ärmste schien sich die Franzosen und die Marsleute sehr ähnlich vorzustellen. Sie war während der zwei Reisetage immer hysterischer, erschreckter und niedergeschlagener geworden. Ihre fixe Idee war, nach Stanmore zurückzukehren. In Stanmore sei immer alles gut und sicher gewesen. In Stanmore würden sie George wiederfinden …

Nur mit den größten Schwierigkeiten gelang es ihnen, sie zum Ufer hinunter zu bringen, wo es meinem Bruder gelang, die Aufmerksamkeit einiger Leute auf einem Raddampfer auf sich zu lenken, der aus der Themse fuhr. Der Dampfer schickte ein Boot. Bald wurde man handelseinig: sechsunddreißig Pfund für alle drei. Das Schiff ging, wie die Leute ihnen mitteilten, nach Ostende.

Es war etwa zwei Uhr geworden, als mein Bruder das Fahrgeld bezahlt hatte und sich mit seinen Schützlingen sicher an Bord des Dampfers befand. Im Schiff gab es Essen genug, wenn auch zu ganz abenteuerlichen Preisen. Und so gelang es den drei Personen, auf den Vordersitzen eine Mahlzeit einzunehmen.

Es waren bereits etwa vierzig Personen an Bord, von denen einige ihren letzten Groschen weggegeben hatten, um sich die Überfahrt zu sichern. Aber der Kapitän blieb beim Blackwater bis fünf Uhr nachmittags stehen und nahm unausgesetzt Passagiere auf, bis das Deck beängstigend voll war. Er hätte wohl noch länger gezögert, hätte man nicht um diese Stunde vom Süden her Geschützfeuer vernommen. Als Antwort feuerte das seewärts liegende Panzerschiff gleich ein kleines Geschütz ab und hisste seine Flagge. Ein Rauchstrahl schoss aus seinem Schornstein.

Einige Reisende waren der Meinung, dass der Geschützlärm aus der Gegend von Shoeburyness käme, bis man bemerkte, dass er immer stärker wurde. Gleichzeitig tauchten südöstlich in weiter Ferne die Masten und das Takelwerk dreier Panzerschiffe , aus dem Meere auf, eines nach dem anderen unter Wolken schwarzen Qualms. Aber die Aufmerksamkeit meines Bruders kehrte rasch wieder zum fernen Geschützfeuer im Süden zurück. Er glaubte, eine Rauchsäule aus den fernen grauen Nebelschleiern aufsteigen zu sehen.

Der kleine Dampfer nahm aus der großen Halbmondlinie von Schiffen heraus schon klappernd seinen Weg ostwärts. Die flache Küste von Essex war schon blau und undeutlich, als plötzlich in der großen Entfernung winzig und kaum zu erkennen, ein Marsmensch auftauchte, der die lehmige Küste entlang aus Richtung Forness herbeikam. Bei diesem Anblick fluchte der Kapitän auf der Schiffsbrücke so laut er konnte vor Angst und

Zorn über seine eigene Saumseligkeit. Die Räder schienen von seinem Schrecken angesteckt zu werden. An Bord des Schiffes stand jetzt jeder am Geländer oder auf den Stühlen und starrte nach jener fernen Erscheinung, die, jetzt schon höher als die Bäume und die Kirchtürme landeinwärts, immer näher kam und den menschlichen Gang zugleich lässig parodierte.

Es war der erste Marsmensch, den mein Bruder sah. So stand er mehr erstaunt als erschreckt da und beobachtete den Titan, wie er entschlossen den Fahrzeugen näher rückte, immer weiter, und wie die Küste zurückwich als er auf das Wasser zu watete. Jetzt tauchte jenseits des Dünenkamms in weiter Ferne ein zweiter Marsmensch auf, der über die verkümmerten Bäume hinwegfuhr. Noch weiter zurück zeigte sich ein dritter, der tief durch eine glitzernde Sumpffläche watete, die zwischen Himmel und Erde halb zu hängen schien. Sie alle stapften auf das Meer zu, als ob sie die Flucht jener Menge von Fahrzeugen verhindern wollten, die in dichten Haufen zwischen Forness und dem Vorgebirge Naze ankerten. Trotz der keuchenden Anstrengung des kleinen Raddampfers, trotz der Wolken aus Schaum, die seine Räder zurückließen, entfernte sich das Schiff nur erschreckend langsam aus dem Bereich jener unheilvollen Ankömmlinge.

Im Nordwesten sah mein Bruder, wie der riesige Halbkreis von Schiffen sich schon unter dem nahenden Entsetzen zu winden begann. Jedes Schiff versuchte am anderen vorbeizukommen, um sich hinter der Breitseite der größeren Schiffe zu verbergen. Die Dampfer pfiffen unaufhörlich und stießen ungeheure Qualmwolken aus. Segel wurden gehisst, Landungsboote schossen hin und her. Mein Bruder wurde von diesem Bild und von der heranschleichenden Gefahr so in Anspruch genommen, dass er für alles, was auf hoher See vorging, keine Augen mehr hatte. So schleuderte ihn eine rasche Bewegung des Dampfers (der hatte plötzlich gewendet, um nicht auf Grund zu laufen) kopfüber vom Sessel, auf dem er stand. Rings um ihn herum hörte er Geschrei, das Trappeln von Füßen und freudige Rufe, die schwach erwidert zu werden schienen. Der Dampfer schoss vorwärts. Mein Bruder lag auf dem Boden.

Er sprang auf seine Füße und sah nach steuerbord. Nicht hundert Yards von ihrem stoßenden, schwankenden Boot entfernt, sah er eine riesige eiserne Masse, die wie eine ungeheure Pflugschar das Wasser teilte und nach beiden Seiten gewaltige Schaumwogen schleuderte, die auf den Dampfer stürzten, bis seine Räder hilflos in der Luft hingen, um gleich darauf das Verdeck fast bis auf die Wasserfläche zu drücken.

Eine Flut aus Gischt blendete meinen Bruder einen Augenblick lang. Als er seine Augen wieder öffnete, sah er, dass das Ungetüm schon vorbei war und dem Lande zuraste. Mächtige Eisenwerke tauchten aus dem Riesenkörper auf. Ein Doppelschornstein erhob sich und spie einen zweifachen Schwall feurigen Rauches in die Luft. Es war das Torpedo-Rammschiff »Thunder Child«, das in rasender Geschwindigkeit den bedrohten Schiffen zu Hilfe kam.

Indem er seine Füße in das Netz des Geländers einhakte und sich so einen sicheren Halt schaffte, blickte mein Bruder über den dahinschießenden Leviathan hinweg wieder nach den Marsleuten. Er sah nun alle drei dicht beieinander. Sie standen so weit draußen im Meer, dass ihre dreifüßigen Stützen fast ganz unter Wasser waren. So halb versenkt und in so großer Entfernung flößten sie weit weniger Furcht ein als die riesenhafte Eisenmasse, in deren Kielwasser der Dampfer hilflos hin und her schwankte. Es schien, als betrachteten die Marsleute diesen neuen Gegner in hellem Staunen. Es mag sein, dass nach ihren Begriffen dieser Riese ein ihrer Gattung ähnliches Wesen war. Die »Thunder Child« feuerte keinen Schuss ab, sie rückte nur in voller Fahrt gegen sie vor. Vermutlich verdankte sie nur dem Umstand, dass sie nicht feuerte, die Möglichkeit, jenen so nahe zu kommen. Sie wussten nicht, was sie mit ihr machen sollten. Nur eine Bombe, und sie hätten sie mit dem Hitzestrahl sofort in den Grund gebohrt.

Das Schiff dampfte mit einer derartigen Schnelligkeit vorwärts, dass es in einer Minute den halben Weg zwischen dem

Dampfboot und den Marsleuten zurückzulegen schien – eine sich immer mehr verringernde Masse, die sich schwarz von der zurücktretenden horizontalen Küstenlinie von Essex abhob.

Plötzlich senkte der vorderste Marsmensch sein Rohr und feuerte eine Büchse schwarzen Gases auf das Panzerschiff ab. Sie traf es auf der Backbordseite und prallte in einem tintenartigen Strahl ab, der sich seewärts weiterwälzte wie ein entfesselter Strom schwarzen Rauches, dem das Panzerschiff glücklich entrann. Den Zuschauern auf dem tief im Wasser liegenden Dampfers, denen zudem die Sonne im Gesicht stand, schien es, als sei das Schiff schon mitten unter den Marsleuten.

Sie sahen, wie die ungeschlachten Gestalten sich trennten, sich immer höher aus dem Wasser erhoben und sich ans Ufer zurückzogen. Einer von ihnen erhob jetzt den Hitzestrahlgenerator. Er hielt ihn schräg abwärts gerichtet. Sogleich schoss eine Dampfwolke hoch, als der Strahl das Wasser berührte. Er musste durch das Eisen des Schiffskörpers gefahren sein, ähnlich wie weißglühendes Eisen durch Papier dringt.

Eine Flamme zuckte durch den aufsteigenden Dampf. Und der Marsmensch wankte und taumelte nach vorn. Im nächsten Augenblick war er niedergeschlagen. Eine große Menge Wasser und Dampf schoss hoch in die Luft auf. Die Geschütze der »Thunder Child« donnerten durch den Qualm, eines nach dem anderen. Ein Geschoss klatschte dicht neben dem Dampfer ins Wasser, prallte in Richtung der anderen fliehenden Schiffe nordwärts und zersplitterte eine Fischerbarke in Zündhölzchen.

Niemand aber schenkte dem besondere Beachtung. Beim Anblick des zusammenbrechenden Marsmenschen stieß der Kapitän auf der Brücke unartikulierte, gellende Laute aus. Die zu einem Haufen beim Steuerrad zusammengedrängten Reisenden schrien wild durcheinander. Und noch einmal schrien sie auf. Denn drüben, jenseits des weißen Tumults, tauchte ein langer schwarzer Rumpf auf. Flammen strömten aus seinen Mittelteilen. Die Ventilatoren und Schornsteine spien Feuer.

Die »Thunder Child« lebte noch; das Steuer schien noch unversehrt. Ihre Maschinen arbeiteten. Sie schoss geradeaus auf einen zweiten Marsmenschen los und war noch hundert Yards von ihm entfernt, als der Hitzestrahl seine Wirkung tat. Mit einem heftigen Getöse und unter blendenden Blitzen flogen ihr Deck und ihre Rauchfänge in die Luft. Der Marsmensch wankte bei der Heftigkeit des Bombenschlages. Im nächsten Augenblick schoss das flammende Wrack mit der ganzen Wucht seines stürmischen Laufes vorwärts, warf den Marsmenschen nieder und zermalmte ihn wie ein Stückchen Papier. Mein Bruder schrie unwillkürlich auf. Kochende Dampfwolken hüllten alles wieder ein. »Zwei!«, jubelte der Kapitän.

Alle jauchzten und schrien. Der ganze Dampfer hallte von einem Ende bis zum anderen von den wilden Freudenschreien wider, die zuerst vom nächsten und dann von all den unzähligen Booten und Schiffen aufgenommen wurden, die auf das offene Meer zu gelangen versuchten.

Der Dampf hing viele Minuten hindurch über dem Wasser und hüllte den dritten Marsmenschen und die Küste völlig ein. Und während dieser ganzen Zeit arbeitete sich das Dampfboot stetig auf die hohe See hinaus, fort von dem Schauplatz jener Schlacht. Als sich schließlich der Dampf verzogen hatte, traten die treibenden Wolken des schwarzen Rauches dazwischen. Von der »Thunder Child« war nichts mehr zu sehen. Auch der dritte Marsmensch war verschwunden. Aber die Panzerschiffe, die seewärts lagen, waren jetzt ganz nahe und standen der Küste zugekehrt hinter dem Dampfboot.

Das kleine Fahrzeug bahnte sich seinen Weg seewärts weiter. Die Panzerschiffe traten langsam vor der Küste zurück, die noch immer von der gefleckten Rauchwand eingehüllt war – halb Dampf, halb schwarzes Gas, in den abenteuerlichsten Gestalten auf- und niederwallend. Die Flotte der Flüchtlinge zerstreute sich nach Nordosten. Einige Fischerbarken segelten zwischen den Panzerschiffen und dem Dampfboot. Nach einiger Zeit, bevor sie den sinkenden Wolkenzug erreichten, wandten sich die Kriegsschiffe nach Norden. Mit einer unvermuteten Richtungsänderung verschwanden sie in südlicher Richtung im sich immer mehr verdichtenden Abendnebel. Die Küste verblasste und verschwand endlich völlig in den langen Wolkenzügen, die sich um die sinkende Sonne lagerten.

Plötzlich erscholl aus dem goldenen Nebelschleier des Sonnenuntergangs das Getöse von Geschützen. Schwarze Schatten tauchten auf und nieder. Alles stürzte wieder an das Geländer des Dampfers und spähte nach dem blendenden Feuerherd im Westen. Aber es konnte nichts deutlich unterschieden werden. Ein Schwall dichten Rauches stieg schräg auf und verbarg das Antlitz der Sonne. Das Dampfboot keuchte seinen Weg weiter. Bange Erwartung lastete auf allen.

Die Sonne versank in grauen Wolken. Der Himmel zuckte auf und verfinsterte sich wieder. Oben zitterte der Abendstern. Es war schon dunkles Zwielicht, als der Kapitän aufschrie und aufwärts deutete. Mein Bruder strengte seine Augen an. Aus dem Grau fuhr etwas hoch auf in die Luft, zuckte in reißender Schnelligkeit schief hinüber zu dem glänzenden Licht über den Wolken des westlichen Himmels, ein flacher, breiter und sehr großer Körper. Er raste in einer ungeheuren krummen Linie weiter, wurde kleiner, sank dann langsam und verschwand schließlich im grauen Dunkel der Nacht. Und während er so dahinflog, ergoss sich die Finsternis über das Land.

ZWEITES BUCH

DIE ERDE UNTER DEN MARSIANERN

1
Unterwegs

Während der Ereignisse der letzten Abschnitte hielten ich und der Kurat uns auf der Lauer im leeren Haus in Halliford versteckt, in das wir uns geflüchtet hatten, um dem schwarzen Rauch zu entrinnen. Hier will ich den Faden der Erzählung wieder aufnehmen. Wir blieben während der ganzen Nacht des Sonntags und den ganzen nächsten Tag in dem Haus – dem Tage der Londoner Panik. Es war zwar eine einzige Insel voller Tageslicht, aber durch den schwarzen Rauch von der übrigen Welt abgeschnitten. Wir konnten während dieser zwei trostlosen Tage nichts tun, als in schmerzlicher Untätigkeit abwarten.

Ich dachte voller Sorgen um meine Frau. Ich malte mir aus, wie sie voller Angst und in Gefahr in Leatherhead weilte und mich bereits als einen Toten beklagte. Ich schritt in den Zimmern auf und nieder und weinte laut bei dem Gedanken, durch welche Abgründe ich von ihr getrennt war, und was ihr alles während meiner Abwesenheit zustoßen konnte. Mein Vetter, das wusste ich, würde jeder drohenden Gefahr mutig entgegentreten. Er gehörte aber nicht zu jenen Männern, die Gefahren rasch begreifen und frühzeitig handeln. Was jetzt nottat, war nicht Tapferkeit, sondern Umsicht. Mein einziger Trost war die Vermutung, dass die Marsleute gegen London vorrückten, also fort von Leatherhead. Solche vagen Ängste machen reizbar und leidend. Bei den unausgesetzten Klagerufen des Kuraten wurde ich verbittert und gereizt. Der Anblick seiner selbstsüchtigen Verzweiflung ermüdete mich. Nach einigen wirkungslosen Vorstellungen hielt ich mich abseits von ihm und zog mich in ein Zimmer zurück, das Globen, Schulbücher und Hefte enthielt, also offenbar ein Schulzimmer war. Als er mir schließlich auch dahin folgte, floh ich in ein Kofferzimmer auf den Boden des Hauses, in dem ich mich einschloss, um mit meinem Kummer allein zu sein.

Wir waren durch den schwarzen Rauch den ganzen Tag und den Morgen des nächsten Tages hoffnungslos eingesperrt. Am

Sonntagabend gab es Anzeichen, dass im Nachbarhaus noch Leute waren: ein Gesicht am Fenster, hin- und herflackernde Lichter und später das Zuschlagen einer Tür. Aber ich weiß nicht, wer diese Leute waren, noch was aus ihnen wurde. Am nächsten Tag erblickten wir keine Spur mehr von ihnen. Der schwarze Rauch trieb den ganzen Montagmorgen hindurch langsam auf den Fluss zu. Er kroch näher und näher an uns heran und wälzte sich schließlich über die Landstraße vor unserem Haus.

Ein Marsmensch kam gegen Mittag über die Felder und vernichtete den Rauch durch einen heißen Dampfstrahl, der gegen die Mauer zischte. Alle Fenster, die er traf, zerschmetterte und Der Kurat verbrühte sich die Hand, als er sich aus dem Vorderzimmer flüchtete. Als wir uns durch die durchnässten Zimmer schlichen, sah das Land im Norden aus, als wäre ein schwarzer Schneesturm darüber hinweg gebraust. Und als wir zum Fluss hinblickten, waren wir nicht wenig erstaunt, wie dort eine unerklärliche Röte in den schwarz verbrannten Wiesen auftauchte.

Eine Zeit lang begriffen wir nicht, ob diese Veränderung unsere Lage günstiger gestalten würde. Wir sahen nur, dass wir von unserer Furcht vor dem schwarzen Rauch erlöst waren. Aber später begriff ich, dass uns nun nichts mehr aufhielt. Sobald mir klar wurde, dass der Weg zur Flucht offenstand, kehrte auch meine Handlungsfähigkeit zurück. Aber der Kurat war wie erstarrt und mit keinem vernüftigen Gedanken mehr zu erreichen.

»Wir sind hier ja sicher«, rief er unaufhörlich, »ganz sicher.«

Ich beschloss, ihn zu lassen, wo er war. Hätte ich es nur getan! Durch die Lehren des Artilleristen klüger geworden, suchte ich jetzt nach Speise und Trank. Ich hatte Jod und Leinen für meine Brandwunden gefunden. Ebenso nahm ich einen Hut und ein Flanellhemd mit, das ich in einem der Schlafzimmer gefunden hatte. Als es dem Kuraten dämmerte, dass ich entschlossen war, allein fortzugehen, und dass ich mich mit dem Gedanken, allein zu sein, völlig ausgesöhnt hatte, raffte er sich plötzlich auf, um mich zu begleiten. Da während des ganzen Nachmittags alles ruhig blieb, brachen wir etwa um fünf Uhr auf, um die rauchgeschwärzte Straße nach Sunbury einzuschlagen.

In Sunbury und immer wieder längs der Straße lagen tote Körper in verzerrten Stellungen – Pferde sowohl wie Menschen, ferner umgestürzte Karren und Kisten. Alles war von einer dicken Schicht schwarzen Staubes bedeckt. Ich erinnerte mich an alles, was ich über die Zerstörung Pompejis gelesen hatte.

Ohne weiteren Unfall gelangten wir nach Hampton Court, ganz erfüllt von den seltsamen und ungewohnten Bildern, die wir unterwegs erblickten. In Hampton Court wurden unsere Augen geradezu erlöst, als wir einen grünen Rasenfleck entdeckten, der dem erstickenden Qualm entgangen war. Wir gingen durch den Bushey Park, sahen das Wild unter den Kastanienbäumen und einige Männer und Frauen, die von weit her nach Hampton eilten. Das waren die ersten Leute, die wir sahen. So kamen wir nach Twickenham.

Als wir über die Straße blickten, sahen wir, dass das Gehölz jenseits von Ham und Petersham noch brannte. Twickenham war sowohl vom Hitzestrahl als auch vom schwarzen Rauch verschont geblieben. So fanden wir hier schon mehr Leute, von denen uns aber niemand Neues mitteilen konnte. Zum größten Teil waren sie in der gleichen Lage wie wir: Sie benutzten die augenblickliche Ruhe vor den Marsleuten, um weiterzufliehen. Ich gewann den Eindruck, dass viele Häuser noch von eingeschüchterten Menschen bewohnt waren, die zu erschreckt waren, um nur die Kraft zur Flucht aufzubringen. Aber auch auf dieser Straße hatte offensichtlich eine Massenflucht stattgefunden. Um halb neun kamen wir bei der Richmond Bridge an. Wir eilten selbstverständlich so rasch wie möglich über die ungedeckte Brücke, dennoch bemerkte ich einige rote Gegenstände, die ein paar Fuß entfernt von mir den Fluss hinabtrieben. Ich wusste nicht, was diese Gegenstände bedeuteten. Ich hatte keine Zeit, sie genau zu untersuchen. Aber ich legte ihnen eine viel grauenhaftere Bedeutung zu, als sie verdienten.

Hier auf der Surreyseite sah ich wieder schwarzen Staub, der einmal Rauch gewesen war, und Leichen – einen großen

Haufen am Eingang zum Bahnhof – aber nirgends war ein Marsmensch zu sehen, bis wir uns ziemlich nahe bei Barnes befanden.

Wir sahen in der verdüsterten Ferne eine Gruppe aus drei Leuten, die eine Seitenstraße hinab dem Fluss zuliefen. Sonst aber schien alles verödet. Im oberen Hügelviertel brannte die Stadt Richmond lichterloh. Außerhalb Richmonds war keine Spur von schwarzem Rauch zu entdecken.

Plötzlich, als wir uns schon Kew näherten, kamen uns Leute entgegengelaufen. Keine hundert Yards von uns entfernt sahen wir einen Marsmensch über den Hausdächern aufragen. Angesichts dieser Gefahr standen wir wie versteinert da, und hätte der Marsmann hinuntergeblickt, wären wir rettungslos verloren gewesen. Wir waren so entsetzt, dass wir nicht wagten weiterzugehen, sondern uns seitwärts wandten und in dem Verschlag eines Gartens versteckten. Leise vor sich hin wispernd verkroch sich der Kurat und weigerte sich, noch einen Schritt zu tun. Aber ich hatte mich so darauf versteift, Leatherhead zu erreichen, dass ich mir keine Rast erlaubte. Im Zwielicht wagte ich mich wieder hinaus. Ich schlug mich durch ein Gebüsch und dann entlang dem Grundstück eines großen Hauses und kam so auf die Straße, die nach Kew führte. Den Kuraten ließ ich im Verschlag, aber er hastete mir eilends nach.

Dieser zweite Aufbruch war das Aberwitzigste, was ich je unternahm. Denn es war offenbar, dass die Marsleute hier um uns herumschwärmten. Kaum hatte der Kurat mich eingeholt, als wir entweder dieselbe Kriegsmaschine, die wir früher gesehen hatten, oder eine andere in ziemlich großer Entfernung über die Wiesen auf Kew Lodge zulaufen sahen. Vier oder fünf kleine schwarze Gestalten flohen über die grünlich-graue Fläche und im Nu war mir klar, dass der Marsmensch sie verfolgte. Mit drei Schritten war er mitten unter ihnen und sie stoben nach allen Richtungen auseinander. Er gebrauchte nicht den Hitzestrahl, um sie zu vernichten, sondern las sie auf, einen nach dem anderen. Ich glaubte zu erkennen, wie er sie in den großen metallischen Behälter schleuderte, der hinter ihm vorragte, so wie ein Tragekorb über der Schulter eines Arbeiters hängt.

Zum ersten Mal kam mir jetzt der Gedanke, dass die Marsleute noch andere Zwecke verfolgten als die Vernichtung der besiegten Menschheit. Wir standen einen Augenblick lang wie versteinert da, dann kehrten wir um und flüchteten uns durch ein Tor in einen von Mauern umgebenen Garten.

Zum Glück fanden wir einen Graben, in den wir mehr hineinstürzten als hinabstiegen. Hier hielten wir uns versteckt. Solange die Sterne nicht am Himmel standen, wagten wir kaum flüsternd miteinander zu sprechen.

Ich glaube, dass es beinahe elf Uhr in der Nacht war, ehe wir genug Mut fassten, um abermals aufzubrechen. Diesmal jedoch wagten wir uns nicht mehr auf die Straße hinaus, sondern schlichen an Hecken entlang oder durch Baumpflanzungen hindurch. Dabei spähten wir scharf nach den Marsleuten aus, die in der Dunkelheit rings um uns herum zu schwärmen schienen. Der Kurat wachte zur Rechten und ich zur Linken. Einmal stolperten wir über eine versengte und rauchgeschwärzte Rasenfläche, die aus ausgekühlter Asche bestand, und taumelten über eine Anzahl menschlicher Leichname, deren Köpfe und Leiber grauenhaft verbrannt, deren Beine und Stiefel aber in den meisten Fällen unversehrt geblieben waren. Dann stießen wir auf tote Pferde, die etwa fünfzig Fuß hinter einer Gruppe von vier zertrümmerten Geschützen und zerstörten Lafetten lagen.

Das Dorf Sheen war offenbar von der Zerstörung verschont geblieben, aber der Ort war still und verlassen. Hier trafen wir auf keine Toten, doch war die Nacht zu dunkel, um uns einen Einblick in die Seitengassen des Dorfes zu erlauben. In Sheen klagte mein Gefährte plötzlich über Schwäche und Durst. So beschlossen wir, in eines der Häuser einzudringen.

Das erste Gebäude, das wir nach einigen Schwierigkeiten durch das Fenster betraten, war ein kleines, halb frei stehendes Landhaus. Doch im ganzen Haus war nichts Essbares übrig geblieben als etwas schimmeliger Käse. Wir fanden aber Wasser, um unseren Durst zu stillen. Ich nahm noch ein Beil mit mir, das bei unserem nächsten Hauseinbruch von Nutzen sein konnte.

Nach einer Wegkreuzung gelangten wir an einen Platz, von dem die Straße nach Mortlake abbiegt. Hier nun stand ein weißes Haus in einem eingefriedeten Garten. In der Speisekammer dieses Hauses fanden wir Essvorräte – zwei Brotlaibe in einer Schüssel, ein rohes Steak und einen halben Schinken. Ich gebe dieses Verzeichnis deshalb so genau an, weil es sich fügte, dass wir in den nächsten zwei Wochen von diesem Vorrat unser Leben zu fristen verurteilt waren. Einige Flaschen Bier standen in einem Fach, in dem wir auch zwei Säcke grüner Bohnen und etwas welken Salat fanden. Diese Speisekammer führte in eine Art Waschküche, in der sich gespaltenes Holz befand. In einem Verschlag entdeckten wir fast ein Dutzend Flaschen Burgunder, einige Zinnbüchsen mit Suppenwürzen und Lachs und zwei Zwiebackdosen.

Wir saßen in der benachbarten Küche ganz im Finstern – denn wir wagten nicht, Licht zu machen – aßen Brot und Schinken und tranken Bier aus einer Flasche. Diesmal war es der noch immer verschreckte und ratlose Kurat, der, wunderlich genug, zum augenblicklichen Aufbruch drängte. Ich redete ihm eben dringend zu, durch eine Mahlzeit seine Kräfte zu sammeln, als sich der Vorfall ereignete, der uns zu Gefangenen machte.

»Es kann noch nicht Mitternacht sein«, sagte ich. Während ich noch sprach, zuckte ein blendender Schein auf, der von einem lebhaften grünen Licht begleitet wurde. Jeder Gegenstand in der Küche trat blitzschnell und ganz deutlich grün und schwarz heraus, um sofort wieder zu verschwinden. Und dann erfolgte eine derartige Detonation, wie ich sie nie zuvor noch danach je erlebt habe. Fast gleichzeitig hörte ich hinter mir einen Aufschlag, ein Klirren von Glas, ein Krachen und Prasseln: rings um uns einstürzendes Mauerwerk. Gleich darauf fiel der Mörtel der Decke auf uns herunter und zerschlug auf unseren Köpfen in eine Unzahl kleiner Bruchstücke. Ich stürzte der Länge nach auf den Boden, fiel mit dem Kopf gegen die Ofentür und verlor mein Bewusstsein. Wie mir der Kurat erzählte, war ich lange Zeit besinnungslos. Als ich wieder zu mir kam, beugte sich mein Gefährte über mich und besprengte mich mit Wasser. Sein Gesicht war blutverschmiert. Wie ich erst später bemerkte, rührte dies von einer Stirnwunde her.

Einige Zeit lang konnte ich nicht begreifen, was geschehen war. Allmählich aber dämmerte es mir. Eine Beule an meiner Schläfe machte sich bemerkbar.

»Fühlen Sie sich besser?«, fragte der Kurat flüsternd.

Endlich konnte ich ihm antworten. Ich setzte mich auf.

»Rühren Sie sich nicht«, sagte er. »Der Boden ist mit Geschirr-Splittern bedeckt, das aus diesem Schrank fiel. Sie können sich auch unmöglich bewegen, ohne Lärm zu machen. Und ich glaube, sie sind draußen.«

Wir saßen beide ganz still da, sodass wir kaum einander atmen hörten. Alles schien totenstill, nur einmal fiel etwas neben uns mit ziemlich starkem Geräusch zu Boden, vielleicht Mörtel oder gebrochenes Ziegelwerk. Draußen, ganz in unserer Nähe, hörten wir ein stellenweise aussetzendes, metallisches Geklirr.

»Hören Sie?«, flüsterte der Kurat, als es gleich wieder zu hören war.

»Ja«, sagte ich. »Aber was ist es?«

»Ein Marsmensch!«, sagte der Kurat.

Ich lauschte wieder.

»Es sah nicht wie der Hitzestrahl aus«, sagte ich. Eine Zeit lang gab ich mich der Vermutung hin, eine der großen Kriegsmaschinen wäre gegen das Haus angerannt, so ähnlich, wie ich eine gegen den Kirchturm von Shepperton anrennen gesehen hatte.

Unsere Lage war so seltsam, so unbegreiflich, dass wir uns drei oder vier Stunden lang, bis es dämmerte, kaum rührten. Zögernd flutete das Licht herein, nicht durch das Fenster, sondern durch eine dreieckige Öffnung zwischen einem Balken und einem Haufen zerbröckelter Ziegel in der Mauer hinter uns. Zum ersten Mal sahen wir in der Dämmerung das Innere der Küche.

Das Fenster war durch eine Masse Gartenerde eingedrückt worden, die über den Tisch, auf dem wir gesessen hatten, herabrieselte und sich auf unsere Beine legte. Draußen war der Boden hoch gegen das Haus aufgeworfen worden. Am oberen Ende des Fensterrahmens konnten wir eine abgerissene Dachrinne entdecken. Der Boden war mit zerbrochenem Gerümpel aller Art dicht bedeckt. Ein Teil der an die Hausmauer grenzenden Küchenwand war eingestürzt. Nun, wo das Tageslicht voll hereinblickte, wurde uns klar, dass der größere Teil des Hauses zertrümmert war. Einen lebhaften Gegensatz zu dieser Verwüstung bot der zierliche Anrichtetisch, der modisch blassgrün gestrichen war und Kupfergeschirr und Zinnkrüge enthielt. Die Tapete war eine Imitation blauer und weißer Ziegel, und ein paar farbige Bögen hingen lose von den Wänden über dem Küchenherd herab.

Als die Dämmerung fortschritt, sahen wir durch den Spalt in der Mauer die Gestalt eines Marsmenschen, der, wie ich vermute, bei dem noch glühenden Zylinder Wache stand. Bei diesem Anblick krochen wir so behutsam wie möglich aus dem Zwielicht der Küche in die Dunkelheit der Waschküche zurück.

Ganz unvermittelt kam ich nun zur richtigen Auslegung der nächtlichen Vorfälle.

»Der fünfte Zylinder«, flüsterte ich, »das fünfte Geschoss vom Mars hat dieses Haus gestreift und uns unter seinen Trümmern begraben.«

Einige Zeit blieb der Kurat still, dann flüsterte er: »Gott, erbarme Dich unser!«

Dann hörte ich, wie er still vor sich hin wimmerte.

Von diesen Lauten abgesehen, lagen wir ganz still in der Waschküche. Ich wagte kaum zu atmen und saß da und starrte mit meinen Augen unverwandt auf das schwache Licht der Küchentür. Ich konnte gerade noch das Gesicht des Kuraten unterscheiden, eine undeutliche, ovale Fläche. Außerdem noch seinen Kragen und seine Manschetten. Draußen begann es jetzt zu hämmern wie auf Metall, dann ein heftiges Geheul und nach einer kurzen Stille ein Zischen wie das Zischen einer Dampfmaschine. Diese zum Großteil rätselhaften Geräusche setzten sich mit geringen Unterbrechungen fort und schienen womöglich im Lauf der Zeit an der Zahl zuzunehmen. Jetzt hörte man ein dosiertes Aufschlagen, und die Erschütterung, die folgte, ließ alles um uns herum erbeben. Das Geschirr in der Speisekammer klirrte und tanzte. Das dauerte lange so fort. Einmal erlosch das Tageslicht völlig. Der geisterhafte Kücheneingang tauchte in vollständige Dunkelheit unter. Viele Stunden lang müssen wir dort schweigend und fröstelnd gekauert haben, bis schließlich unsere Aufmerksamkeit erlahmte …

Als ich erwachte, quälte mich der Hunger. Ich muss wohl annehmen, dass inzwischen der größere Teil eines Tages vergangen war. Mein Hunger war mit einem Mal so heftig, dass er mich zum Handeln trieb. Ich sagte dem Kuraten, dass ich nach Nahrung suchen wolle und tastete mich leise zur Speisekammer durch. Er gab keine Antwort, aber sobald ich zu essen begann, veranlasste ihn das leise Geräusch, das ich machte, aufzustehen und mir nachzukriechen.

2
Was wir von dem zerstörten Haus aus sahen

Nach dem Essen krochen wir wieder in die Waschküche zurück. Dort muss ich wieder eingeschlummert sein, denn als ich erwachte, war ich allein. Das Krachen und die Erschütterung dauerten mit ermüdender Hartnäckigkeit an. Mehrere Male rief ich flüsternd nach dem Kuraten. Schließlich tastete ich mich bis zur der Küchentür hin. Noch war es Tag. Ich bemerkte meinen Gefährten, wie er am anderen Ende der Küche vor dem dreieckigen Loch, das auf die Marsleute hinabsah, ausgestreckt lag. Seine Schultern waren in die Höhe gezogen, sodass ich seinen Kopf nicht sehen konnte.

Ich vernahm ein Gewirr von Geräuschen, die fast an den Lärm erinnerten, der aus einem Lokomotivschuppen tönt.

Der Boden schwankte unter den heftigen Schlägen. Durch die Maueröffnung konnte ich den Wipfel eines Baumes sehen, der von der Sonne vergoldet wurde. Ebenso sah ich das warme Blau eines friedlichen Abendhimmels. Ich blieb etwa eine Minute stehen und beobachtete den Kuraten, dann schritt ich gebückt weiter und bemühte mich, mit äußerster Behutsamkeit durch die Scherben zu gehen, die den Boden bedeckten.

Ich berührte das Bein des Kuraten. Er schreckte so heftig zurück, dass sich draußen ein Haufen Mörtel löste und mit lautem Getöse zu Boden fiel. Aus Furcht, er könnte schreien, packte ich seinen Arm und lange Zeit kauerten wir bewegungslos nebeneinander. Dann drehte ich mich um, um zu sehen, wie viel noch von unserer Festung stehen geblieben war. An der Bruchstelle des Mörtels hatte sich ein senkrechter Spalt in der zerstörten Mauer gebildet. Indem ich mich vorsichtig über einen Balken beugte, konnte ich von dieser Lücke aus sehen, was letzte Nacht noch eine stille Vorstadtstraße gewesen war. Die Veränderung war wirklich erstaunlich.

Der fünfte Zylinder muss mitten in das Haus hineingefahren sein, das wir zuerst betreten hatten. Das Gebäude war verschwunden, vollkommen zerschmettert, durch die Wucht des Stoßes zermalmt und zerstoben. Der Zylinder lag nun weit unter den ursprünglichen Grundmauern, tief in einem Krater, der noch unendlich größer war als die Grube, in die ich bei Woking hineingeblickt hatte. Die Erde rings um den Zylinder herum war bei der ungeheuren Wucht des Aufpralls aufgespritzt wie Lehm unter dem Schlag eines mächtigen Hammers. Die aufgetürmten Haufen hatten die Nachbarhäuser verschüttet. Unser Haus war nach hinten eingesunken. Sein vorderer Teil, selbst im Erdgeschoss, war völlig zerstört. Durch einen Zufall blieben Küche und Waschküche unversehrt, lagen aber unter dem Boden und unter den Trümmern begraben. Sie waren auf allen Seiten, außer der dem Zylinder zugewandten, von Erdmassen bedeckt. Wir hingen dicht am Rand der großen, kreisrunden Grube. Die Marsleute waren eifrig damit beschäftigt, sie zu vergrößern. Das heftig stoßende Geräusch

war offenbar unmittelbar neben uns. Dann und wann zog ein glänzender, grüner Dampf wie ein Schleier über unser Guckloch hinweg aufwärts.

Im Mittelpunkt der Grube war der schon geöffnete Zylinder und am anderen Ende, mitten in einem zerrissenen und mit Kies bedeckten Gebüsch, stand eine der großen Kriegsmaschinen. Ihr Lenker hatte sie verlassen. Sie hob sich starr und hoch vom Abendhimmel ab. Anfangs bemerkte ich die Grube und den Zylinder kaum (ich wollte sie aber zunächst beschreiben). Meinen Blick fesselten besonders die ungewöhnlich glitzernden, mit der Entleerung beschäftigten Mechanismen und die seltsamen Geschöpfe, die langsam und schwerfällig über die Lehmhaufen krochen.

Es waren die mechanischen Werkzeuge, die zunächst meine Aufmerksamkeit für sich einnahmen. Das Werkzeug, das ich sah, war eines jener komplizierten Erzeugnisse, die man seither Greifmaschinen genannt hat und deren Studium zu einem ungeheuren Ansporn für die irdische Erfindungskraft geworden ist. Als es mir erstmals zu Gesicht kam, machte es den Eindruck einer metallenen Spinne mit fünf gegliederten und leicht beweglichen Beinen, mit einer außergewöhnlichen Anzahl zusammengefügter Hebel und Riegel und mit greifenden Fühlern an seinem Körper. Die meisten Arme der Maschine waren eingezogen, aber mit drei langen Fühlern fischte sie einige Stäbe, Platten und Riegel heraus, die offenbar die Innenwände des Zylinders verstärkt hatten. Sobald die Maschine diese Gegenstände herausgehoben hatte, legte sie alle auf eine parallel mit dem Erdboden verlaufende Fläche hinter ihr.

Ihre Bewegungen waren so schnell, so gut ineinandergreifend, so vollkommen, dass ich sie trotz ihres metallischen Gefunkels gar nicht für eine Maschine hielt. Die Kriegsmaschinen waren zusammengesetzt und bis zu einem außergewöhnlichen Grade belebt worden, aber mit dieser Maschine können sie nicht verglichen werden. Leute, die ihr Gefüge nie gesehen haben, oder die keine andere Beschreibung besitzen als die hingeworfenen Skizzen von Malern oder die unvollkommene

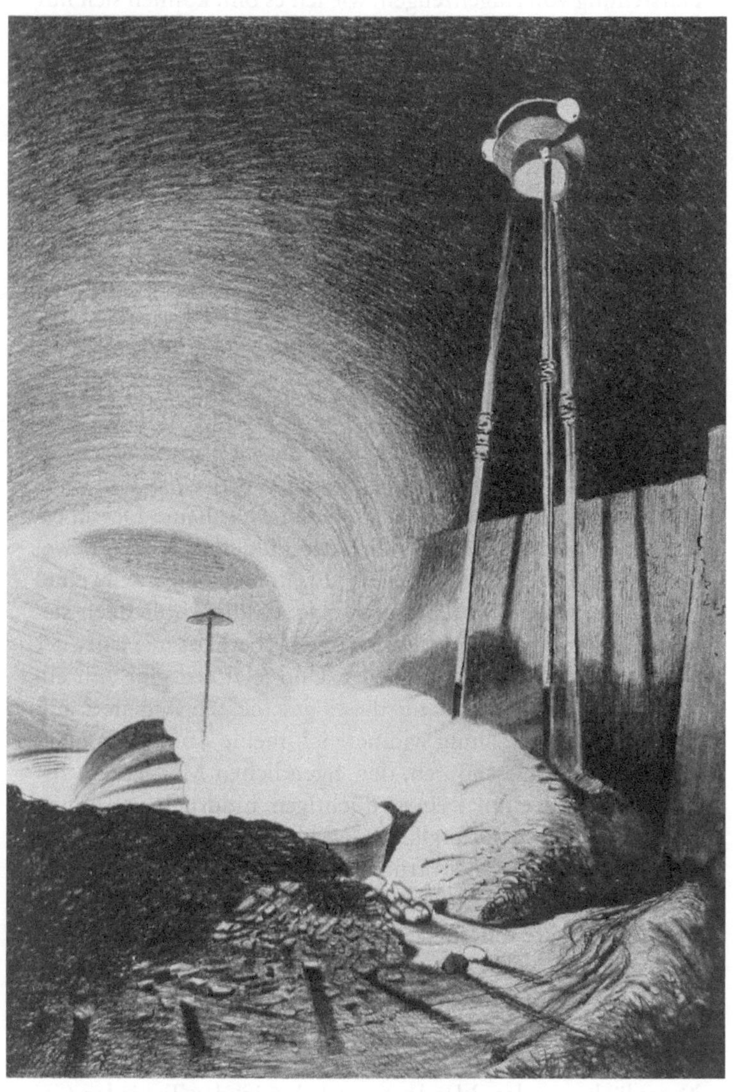

Darstellung von Augenzeugen, wie ich es bin, können sich nur schwer ein Bild jenes Organismus machen.

Ich entsinne mich besonders an eine der ersten Schriften, die eine zusammenhängende Darstellung des Krieges enthielten. Der Zeichner hatte einen flüchtigen Umriss von einer der Kriegsmaschinen gemacht und damit hörten seine Kenntnisse auf. Er stellte sie als schiefen, steifen Dreifuß dar, ohne Elastizität und Gewandtheit, was irreführend eintönig wirkte. Die Schrift, die diese Skizze enthielt, hatte einen bedeutenden Ruf, und ich erwähne sie hier nur, um den Leser vor den Eindrücken zu warnen, die sie hervorgebracht haben mag. Dieses Bild glich den Marsleuten, die ich in Aktion sah, um kein Haar mehr als etwa eine Puppe einem menschlichen Wesen. Für meine Begriffe hätte die Schrift ohne das Bild an Wert gewonnen.

Anfangs machte mir, wie gesagt, die Greifmaschine nicht den Eindruck einer Maschine, sondern den eines krebsartigen Geschöpfes mit einer funkelnden Deckhaut. Der überwachende Marsmensch, dessen zarte Fühlerfäden ihre Bewegungen leitete, schien einfach der Ersatz der Gehirnteile eines Krebses zu sein. Aber dann bemerkte ich die Ähnlichkeit seiner grau-braunen, öligen, lederartigen Oberhaut mit jener der unten umherkriechenden Körper. Und jetzt erst ging mir ein Licht über die wahre Natur dieses geschickten Arbeiters auf. Nach dieser Feststellung widmete ich meine Aufmerksamkeit jenen anderen Geschöpfen, den eigentlichen Marsleuten. Ich hatte ja schon einmal einen flüchtigen Eindruck von ihnen gewonnen. Das ursprüngliche Gefühl des Ekels konnte meine Beobachtung nicht mehr trüben. Überdies war ich ja versteckt und regungslos und war nicht gezwungen zu handeln.

Die Marsleute waren, wie ich jetzt sehen konnte, Geschöpfe, deren Bau allen irdischen Begriffen Hohn sprach. Sie hatten ungeheure runde Körper – oder besser gesagt, Köpfe – von etwa vier Fuß Durchmesser. Jeder dieser Körper hatte mitten auf seiner Vorderseite ein Gesicht. Dieses Gesicht hatte keine Nasenlöcher – den Marsleuten scheint in der Tat jeder Geruchssinn gefehlt zu haben – aber es hatte ein Paar sehr großer,

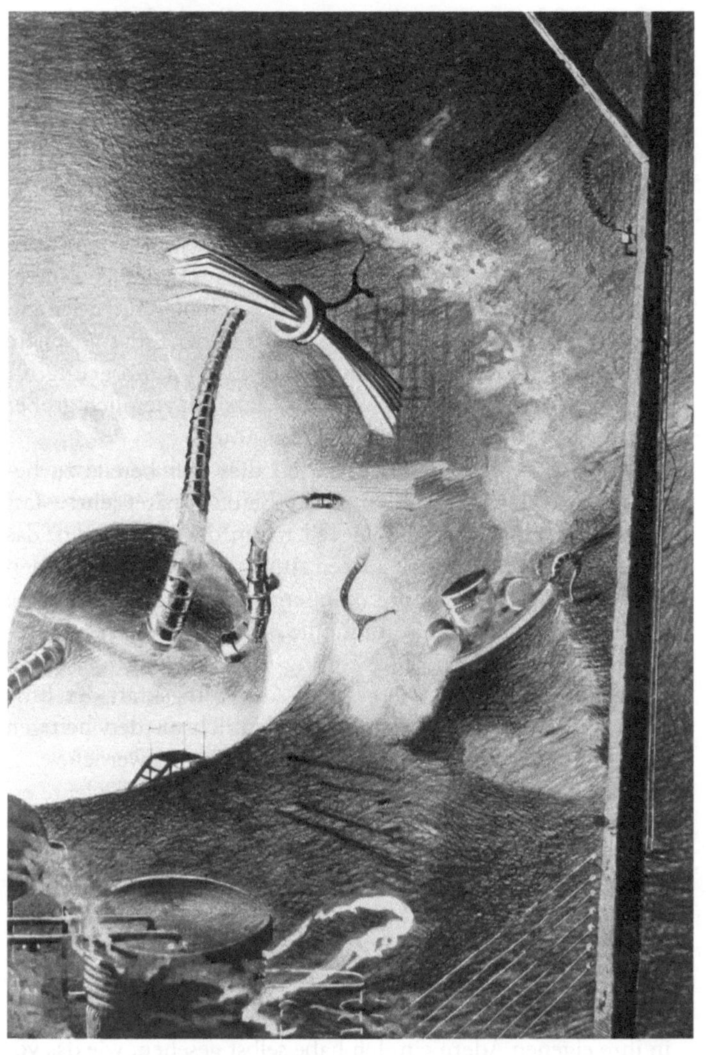

dunkel gefärbter Augen und direkt darunter eine Art fleischigen Schnabels. Auf der Rückseite dieses Kopfes oder Körpers – ich weiß kaum, wie ich es nennen soll – befand sich eine einzige straffe, trommelfellartige Fläche, die später anatomisch als Ohr identifiziert wurde, obwohl sie in unserer dichteren Luft fast nutzlos gewesen sein muss. Um die Mundöffnung herum hingen sechzehn zarte, fast peitschenartige Fühler hinunter, auf jeder Seite zwei Büschel zu vier Stück. Diese Büschel wurden seither von dem ausgezeichneten Anatomen Professor Howes sehr zutreffend »Hände« genannt. Schon als ich diese Marsleute zum ersten Mal sah, machte es mir den Anschein, als bemühten sie sich, mit Hilfe dieser Hände aufzurichten. Aber infolge des vergrößerten Gewichts in der Erdatmosphäre war es ihnen natürlich unmöglich. Es gibt Grund genug für die Annahme, dass sie sich auf dem Mars mit ziemlich großer Leichtigkeit auf ihnen fortbewegen konnten.

Ihr Inneres – es sei mir gestattet, dies hier bereits zu bemerken – war, wie der anatomische Befund später lehrte, fast ebenso einfach. Den größten Teil nahm das Gehirn ein, das ungeheure Nervenstränge zu den Augen, den Ohren und den Tastwerkzeugen aussandte. Außerdem waren vollständige Lungen, in die sich die Mundhöhle öffnete, das Herz und seine Gefäße vorhanden. Die Störung ihrer Atmung, die durch die dichtere Luft und die größere Anziehungskraft der Erde hervorgerufen wurde, konnte sehr deutlich an den heftigen Bewegungen der äußeren Haut wahrgenommen werden.

Und damit ist die Aufzählung der Organe der Marsleute erschöpft. So seltsam es auch einem menschlichen Wesen scheinen mag, das verwickelte Gefüge der Verdauungswerkzeuge, das den Hauptbestandteil unseres Körpers bildet, war bei den Marsleuten überhaupt nicht vorhanden. Sie waren Köpfe, nichts als Köpfe. Sie hatten keine Eingeweide. Sie aßen nicht, brauchten also auch nicht zu verdauen. Stattdessen nahmen sie das frische, lebende Blut anderer Geschöpfe und führten es in ihre eigenen Adern ein. Ich habe selbst gesehen, wie das vor sich ging. An einer geeigneten Stelle werde ich davon mitteilen. Es mag jämmerlich scheinen, aber ich kann es nicht über mich bringen, dies ausführlich zu beschreiben. Ich konnte es nicht ertragen, dies länger zu beobachten. Dies muss genügen: das einem noch lebenden animalischen Wesen, meistens einem Menschen, entzogene Blut wurde mittels eines kleinen Röhrchens in den Aufnahmekanal eingeführt.

Die bloße Vorstellung dieses Vorgangs erscheint uns ohne Zweifel grauenhaft und abstoßend. Doch wir sollten uns, denke ich, zugleich daran erinnern, wie widerwärtig unsere fleischfressenden Gewohnheiten einem vernunftbegabten Kaninchen erscheinen würden.

Die physiologischen Vorteile dieses Brauches, Blut einzuführen, sind unleugbar, wenn man an die ungeheure Vergeudung menschlicher Zeit und menschlicher Kräfte denkt, die durch den Nahrungs- und den Verdauungsprozess verursacht wird. Unser Körper besteht zur Hälfte aus Drüsen und Röhren und Werkzeugen, die damit beschäftigt sind, andersgeartete Nahrung in Blut zu verwandeln.

Unsere Verdauung und ihre Rückwirkung auf unser Nervensystem saugen unsere Kräfte auf und beeinflussen unsere Stimmung. Die Leute sind glücklich oder elend, je nachdem, wie sie eine heile oder kranke Leber oder gesunde gastrische Drüsen besitzen. Die Marsleute aber waren über all diese organischen Stimmungswechsel und Empfindungen erhaben.

Ihre unbestreitbare Vorliebe für Menschen mochte von einer gewissen Ähnlichkeit mit jenen Opfern rühren, die sie als Wegzehrung vom Mars mitgebracht hatten. Soweit man nach den eingeschrumpften Überbleibseln, die in menschliche Hände fielen, schließen kann, waren diese Geschöpfe Zweifüßler mit brüchigen, löchrigen Knochengerüsten (ähnlich denen löchriger Schwämme), von schwacher Muskelbildung. Sie waren im Durchschnitt sechs Fuß hoch, besaßen runde, aufrechte Köpfe und große Augen in schieferartigen Höhlen. Zwei oder drei von ihnen scheinen in jedem Zylinder mitgebracht worden zu sein. Alle wurden getötet, bevor sie die Erde erreichten. Für sie war es wohl ebenso gut, denn nur der bloße Versuch, auf unserem Stern aufrecht zu stehen, hätte ihnen jeden Knochen im Leibe gebrochen.

Weil ich schon dabei bin, diese Beschreibung zu machen, will ich an dieser Stelle noch einige weitere Einzelheiten hinzufügen, die, wenn sie uns damals auch noch unbekannt waren, doch den Leser befähigen, der mit dem Leben der Marsleute nicht vertraut ist, sich von diesen gefährlichen Eindringlingen eine deutlichere Vorstellung zu machen.

In drei anderen Punkten wich ihre Lebensweise seltsam von der unseren ab. Ihre Organismen schliefen ebenso wenig, wie das Herz des Menschen schläft. Da sie keinen großen Muskelapparat zu regenerieren brauchen, war ihnen dieses zeitweilige Erlöschen unbekannt. Sie wurden scheinbar selten oder gar nicht müde. Auf der Erde können sie sich nie ohne Anstrengung bewegt haben, und doch waren sie bis zum letzten Augenblick tätig. In vierundzwanzig Stunden taten sie vierundzwanzigstündige Arbeit, wie es auf Erden vielleicht bei den Ameisen der Fall ist.

So wunderbar es in einer geschlechtlichen Welt erscheinen mag, waren die Marsleute geschlechtslos und daher von allen den heftigen Erregungen befreit, die aus diesem Grund zwischen den Menschen entspringen. Es kann heute nicht mehr bestritten werden, dass während des Krieges ein Marskind auf der Erde geboren wurde. Man fand es mit seinem Erzeuger verwachsen, teilweise abknospend, genauso wie kleine Lilienzwiebeln abknospen oder die Jungen eines Süßwasserpolypen.

Bei dem Menschen, wie bei allen höher organisierten irdischen Lebewesen, ist diese Art von Fortpflanzung verschwunden. Doch selbst auf dieser Welt war sie gewiss die ursprüngliche Art. In der niederen Tierwelt, selbst bei jenen ersten Verwandten der Wirbeltiere, den Tunikaten, kommen beide Vorgänge nebeneinander vor. Schließlich aber siegte doch die geschlechtliche Vermehrung über die konkurrierende Form. Auf dem Mars ist offenbar gerade das Gegenteil der Fall gewesen.

Es verdient hier, hervorgehoben zu werden, dass ein findiger Kopf von angeblich wissenschaftlichem Ruf lange vor dem

Einfall der Marsleute den Menschen ein künftiges System vorhergesagt hat, das jenem nicht unähnlich war, das tatsächlich auf dem Mars herrschte. Seine Prophezeiung erschien, wenn ich mich recht erinnere, im November oder Dezember 1893 in einer längst eingestellten Zeitschrift, dem »Pall Mall Budget«, und auch eine Karikatur in dem prämarsianischen Witzblatt »Punch« kommt mir jetzt in Erinnerung. Der Schreiber wies in einem albern witzelnden Ton darauf hin, dass die Vervollkommnung der angewandten Mechanik schließlich die Glieder und die Vervollkommnung der Chemie die Verdauung überflüssig machen würden. Weiter, dass solche Organe wie Haare, Nasen, Zähne, Ohren, Kinn nicht länger wesentliche Teile des menschlichen Körpers sein würden und dass in den kommenden Geschlechtern der Zug der natürlichen Zuchtwahl in Richtung ihrer stetigen Verkümmerung liegen würde. Das Gehirn allein würde die Hauptnotwendigkeit bleiben. Nur noch ein Glied des menschlichen Körpers würde die übrigen überleben – und das sei die Hand, der ›Lehrer und Lenker des Gehirns‹. Während der übrige Leib verkümmern und verschwinden würde, würden die Hände immer größer.

In diesen Worten, wenngleich im Scherz niedergeschrieben, findet sich manches Wahre. Hier bei den Marsleuten ist ohne Widerspruch solch eine Unterdrückung der animalischen Seite des Organismus durch den Geist zu beobachten. Es scheint mir ganz glaubwürdig, dass die Marsleute von Wesen abstammen mögen, die uns nicht unähnlich waren, und zwar auf Kosten des übrigen Körpers durch die allmähliche Weiterentwicklung ihrer Gehirnteile und Hände (die letzteren nahmen schließlich die Gestalt jener zwei Büschel zarter Fühlerfäden an). Ohne Leib musste das Gehirn selbstverständlich ein bei weitem selbstsüchtigerer Geist werden als bei uns Menschen.

Der dritte springende Punkt, in dem die Daseinsbedingungen jener Geschöpfe von den unseren abwichen, ist in einer Tatsache zu suchen, die manchem vielleicht als eine sehr nebensächliche Besonderheit erscheinen wird. Mikroorganismen, die so viel Krankheit und Schmerz auf Erden hervorrufen, haben sich auf dem Mars entweder nie gezeigt oder sind durch die hygienische Wissenschaft der Marsbewohner schon vor Zeiten ausgerottet worden. Unsere Fieberarten und ansteckenden Krankheiten, Auszehrung, Krebs, Tumor und ähnliche Leiden, drängen sich niemals in ihr Leben und hemmen ihr Dasein. Und da ich schon von den Unterschieden zwischen dem Leben auf dem Mars und dem auf der Erde spreche, möchte ich hier auch auf die seltsamen Vermutungen in der Frage des »roten Gewächses« eingehen. Offenbar ist das Pflanzenreich auf dem Mars nicht vorwiegend grün, sondern blutrot gefärbt.

Auf alle Fälle brachten die Samen, die die Marsleute absichtlich oder zufällig mitführten, ohne Ausnahme rotfarbige Pflanzen hervor. Indessen konnte nur jene Pflanze, die im Volksmund als »rotes Kraut« bekannt wurde, neben den irdischen Arten Fuß fassen. Die rote Schlingpflanze besaß nur ein vorübergehendes Wachstum. Nur wenige Leute haben sie gesehen. Eine Zeit lang jedoch wuchs das »rote Gewächs« mit erstaunlicher Kraft und Üppigkeit. Es breitete sich über die Ränder der Grube am dritten oder vierten Tag unserer Gefangenschaft aus. Seine kaktusartigen Zweige legten sich wie Fransen um den Mauerrahmen unseres dreieckigen Fensters. Später fand ich es überall und ganz besonders dort, wo sich fließendes Wasser befand.

Die Marsleute besaßen, wie gesagt, so etwas wie ein Ohr: eine einzige runde, trommelartige Fläche am Rücken ihres Kopf-Leibes, außerdem auch ein Sehvermögen, das dem unseren vergleichbar ist, nur dass, nach Philipps, die Farben Blau und Violett ihnen als schwarz erschienen. Man nimmt allgemein an, dass sie durch gewisse Laute und Bewegungen ihrer Fühler miteinander kommunizierten. Dies wird zum Beispiel in jener richtigen, aber oberflächlichen Schrift behauptet (die offenbar von jemandem geschrieben wurde, der kein Augenzeuge der Handlungen der Marsleute war). Ich habe auf diese Schrift als die bisher verlässlichste Quelle für jene Ereignisse hingewiesen.

Nun aber hat wohl kaum ein Überlebender so viel von den in Tätigkeit begriffenen Marsleuten gesehen wie ich. Ich bin weit entfernt, mich dieses Zufalls zu rühmen, doch es ist eine Tatsache. Und ich darf wohl behaupten, dass ich sie von Zeit zu Zeit scharf beobachtet habe und dass ich vier, fünf und einmal sechs von ihnen sah, wie sie mit äußerster Schwerfälligkeit die allerfeinsten und mühsamsten Arbeiten gemeinsam verrichteten, ohne jeden Laut, ohne jede Gebärde.

Ihr eigentümliches Geheul ging ausnahmslos nur ihren Mahlzeiten voran. Es war durchaus eintönig und bedeutete, wie ich glaube, auf keinen Fall ein Signal, sondern einfach den Austritt von Luft, der den Vorgang der Bluteinführung einleitete. Ich kann einen gewissen Anspruch auf eine wenigstens oberflächliche Kenntnis von Psychologie erheben, und was diese Frage betrifft, so bin ich überzeugt – so fest wie man nur von einer Sache überzeugt sein kann –, dass die Marsleute ohne jede physische Vermittlung ihre Gedanken austauschen. Davon bin ich trotz einer starken Voreingenommenheit überzeugt. Vor dem Einfall der Marsleute habe ich nämlich, woran sich mancher Leser vielleicht erinnern wird, mit einiger Heftigkeit gegen die telepathische Theorie gewetterte.

Die Marsleute trugen keinerlei Kleidung. Ihre Begriffe von Sitte und Anstand waren natürlich von den unsrigen verschieden. Auch waren sie offenbar bei Witterungswechsel viel weniger empfindlich, als wir es sind. Dieser scheint ihre Gesundheit überhaupt nicht ernstlich gefährdet zu haben. Aber wenn sie auch keine Kleider trugen, waren es doch jene anderen künstlichen Zutaten ihrer körperlichen Fähigkeiten, in denen ihre große Überlegenheit über die Menschen bestand. Wir Menschen mit unseren Fahrrädern und Schlittschuhen, unseren Flugmaschinen, Flinten und Stöcken und so weiter stehen gerade an der Schwelle jener Entwicklung, die die Marsleute bereits hinter sich haben. Sie sind tatsächlich eine bloße Gehirnmenge geworden, besitzen Körper, die ihren Bedürfnissen angepasst sind, genauso wie Menschen ihre Stoffanzüge tragen oder nach dem Fahrrad greifen, wenn sie in Eile sind, oder nach dem Regenschirm, wenn es regnet.

In Bezug auf die Hilfsmittel der Marsleute ist für die Menschen vielleicht nichts wunderbarer als die merkwürdige Tatsache, dass ihnen jener Mechanismus, der der irdischen Technik so sehr das Gepräge verleiht, vollständig fehlt: das Rad. Unter all den Dingen, die sie auf die Erde mitbrachten, ist nicht die leiseste Spur zu entdecken, die den Gebrauch von Rädern andeutete. Man hätte es wenigstens als Fortbewegungsmittel erwarten können. In diesem Zusammenhang muss übrigens auffallen, dass selbst auf unserer Erde die Natur niemals auf das Rad abzielte oder irgendwelche Voraussetzungen zu seiner Entstehung schuf. Und die Marsleute kannten entweder das Rad nicht (was ich für unwahrscheinlich halte) oder sie benutzten es nicht. Jedenfalls ist in ihren Werkzeugen die fixe oder relativ fixe Achse mit den um sie herum kreisenden Bewegungen auffallend selten. Fast alle Glieder ihrer Maschinen stellen ein verwickeltes Gefüge von schleifenden Teilen dar, die sich auf kleinen, aber prächtig geschwungenen Reibestützen bewegen.

Und da ich schon bei diesen Einzelheiten bin, will ich noch hervorheben, dass die langen Hebelarme ihrer Maschinen in den meisten Fällen mittels einer Art Schein-Muskulatur von Scheiben in elastischen Scheiden in Bewegung gesetzt werden. Diese Scheiben werden polarisiert und dicht und mächtig zusammengezogen, wenn ein elektrischer Strom durch sie geleitet wird. Auf diese Weise entstand die merkwürdige Ähnlichkeit mit animalischen Bewegungen, die auf den menschlichen Beobachter so auffallend und verwirrend wirkte. Solche Quasimuskeln fanden sich besonders häufig bei der krebsähnlichen Greifmaschine, die ich beobachtete, wie sie den Zylinder auspackte. Diese Maschine glich unendlich mehr einem Lebewesen als die wirklichen Marsleute, die drüben im Licht der untergehenden Sonne lagen, heftig keuchten, ihre kraftlosen Fühler regten und sich nach ihrer endlosen Reise nur mühsam regen konnten.

Während ich noch ihre schwachen Bewegungen im Sonnenlicht beobachtete und mir jede seltsame Einzelheit ihrer Erscheinung genau einprägte, erinnerte mich der Kurat an seine Anwesenheit, indem er mich heftig am Arm zerrte. Ich drehte mich um und erblickte sein mürrisches Gesicht und seine schweigend beredten Lippen. Er wollte jetzt wieder an die Spalte, die immer nur einem Platz bot. So musste ich einige Zeit dem Kuraten weichen.

Als die Reihe wieder an mich kam, hatte die geschäftige Greifmaschine bereits einige Gegenstände aus dem Zylinder zu einem Apparat zusammengefügt, der eine unverkennbare Ähnlichkeit mit ihrer eigenen Form besaß. Und weiter unten zur Linken tauchte jetzt ein kleines spatenartiges Werkzeug auf, das Strahlen grünen Dampfes ausstieß und sich seinen Weg rund um die Grube bahnte, indem es planvoll und bedächtig Erde aushöhlte und aufschichtete.

Dieses Werkzeug war es, das jenes regelmäßige, stoßende Geräusch und die fast rhythmischen Erschütterungen hervorgerufen hatte, die unseren in Trümmern liegenden Zufluchtsort erbeben ließ. Während es arbeitete, tutete und pfiff es unaufhörlich. Soviel ich sehen konnte, arbeitete das Ding ohne jede Unterstützung eines Marsmenschen.

3

Die Tage der Gefangenschaft

Die Ankunft einer zweiten Kriegsmaschine trieb uns von unserem Guckloch in die Waschküche zurück. Wir fürchteten, dass der Marsmensch uns von seiner Höhe herab hinter unserer Schanze entdecken könnte. Mit der Zeit aber verloren wir wieder das Gefühl der Gefahr, erblickt zu werden. Einem Auge im blendenden Sonnenlicht musste unser Versteck wie tiefschwarze Nacht erscheinen. So schrecklich die Gefahren waren, die rings um uns lauerten, so unwiderstehlich war die Versuchung, durch die Mauerspalte zu blicken. Und es wundert mich noch heute, wenn ich mich daran erinnere, wie wir trotz der drohenden Aussicht, entweder zu verhungern oder noch grauenvoller umzukommen, heftig miteinander um das schreckliche Vorrecht streiten konnten, hinausblicken zu dürfen. Wir konnten um die Wette durch die Küche laufen, in einem ganz abenteuerlichen Laufschritt, der zwischen Eifer und der Furcht, Lärm zu machen, die Waage hielt. Wir konnten uns schlagen, mit Fäusten und Füßen stoßen – und das alles nur durch eine Hand breit vor der Entdeckung sicher.

Tatsache ist, dass wir beide ganz unvereinbare Veranlagungen und Gewohnheiten im Denken und Handeln hatten und dass die Gefahr und unsere eingesperrte Situation diese Unvereinbarkeit nur verschärften. Schon in Halliford war mir die alberne Art des Kuraten, in tatenlose Klagen auszubrechen, und die blödsinnige Verbohrtheit seines Charakters verhasst geworden.

Seine endlosen, murmelnd geführten Selbstgespräche machten jede Mühe, die ich mir gab, zunichte, um einen Fluchtplan zu entwerfen. Sie trieben mich manchmal, durch die Gefangenschaft doppelt gereizt, an den Rand des Wahnsinns. Wie ein hysterisches Weib war er unfähig, sich auch nur im geringsten zusammenzureißen. Er konnte stundenlang vor sich hin weinen, und ich glaube wahrhaftig, dass dieses vom Schicksal verzogene Kind seine elenden Tränen irgendwie für wirksam hielt. Ich saß in der Finsternis, durch seine Zudringlichkeiten außerstande, meine Gedanken von ihm abzuwenden.

Er aß mehr als ich. Es war auch ganz vergeblich, ihm begreiflich zu machen, dass die einzige Überlebenschance für uns darin bestand, so lange in diesem Haus zu bleiben, bis die Marsleute mit ihrer Grube fertig geworden wären. Es war vergeblich, ihn zu warnen, dass während dieser langen Geduldsprobe wohl eine Zeit kommen könne, in der wir dringend der Nahrung bedürfen würden. Er aß und trank, wann es ihm gerade behagte, und dies in sehr ausgiebigen Mahlzeiten, wenn auch in langen Abständen. Er schlief wenig.

Als die Tage kamen und gingen, verschärften seine ganz unglaubliche Sorglosigkeit und seine Rücksichtslosigkeit unsere

Notlage derart, dass ich, sosehr ich es auch verabscheute, erst zu Drohungen und schließlich zu Schlägen Zuflucht nehmen musste. Das brachte ihn eine Zeit lang zu Vernunft. Aber er gehörte zu jenen von Tücke und Verschlagenheit erfüllten Schwächlingen, die ohne jeden Stolz, feige, fischblütig und gehässig, nicht Gott, nicht den Menschen, nicht einmal sich selbst Rechenschaft geben können.

Es ist mir unangenehm, mir alle diese Dinge wieder ins Gedächtnis zurückzurufen und sie niederzuschreiben, aber ich muss es der Lückenlosigkeit meines Berichtes halber tun. Jene, die von den düsteren und furchtbaren Seiten des Lebens verschont geblieben sind, werden schnell genug bei der Hand sein, meine Gewalttätigkeit und meine Wutausbrüche am Ende unseres Trauerspieles zu verdammen. Sie wissen besser als jedermann, was tadelnswert ist, aber nicht, was ein gefolterter Mensch zu tun fähig ist. Jene aber, die »gewandert sind im dunklen Tal« und bis zum Elementaren hinabgestiegen sind, werden mehr Verständnis zeigen.

Während wir drinnen unseren düsteren, schattenhaften Kampf ausfochten, unter Schlägen, flüsternd und mit geballten Fäusten um Speise und Trank kämpften, waren draußen im unbarmherzigen Sonnenbrand jenes schreckensvollen Juni die Marsleute bei ihrer seltsam fremden Arbeit in der Grube. Man erlaube mir, zu diesen neuen Erlebnissen zurückzukehren.

Nach langer Zeit wagte ich mich wieder an das Guckloch und sah, dass die Besatzung von nicht weniger als drei Kriegsmaschinen zu den Eindringlingen gestoßen war. Sie hatten wieder eine Anzahl neuer Werkzeuge mitgebracht, die geordnet um den Zylinder herumstanden. Die zweite Greifmaschine war jetzt fertig und eifrig damit beschäftigt, eine jener neuartigen Erfindungen zu bedienen, die die große Maschine mitgebracht hatte. Das neue Werkzeug glich in seinen Umrissen einer Milchkanne, über der ein schwingender, birnenförmiger Behälter angebracht war, von dem sich ein Strom weißen Pulvers in ein kreisrundes Becken ergoss.

Die schwingende Bewegung des Behälters wurde von einem Taster der Greifmaschine hervorgerufen. Mit zwei anderen spatenartigen Händen grub die Greifmaschine große Mengen Lehm aus und warf sie in den birnenförmige Behälter hinauf, während sie mit einem anderen Arm von Zeit zu Zeit eine Tür öffnete, die im Rumpf der Maschine angebracht war, und rostige und geschwärzte Schlacken daraus entfernte. Ein anderes stählernes Tastwerkzeug leitete das Pulver aus dem Becken durch einen gerippten Kanal in einen anderen Behälter, der sich durch eine Wolke bläulichen Staubes meinen Blicken entzog. Aus diesem unsichtbaren Behälter stieg ein dünner Faden aus grünem Rauch kerzengerade in die stille Luft empor. Während ich so hinschaute, streckte die Greifmaschine unter einem leisen musikalischen Geklirr nach Art eines Teleskops einen Taster aus, der noch einen Augenblick zuvor wie ein stumpfer Ausläufer der Maschine erschienen war.

Sein Ende war nun hinter dem Lehmhaufen verschwunden. In der nächsten Sekunde hatte er eine Stange aus weißem Aluminium herausgehoben, die fleckenlos leuchtete und glänzte, und legte sie auf einen sichtlich anwachsenden Haufen von Stangen, der sich neben der Grube befand. Zwischen Sonnenuntergang und Sternenlicht muss diese kunstvolle Maschine mehr als hundert solcher Stangen aus dem rohen Lehm verfertigt haben. Die Wolke bläulichen Staubes wuchs allmählich an, bis sie den Rand der Grube erreichte.

Der Gegensatz zwischen den raschen und wunderbar ineinander greifenden Werkzeugen und der klotzigen und keuchenden Unbeholfenheit ihrer Meister war so verblüffend, dass ich mir tagelang immer wieder sagen musste, dass es die letzteren seien, die in Wahrheit die lebenden Wesen von den beiden vorstellten.

Der Kurat saß vor der Mauerspalte, als die ersten Menschen zur Grube gebracht wurden. Ich saß zusammengekauert hinter ihm und lauschte angespannt. Plötzlich fuhr er erschreckt zurück, und ich, voller Angst, dass wir entdeckt seien, verfiel in eine Art Krampf. Er glitt nun das Geröll herab und verkroch sich neben mich in der Dunkelheit, stieß einige verworrene

Laute aus, machte einige wilde Gebärden. Einen Augenblick lang teilte ich seinen Schrecken. Seine Gebärden deuteten seinen Verzicht auf die Mauerspalte an, und nach einer Weile machte meine Neugierde mir Mut. Ich erhob mich, stieg über ihn hinweg und kletterte hinauf. Anfangs konnte ich keinen Grund für sein Entsetzen entdecken.

Die Dämmerung war nun angebrochen, oben schienen kleine, blasse Sterne, aber die Grube war erhellt von diesem flackernden grünen Feuer, das von der Aluminiumbereitung herrührte. Das Gemenge flackernder Strahlen und auf- und niedergleitender schwarzer Schatten war seltsam verwirrend für das Auge. Darüber hin und zwischen hinein flogen unbeirrt die Fledermäuse. Die sich rekelnden Marsleute waren nicht mehr zu sehen, die Wolke aus blaugrünem Pulver war schon hoch genug gestiegen, um sie unseren Blicken zu entziehen. Eine Kriegsmaschine stand mit zusammengeklappten, eingezogenen und verkürzten Beinen jenseits der Grube. Und mitten im Getöse des arbeitenden Maschinenwerks glaubte ich plötzlich, einen leisen Laut von menschlichen Stimmen zu hören, ein Verdacht, den ich freilich sofort wieder aufgab.

Ich bückte mich, um die Kriegsmaschine schärfer ins Auge zu fassen, und überzeugte mich jetzt zum ersten Mal davon, dass die Haube wirklich einen Marsmenschen enthielt. Als die grünen Flammen auffuhren, konnte ich den öligen Glanz seiner Oberhaut und das Leuchten seiner Augen wahrnehmen. Plötzlich hörte ich einen gellenden Schrei und sah einen ausgestreckten Fühler über die Schulter der Maschine in den kleinen Käfig langen, der auf ihrem Rücken hing. Und dann wurde etwas – etwas heftig sich Sträubendes – hoch in die Luft emporgehoben, ein vom Sternenlicht sich dunkel und unklar abhebendes, rätselhaftes Ding. Als dieser schwarze Gegenstand wieder herunterkam, sah ich im grünen Schein, dass es ein Mensch war. Einen Augenblick lang war er ganz deutlich sichtbar. Es war ein stämmiger, blühend aussehender, gut gekleideter Mann in mittleren Jahren. Drei Tage zuvor mochte er noch als Mann von beträchtlichem Ansehen durchs

Leben gewandert sein. Ich konnte seine starren Augen sehen und bemerken, wie die Lichtstrahlen in seinen Hemdknöpfen und seiner Uhrkette spielten. Er verschwand hinter dem Hügel, und einen Augenblick lang herrschte völliges Schweigen. Dann hörte man durchdringende Schreie und das lang gezogene Freudengeheul der Marsleute …

Ich glitt das Geröll hinunter, richtete mich mühsam auf, legte beide Hände an die Ohren und stürzte in die Waschkammer. Der Kurat, der, mit den Armen seinen Kopf umklammernd, schweigend zusammengekauert dagesessen hatte, sah auf, als ich an ihm vorbeikam, schrie auf, als ich ihn verließ, und rannte mir nach.

In dieser Nacht, als wir in der Waschküche kauerten und unsere Empfindungen zwischen Entsetzen und furchtbarer Neugier hin- und hergerissen waren, stieg in mir der heftige Wunsch zu handeln auf. Aber ich mühte mich vergeblich, einen Rettungsplan zu entwerfen. Erst am zweiten Tag war ich fähig, unsere Lage mit großer Klarheit zu erfassen. Der Kurat, das sah ich, war nicht einmal zu einer Besprechung zu gebrauchen. Ungekannte Schrecken hatten ihn in ein wildes, triebhaftes Geschöpf verwandelt und ihn seines Verstandes, seiner Denkfähigkeit beraubt. Er war in Wahrheit schon zum Tier geworden. Ich aber packte mich selbst am Kragen.

Nun, da ich der rauen Wirklichkeit ins Auge sehen konnte, gewann ich die Gewissheit, dass wir trotz unserer schrecklichen Lage doch noch kein Recht zu völliger Verzweiflung hätten. Unsere nächstliegende Hoffnung und Erwartung war, dass die Marsleute nur vorübergehend ihr Lager aufgeschlagen hätten. Sollten sie aber bleiben, würden sie es doch nicht für notwendig halten, es ständig zu bewachen. So könnte sich uns doch eine Möglichkeit zur Flucht bieten. Ich erwog auch ernstlich den Plan, uns von der Grube weg einen unterirdischen Gang zu graben, aber die Möglichkeit, beim Auftauchen einer Wache stehenden Kriegsmaschine unter die Augen zu kommen, schien mir anfangs doch zu erschreckend. Zudem hätte ich die ganze Grabearbeit allein verrichten müssen, denn der Kurat hätte mich sicherlich im Stich gelassen.

Wenn mich mein Gedächtnis nicht trügt, war es am dritten Tag, als ich die Tötung jenes armen Teufels mit ansehen musste. Es war das einzige Mal, dass ich die Marsleute Nahrung aufnehmen sah. Nach diesem Erlebnis vermied ich das Loch in der Mauer während des größten Teiles des Tages. Ich begab mich in die Waschküche, hängte die Tür aus und brachte einige Stunden damit zu, so geräuschlos wie möglich mit meinem Beil zu graben. Doch als ich ein etwa zwei Fuß tiefes Loch gegraben hatte, fiel die lockere Erde wieder polternd zusammen. Da wagte ich nicht mehr, die Arbeit fortzusetzen. Ich verlor allen Mut und legte mich für eine lange Zeit auf den Boden und hatte nicht einmal die Kraft, mich zu bewegen. Von nun an gab ich den Gedanken auf, durch einen Tunnel entkommen zu können.

Für den Eindruck, den die Marsleute auf mich gemacht hatten, ist es sehr bezeichnend, dass ich anfangs wenig oder vielmehr gar nicht daran dachte, dass unsere Feinde etwa durch einen menschlichen Angriff überwältigt werden könnten. Aber in der vierten oder fünften Nacht hörte ich so etwas wie starkes Geschützfeuer.

Es war spät nachts. Der Mond schien hell. Die Marsleute hatten die Aushöhlmaschine entfernt. Abgesehen von einer Kriegsmaschine, die am entfernteren Rand der Grube stand, und einer Greifmaschine, die in einer Ecke der Grube unmittelbar unter meinem Guckloch geschäftig arbeitete, war der Platz verlassen.

Von der Greifmaschine ging ein blasser Schimmer aus. Das Licht des Mondes schien auf die Stangen und auf einige Stellen des Erdreichs. Sonst war die Grube in Dunkelheit gehüllt und ganz still. Nur das Geräusch der Maschine war zu hören. Es war eine wundervoll heitere Nacht. Nur mit einem Planeten teilte der Mond seine Herrschaft über den Himmel. Ich hörte einen Hund heulen, und dieser vertraute Laut ließ mich lauschen. Da hörte ich ganz deutlich ein Dröhnen, wie vom

Donner schwerer Geschütze. Ich zählte deutlich sechs Schüsse und nach langer Unterbrechung wieder sechs. Das war alles.

4
Der Tod des Kuraten

Es war am sechsten Tag unserer Gefangenschaft. Ich warf ein letztes Mal einen Blick durch das Guckloch. Als ich mich wieder umwandte, war ich plötzlich allein. Anstatt sich dicht an mich zu halten und zu versuchen, mich von der Spalte wegzudrängen, war der Kurat in die Waschküche zurückgegangen.

Ein Verdacht schoss mir durch den Kopf. Ich ging schnell und leise hinterher. In der Dunkelheit hörte ich den Kuraten trinken. Ich griff aufs Geratewohl ins Dunkle und bekam eine Burgunderflasche zu fassen.

Gleich darauf rangen wir miteinander. Das dauerte wenige Minuten, dann fiel die Flasche zu Boden und brach entzwei. Nun ließ ich ihn los und erhob mich. Wir standen keuchend und drohend einander gegenüber. Schließlich pflanzte ich mich zwischen ihn und die Esswaren auf und teilte ihm meinen festen Entschluss mit, von nun an Zucht zu halten. Ich teilte unsere Nahrungsmittel in der Speisekammer in Rationen ein, die für zehn Tage ausreichen sollten. An diesem Tag erlaubte ich ihm nicht mehr zu essen. Am Nachmittag machte er einen schwachen Versuch, zu den Nahrungsmitteln zu gelangen. Ich war eingenickt, aber im Nu war ich wach. Den ganzen Tag und die ganze Nacht saßen wir uns Aug in Auge gegenüber, ich erschöpft, aber entschlossen, er weinend und über seinen großen Hunger klagend. Ich weiß, es war nur eine Nacht und ein Tag, aber mir schien es – und scheint mir noch heute – eine unermesslich lange Zeit.

So endete die Unverträglichkeit unserer Neigungen und Anlagen im offenen Streit. Zwei ewige Tage lang rangen wir flüsternd und erbittert. Es gab Zeiten, in denen ich ihn mit Schlägen und Fußtritten wie toll bearbeitete, und Zeiten, in denen ich ihm schmeichelte und ihn zu überreden versuchte. Und einmal versuchte ich ihn mit der letzten Flasche Burgunder zu bestechen, denn es war eine Regenwasserpumpe vorhanden, mit der ich mir Wasser verschaffen konnte. Aber da half weder Gewalt noch Güte: Er war in der Tat schon von Sinnen. Weder wollte er seine Angriffe auf die Speisevorräte aufgeben, noch hörte er auf, laute Selbstgespräche zu führen. Die allernotwendigsten Vorsichtsmaßnahmen, die unsere Gefangenschaft erträglich machten, wollte er nicht beachten. Allmählich begann ich mir den vollständigen Zusammenbruch seiner Geisteskräfte klar zu werden, zu begreifen, dass mein einziger Gefährte in dieser dumpfen und widerlichen Finsternis ein Wahnsinniger war.

Aus einigen unklaren Erinnerungen schließe ich allerdings, dass auch meine Gedanken sich bisweilen verwirrten. Ich hatte seltsame und furchtbare Träume, so oft ich einschlief. Es klingt sonderbar, aber ich möchte glauben, dass die Schwachheit und der Wahnsinn des Kuraten mich warnten, stählten und vernünftig hielten.

Am achten Tag begann er laut zu sprechen, statt zu flüstern. Was ich auch tat, nichts konnte ihn dazu bewegen, seine Sprache zu mäßigen.

»Es ist gerecht, o Gott!«, rief er immer wieder. »Es ist gerecht. Über mich und die Meinen komme Dein Grimm. Wir haben gesündigt, wir sind zu leicht befunden worden. Da war Armut, da war Kummer. Die Armen wurden in den Staub getreten, nichts aber störte meinen Frieden. Ich predigte einen hübschen Unsinn – mein Gott, was für einen Unsinn! –, als ich hätte aufstehen sollen, und sollte ich dafür auch des Todes sterben, und rufen sollen: Tut Buße, Buße! Ihr Bedrücker der Armen und Elenden. – Die Weinpresse des Herrn!«

Dann kehrten seine Gedanken unvermutet wieder zum Essen zurück, das ich ihm vorenthielt. Er bat, flehte, weinte, und schließlich drohte er. Er erhob seine Stimme – ich bat ihn, es nicht zu tun. Da sah er, dass er mich da kriegen konnte. Er drohte, dass er nun schreien und die Marsleute herbeirufen würde. Eine Zeit lang schüchterte mich das ein. Doch jedes Zugeständnis hätte die Möglichkeit unseres Entrinnens unausdenkbar verringern müssen. Ich widerstand, obwohl ich keineswegs sicher war, ob er seine Drohung nicht ausführen würde. An diesem Tag wenigstens tat er es nicht. Er sprach mit allmählich erhöhter Stimme während des größten Teils des achten und des neunten Tages. Drohungen und Bitten mischten sich mit einer wahren Sturzflut halb verrückter, aber immer heftigerer Reue, dass sein Gottesdienst nur eitel Wortgepränge gewesen sei. Ich kam nicht umhin, ihn zu bemitleiden. Dann schlief er ein wenig, und dann begann er wieder mit erneuter Kraft, und zwar so laut, dass ich gezwungen war, ihn zurückzuhalten.

»Schweigen Sie!«, flehte ich.

Er erhob sich auf seine Knie, denn er hatte bisher im Dunkeln neben dem Waschkessel gesessen.

»Ich habe schon zu lange geschwiegen«, sagte er in einem Ton, den man in der Grube hören musste. »Und jetzt muss ich Zeugnis ablegen. Wehe dieser ungetreuen Stadt! Wehe, wehe! Wehe, wehe! den Bewohnern der Erde, durch die anderen Stimmen der Posaune …«

»Hören Sie auf!«, sagte ich und sprang auf, voller Angst, die Marsleute könnten uns hören. »Um Gotteswillen …«

»Nein«, schrie der Kurat so laut er konnte. Er stand auf und breitete seine Arme aus. »Sprechen will ich! Das Wort des Herrn ist in mir!«

Mit drei Sätzen hatte er die Tür zur Küche erreicht.

»Ich muss mein Zeugnis ablegen. Ich gehe. Zu lange schon habe ich gezögert.«

Ich streckte meine Hand aus und tastete nach dem Hackmesser, das an der Wand hing. Wie ein Pfeil schoss ich dem Kuraten hinterher. Ich war völlig aufgebracht vor Angst. Ehe er in der Mitte der Küche war, hatte ich ihn eingeholt. Mit einem letzten Funken von Menschlichkeit drehte ich die Schneide um und schlug mit dem Rücken des Messers nach ihm. Er stürzte kopfüber hin und lag ausgestreckt am Boden. Ich stolperte über ihn und blieb atemlos stehen. Er lag ganz still da.

Plötzlich hörte ich draußen ein Geräusch, das Rieseln und Stürzen gleitenden Mörtels. Die dreieckige Öffnung in der Mauer verdunkelte sich. Ich blickte auf und sah, wie die untere Fläche einer Greifmaschine sich langsam am Loch vorbei schob. Eines ihrer ausgreifenden Glieder rollte sich im Schutt zusammen. Nun erschien ein zweites Glied, das sich seinen Weg über die herabgestürzten Balken hinweg tastete. Ich starrte wie versteinert hin. Da sah ich durch eine Art Glasplatte das Gesicht, wenn ich so sagen darf, und die großen dunklen Augen eines Marsmenschen hereinspähen. Dann ringelte sich die lange metallene Schlange eines Fühlers wie prüfend durch das Loch herein.

Von diesem Anblick riss ich mich mit einiger Überwindung los, stolperte über den Kuraten und blieb an der Tür zur Waschküche stehen. Der Fühler war jetzt schon etwa zwei Yards oder mehr im Zimmer und fuhr züngelnd und schlängelnd in blitzschnellen Bewegungen hierhin und dorthin. Eine Zeit lang beobachtete ich wie gebannt sein allmähliches, eigenartiges Näherkommen. Endlich zwang ich mich mit einem leisen, heiseren Schrei, in die Waschküche zu laufen. Ich zitterte heftig. Ich konnte mich kaum aufrecht halten. Ich öffnete die Tür des Kohlenkellers und stand da in der Finsternis, starrte nach der schwach beleuchteten Tür, die in die Küche führte, und lauschte. Hatte der Marsmensch mich gesehen? Und was würde er jetzt tun?

Etwas bewegte sich dort sehr leise hin und her. Jeden Augenblick tappte es gegen die Mauer oder setzte seine Bewegungen mit einem schwachen, metallischen Klirren, ähnlich dem Geräusch eines Schlüsselbundes, fort. Dann wurde ein schwerer Körper – nur zu gut wusste ich, welcher – über den Fußboden geschleift und zur Öffnung hinausgehoben.

Unwiderstehlich angezogen, kroch ich zur Tür und spähte in die Küche. In dem von der Sonne hell beschienenen Dreieck sah ich den Marsmenschen, wie er in der Greifmaschine

saß, ein wahrhaften hundertarmiger Titan, und den Kopf des Kuraten untersuchte. Ich zweifelte keinen Augenblick, dass er aus der Wunde, die ihm mein Schlag beigebracht hatte, auf meine Anwesenheit schließen würde.

Ich kroch zum Kohlenkeller zurück, schloss die Tür und begann mich, so gut ich konnte, und so leise, wie es mir in der Dunkelheit möglich war, unter dem Brennholz und den Kohlen zu verstecken.

Jeden Augenblick horchte ich, starr vor Angst, ob der Marsmensch seinen Fühler wieder durch die Öffnung streckte.

Und das leise metallische Klirren ertönte von Neuem. Ich konnte verfolgen, wie es sich allmählich durch die Küche durchtastete. Bald hörte ich es näher – in der Waschküche, wie ich vermutete. Ich hoffte, dass es nicht lang genug sei, bis zu mir zu dringen. Ich sprach ein Stoßgebet nach dem anderen. Da tastete das Ding unter leisem Kratzen über die Kellertür. Nun folgte eine Ewigkeit von unerträglicher, banger Erwartung. Dann hörte ich es am Schloss herumfühlen. Es hatte die Tür gefunden! Der Marsmensch verstand sich auf Türen!

Eine Minute vielleicht hantierte es am Verschluss, und dann ging die Tür auf.

In der Dunkelheit konnte ich das Ding gerade noch sehen – mehr als allem anderen glich es einem Elefantenrüssel – es züngelte nach mir und tastete prüfend an der Mauer, an den Kohlen, am Holz und an der Decke umher. Es sah aus wie ein schwarzer Wurm, der seinen blinden Kopf hin- und herbewegt.

Einmal berührte es die Ferse meines Stiefels. Ich war nahe daran zu schreien. Ich biss mir in die Hand. Eine Zeit lang blieb es ruhig. Ich hätte glauben können, dass es sich schon entfernt habe.

Plötzlich aber, mit einem unvermuteten Vorstoß, griff es nach etwas – ich dachte zuerst, nach mir! – und schien wieder aus dem Keller hinauszugleiten. Eine Minute lang war ich meiner Sache nicht sicher. Offenbar hatte es ein Stück Kohle erfasst, um es zu prüfen.

Ich benutzte die Gelegenheit, um meine Lage ein wenig zu verändern, denn ich hatte einen Krampf in den Füßen. Dann lauschte ich wieder und flüsterte heiße Gebete. Dann hörte ich das langsame, bedächtige Geräusch wieder. Allmählich und leise kam es dicht an mich heran und tappte die Mauer und die Einrichtungsstücke entlang.

Während ich noch zweifelte, sprang es rasch zur Kellertür und schloss sie. Ich hörte, wie es in die Speisekammer schlich. Die Zwiebackdosen klirrten. Eine Flasche brach in Stücke. Dann kam ein heftiger Schlag gegen die Kellertür. Dann war es still – und die Stille wurde mir eine nicht enden wollende Zeit höchster Anspannung.

War es fort? Irgendwann war ich davon überzeugt.

Es kam nicht mehr in die Waschküche. Aber den ganzen zehnten Tag lang lag ich in der stickigen Dunkelheit unter Kohlen und Brennholz vergraben. Ich wagte nicht, mir einen Trank zu holen, nach dem ich lechzte. Schon war der elfte Tag angebrochen, als ich mich endlich aus meinem Schlupfwinkel hervorwagte.

5
Die Stille

Meine erste Handlung, bevor ich in die Speisekammer ging, war, die Tür zwischen Küche und Waschküche zu schließen. Doch die Speisekammer war leer. Jeder Bissen Essen war verschwunden. Offenbar hatte der Marsmensch am vorhergehenden Tag alles mitgenommen. Bei dieser Entdeckung erfasste mich zum ersten Mal Verzweiflung. Weder am elften noch am zwölften Tag genoss ich Speise und Trank.

Erst trockneten mir Mund und Kehle völlig aus, und meine Kräfte nahmen merklich ab. Ich saß hilflos in der Dunkelheit in einem Zustand mutlosen Elends. Meine Gedanken beschäftigten sich unausgesetzt mit dem Essen. Ich glaubte taub geworden zu sein, denn die geschäftigen Geräusche, die ich von der Grube her zu hören gewohnt war, hatten vollständig aufgehört. Ich fühlte mich nicht stark genug, um geräuschlos zum Guckloch zu kriechen. Ich hätte es sonst gewiss getan.

Am zwölften Tag schmerzte mich mein Hals derart, dass ich mich selbst auf die Gefahr hin, die Aufmerksamkeit der Marsleute auf mich zu lenken, auf die knarrende Regenwasserpumpe stürzte, die neben der Senkgrube stand, und mir ein paar Glas voll geschwärztes und schmutziges Regenwasser verschaffte. Ich fühlte mich nun überaus erfrischt. Die Tatsache, dass kein suchender Fühler dem Geräusch folgte, das ich beim Pumpen machte, ermutigte mich.

Während dieser Tage musste ich viel an den Kuraten und an die Art seines Todes denken. Aber meine Gedanken waren unklar und hatten nur wenig Zusammenhang.

Am dreizehnten Tag trank ich wieder etwas Wasser und machte mir abenteuerliche Gedanken über Essen und alle möglichen und unmöglichen Fluchtpläne. So oft ich einschlief, quälten mich furchtbare Wahnvorstellungen, einmal vom Tod des Kuraten, dann wieder von üppigen Gelagen.

Aber wachend und schlafend empfand ich einen heftigen Schmerz, der mich zwang, immer wieder zu trinken. Das Licht, das jetzt in den Waschraum drang, war nicht mehr grau, sondern rot. Meiner verwirrten Einbildungskraft schien es die Farbe des Blutes.

Am vierzehnten Tag ging ich in die Küche und sah zu meiner Überraschung, dass die Zweige des roten Gewächses gerade über die Maueröffnung gewachsen waren und so das Dämmerlicht des Raumes in eine karmesinrote Finsternis verwandelt hatten.

Frühmorgens am fünfzehnten Tag hörte ich eine seltsame, aber vertraute Aufeinanderfolge von Lauten in der Küche. Aufhorchend erkannte ich das Schnüffeln und Scharren eines Hundes. Als ich in die Küche ging, sah ich die Nase eines Hundes, wie sie an einer Mauerlücke durch die rötlichen Zweige hereinschnüffelte. Das überraschte mich außerordentlich. Als der Hund mich witterte, bellte er kurz auf.

Wenn ich ihn bewegen könnte, leise hereinzukommen, konnte ich ihn vielleicht töten und verzehren. Auf alle Fälle aber war es geraten, ihn umzubringen, damit seine Bewegungen nicht die Aufmerksamkeit der Marsleute auf mich ziehen könnten.

Ich schlich mich zu ihm und rief ihn schmeichelnd. Doch er zog auf der Stelle seinen Kopf zurück und verschwand.

Ich lauschte – ich war also nicht taub –, aber es gab keinen Zweifel, die Grube war still. Ich vernahm Laute wie das Flattern von Vogelschwingen und ein heiseres Krächzen. Das war alles.

Lange Zeit lag ich dicht am Guckloch. Ich wagte aber nicht, die roten Pflanzen zur Seite zu schieben, die es verdunkelten. Ein oder zwei Mal hörte ich ein leises Getrippel von den Pfoten des Hundes, der tief unter mir auf dem Sand hin- und herlief, dann wieder Geräusche, die von Vögeln herrührten, aber das war alles. Schließlich, ermutigt durch die anhaltende Stille, blickte ich hinaus.

Außer in der Ecke, wo eine Menge Krähen umherhüpften und sich um die Gerippe der Toten zankten, von denen die Marsleute sich ernährt hatten, war kein Lebewesen in der Grube zu sehen.

Ich starrte hinein und traute meinen Augen kaum. Sämtliche Maschinen waren verschwunden. Abgesehen von dem großen Hügel gräulich-blauen Pulvers in einer Ecke, einiger Aluminiumstangen in einer anderen, den schwarzen Vögeln und den Skeletten, gab es nichts als die leere, kreisrunde Sandgrube.

Ich ließ mich langsam durch das rote Gestrüpp hinuntergleiten und stand jetzt auf dem Schutthaufen.

Außer hinter mich nach Norden, konnte ich in jede Richtung blicken. Weit und breit war weder ein Marsmensch noch das Anzeichen eines Marsmenschen zu erblicken. Zu meinen Füßen fiel die Grube jäh ab. Als ich etwas weiter ging, fand ich auf dem Geröll einen ganz leidlichen Weg, auf dem ich zum Gipfel des Trümmerhaufens gelangen konnte.

Die Gelegenheit zu fliehen war gekommen. Ich begann zu zittern. Ich zögerte einige Zeit, und in einer wilden Aufwallung von verzweifelter Entschlossenheit, mit heftig klopfendem Herzen, kletterte ich auf die Spitze des Schutthaufens, unter dem ich so lange begraben gewesen war.

Wieder blickte ich rings um mich. Auch im Norden war kein Marsmensch zu sehen.

Als ich das letzte Mal diesen Teil von Sheen im vollen Tageslicht gesehen hatte, war er eine Straße zerstreut liegender und behaglicher weißer und roter Häuser gewesen, umpflanzt von üppigen, schattigen Bäumen. Jetzt stand ich auf einem Haufen aus zerschmetterten Ziegelwerk, Lehm und Kiesel, über dem eine Unmenge des roten kaktusartigen Gewächses wucherte. Es wuchs in Kniehöhe. Nicht eine einzige irdische Pflanze machte ihm den Boden streitig. Die Bäume in meiner Nähe waren erstorben und braun, und etwas weiter überzog ein Netz roter Fäden die noch lebenden Stämme.

Die benachbarten Häuser waren alle zerstört, keines aber niedergebrannt. Die Mauern standen zum Teil noch bis zum zweiten Stockwerk, doch die Fenster waren alle zerschmettert und die Tore zertrümmert. Das rote Gewächs wucherte üppig in den dachlosen Stuben. Unter mir waren die große Grube und die Krähen, die um das Aas zankten. Andere Vögel hüpften zwischen den Trümmern umher. Weiter weg sah ich eine ausgemergelte Katze, die eine Mauer entlang schlich, von Menschen aber war nirgends eine Spur zu entdecken.

Der Tag schien im Gegensatz zu meinem eben verlassenen Kerker blendend hell. Der Himmel strahlte in ungetrübtem Blau. Ein sanftes Lüftchen hielt das rote Gewächs, das jedes Stückchen freien Bodens bedeckte, in Bewegung. Welch Entzücken war es, wieder frische Luft zu atmen!

6
Das Werk von fünfzehn Tagen

Eine Zeit lang stand ich wankend auf dem Hügel, ohne an meine Sicherheit zu denken. Als ich noch in jener widerwärtigen Höhle lag, hatte ich alle Sinne nur darauf gerichtet, mich überhaupt zu retten.

Ich ahnte weder, was in der Welt vorgegangen war, noch war ich auf den erschreckenden Anblick dieser fremden Umgebung gefasst. Ich war darauf vorbereitet, Sheen in Trümmern zu sehen – aber was ich jetzt sah, war die unheimliche und düstere Landschaft eines anderen Planeten.

In diesem Augenblick wurde ich von einer Empfindung bewegt, die sonst außerhalb des menschlichen Bewusstseins liegt, die aber die armen Tiere, die wir beherrschen, nur zu gut kennen.

Mir war zumute wie einem Kaninchen, das zu seinem Erdloch zurückkommt und sich plötzlich einem Dutzend geschäftiger Arbeiter gegenüber sieht, die das Fundament zu einem Haus graben. Ich merkte die ersten Anzeichen eines Gefühls, das mir bald sehr deutlich werden und mich viele Tage lang bedrücken sollte: das Gefühl der Entthronung, die Überzeugung, dass ich nicht länger ein Herr, sondern ein Tier unter Tieren sei, ein Tier unter der Ferse der Marsleute. Uns würde es nun gehen wie jenen: Wir mussten jetzt lauern und spähen, laufen und uns verstecken. Die Macht des Menschen und seines Schreckens waren ihm genommen.

Doch diese Vorstellung verlor sich, sobald ich sie mir klar gemacht hatte. Mein alles beherrschendes Gefühl wurde nach der langen, trostlosen Fastenzeit der Hunger. In der Richtung, die von der Grube wegführte, erblickte ich jenseits einer rot bewachsenen Mauer einen Flecken Gartenland, das nicht verschüttet war. Das war ein Fingerzeig. Und ich arbeitete mich vorwärts, knietief, manchmal bis zum Hals ins rote Gewächs verstrickt. Die Dichte dieses Gestrüpps gab mir das tröstliche Gefühl, mich im Notfall verbergen zu können. Die Mauer war etwa sechs Fuß hoch. Und als ich versuchte, sie zu erklettern, sah ich, dass ich mich nicht auf ihren Rand hinaufschwingen konnte. So ging ich nun an der Mauer entlang und gelangte zu einer Ecke, an der ein Steinhaufen es mir ermöglichte, hinaufzuklimmen und in den Garten hinabzugleiten. Ich fand einige junge Zwiebeln, ein paar Siegwurzknollen und eine Paar unreifer Rüben, die ich alle zusammenraffte. Dann stieg ich über eine zerbrochene Mauer hinweg und verfolgte unter scharlach- und karmesinroten Bäumen meinen Weg weiter nach Kew. Mir war, als ginge ich auf einer Straße von riesigen Blutstropfen.

Von zwei Gedanken war ich erfüllt: mir mehr Essen zu beschaffen und sobald und soweit meine Kräfte es mir erlaubten, aus diesem fluchbeladenen, unirdischen Bereich der Grube hinauszukommen.

Etwas weiter fand ich auf einem Grasplatz einige Pilze, die ich gleichfalls verschlang. Doch diese karge Nahrung verstärkte nur meinen Hunger. Dann stieß ich auf eine braune Fläche fließenden, seichten Wassers, dort, wo sonst Wiesen waren. Erst war ich über diese Überschwemmung in einem heißen, trockenen Sommer überrascht, aber dann entdeckte ich, dass sie von der geradezu tropischen Üppigkeit des roten Gewächses herrührte. Sobald diese außerordentliche Wucherpflanze Wasser berührte, wuchs sie ins Riesenhafte. Ihre Samen wurden einfach in das Wasser des Wey und der Themse geschüttet. Und ihre zusehends wachsenden, titanischen Zweige ließen beide Flüsse sofort über die Ufer treten.

In Putney war die Brücke, wie ich später sah, in diesem Unkraut ganz versteckt. Auch bei Richmond ergossen sich die Themsewasser in einem breiten und seichten Strom über die Wiesen von Hampton und Twickenham. Wie das Wasser sich ausbreitete, folgte das Kraut ihm nach, bis die zerstörten Landhäuser des Themsetals in diesem roten Moor, dessen Rand ich durchsuchte, verschwunden waren. Dadurch wurde vieles von dem Zerstörungswerk der Marsleute verhüllt.

Schließlich aber ging dieses rote Gewächs fast ebenso rasch ein, wie es sich ausgebreitet hatte. Eine krebsartige Krankheit, die, wie man annimmt, ihre Ursache in gewissen Bakterien hat, erfasste und zerstörte es. Durch das Gesetz der natürlichen Auslese haben alle irdischen Pflanzen eine gewisse Widerstandskraft gegen Bakterienkrankheiten erlangt – zumindest erliegen sie ihnen nie ohne heftigen Kampf. Aber das rote Gewächs verfaulte wie eine schon abgestorbene Pflanze. Die Zweige verblassten, schrumpften zusammen und wurden spröde. Bei der leisesten Berührung brachen sie ab. Das Wasser, das früher ihr Wachstum so befeuert hatte, trug ihre letzten Spuren ins Meer hinaus …

Als ich zum Wasser kam, galt es selbstverständlich zunächst, meinen Durst zu stillen. Ich trank in vollen Zügen und, einer plötzlichen Eingebung folgend, zerbiss ich einige Zweige des roten Gewächses. Aber sie waren wässerig und hatten einen garstigen, metallischen Geschmack. Ich sah, dass das Wasser seicht genug war, um sicher durchwatet werden zu können, obwohl das rote Gewächs meine Füße oft daran hinderte, fest aufzutreten. Aber die Flut wurde mit dem Fluss zu sichtlich tiefer, und ich musste wieder in Richtung Mortlake umkehren. Weil gelegentlich Trümmer von Landhäusern und Hecken und Lampen mir den Weg wiesen, gelang es mir halbwegs, auf der Straße zu bleiben. So kam ich bald aus dem Überschwemmungsgebiet heraus, verfolgte meinen Weg zu dem Hügel, der nach Roehampton führt und gelangte schließlich auf die Gemeindewiese von Putney.

Hier fiel nicht mehr das Fremdartige und Seltsame, sondern die Zerstörung des Bekannten, Vertrauten auf. Kleine Plätze sahen aus, als hätte ein Wirbelwind sie verwüstet. Hundert Schritte weiter traf ich auf völlig unversehrte Häuser mit herabgelassenen Vorhängen und verschlossenen Türen, als hätten die Eigentümer sie nur für einen Tag verlassen oder als schliefen die Bewohner noch.

Das rote Gewächs war hier nicht mehr so üppig. Die großen Bäume auf den Wiesen waren frei von der roten Schlingpflanze. Ich suchte unter den Bäumen nach Nahrung, ohne etwas zu finden, dann brach ich in ein paar stille Häuser ein, aber sie waren schon vor mir durchstöbert und ausgeplündert worden. Den übrigen Teil des Tages blieb ich in einem Gebüsch, weil ich vor Schwäche nicht weitergehen konnte.

Während dieser ganzen Zeit sah ich kein menschliches Wesen, noch Anzeichen von Marsleuten. Ich begegnete zwei hungrig aussehenden Hunden. Doch beide liefen in weitem Bogen davon, als ich ihnen näher kam. In der Nähe von Roehampton sah ich zwei menschliche Gerippe – nicht Leichen, sondern blank genagte Gerippe – und im Gehölz neben mir stieß ich auf gebrochene und verstreut liegende Knochen einiger Katzen und Kaninchen und den Schädel eines Schafes. Aber als ich sie näher betrachtete, wollte sich nichts Genießbares daran finden.

Nach Sonnenuntergang schleppte ich mich auf der Straße nach Putney weiter, wo, wie ich glaube, aus irgendwelchen Gründen der Hitzestrahl gebraucht worden sein musste. In einem Garten in Roehampton fand ich genug unreife Kartoffeln, um meinen Hunger zu stillen. Von diesem Garten aus konnte man auf Putney und den Fluss hinuntersehen. In der Dämmerung bot dieser Ort ein Bild trostlosester Verwüstung: geschwärzte Bäume, geschwärzte, traurige Ruinen, und hügelabwärts die weiten Flächen des aus den Ufern getretenen Wassers, dass vom Marskraut rot gefärbt wurde. Über allem – die große Stille. Ein unbeschreibliches Entsetzen kam über mich, als ich dachte, wie schnell diese trostlose Veränderung hereingebrochen war. Eine Zeit lang glaubte ich, dass die Menschheit einfach ausgerottet und ich ganz allein übrig geblieben wäre, der letzte lebende Mensch. Dicht am Gipfel des Putney Hill stieß ich wieder auf ein Gerippe, dessen Arme abgetrennt waren und einige Yards vom Körper entfernt lagen.

Während ich weiterging, nahm meine Überzeugung zu, dass die Ausrottung der Menschheit, von einigen Verirrten wie mir abgesehen, in diesem Teil der Welt bereits eine vollendete Tatsache war. Ich vermutete, dass die Marsleute fortgegangen wären, das Land hinter sich verwüstet hätten und jetzt irgendwo anders nach Nahrung suchten. Vielleicht waren sie eben daran, Berlin oder Paris zu zerstören, vielleicht hatten sie sich auch nach Norden gewandt.

7

Der Mann auf dem Purney Hill

Ich verbrachte diese Nacht in einem Gasthof auf dem Putney Hill. Seit meiner Flucht nach Leatherhead war es das erste Mal, dass ich in einem gemachten Bett lag. Ich will mich nicht mit der Beschreibung aufhalten, wie viel unnötige Mühe ich hatte, um ins Haus einzudringen – später fand ich, dass das Tor nicht verschlossen war – noch damit, wie ich jeden Raum nach Lebensmitteln durchstöberte, bis ich endlich in höchster Verzweiflung in einem Raum, den ich für ein Dienstbotenzimmer hielt, eine rattenzernagte Brotkruste und zwei Büchsen mit Ananas fand. Das Haus war offenbar schon durchsucht und ausgeplündert worden. In der Gaststube entdeckte ich später noch etwas Zwieback und Butterbrötchen, die übersehen worden waren. Diese konnte ich nicht mehr genießen, jene aber stillten nicht nur meinen Hunger, sondern füllten auch meine Taschen. Ich machte kein Licht, da ich fürchtete, ein Marsmensch könne in der Nacht diesen Teil Londons nach Nahrung durchsuchen. Ehe ich zu Bett ging, lief ich unruhig von einem Fenster zum anderen, um nach einem Anzeichen jener Ungeheuer Ausschau zu halten. Ich schlief wenig. Als ich im Bett lag, verfiel ich in tiefes Nachdenken – was seit meinen Auseinandersetzungen mit dem Kuraten nicht mehr der Fall gewesen war.

Während der ganzen Zwischenzeit war meine geistige Verfassung in einem hastigen Wechsel von unbestimmten Gefühlszuständen oder in einer Art stumpfer Aufnahmefähigkeit. In dieser Nacht gewann mein Hirn, durch die Nahrung vermutlich gekräftigt, wieder seine frühere Klarheit zurück, und ich konnte wieder denken.

Drei Dinge waren gleichzeitig zu bedenken: die Tötung des Kuraten, der Aufenthaltsort und die Tätigkeit der Marsleute und das Schicksal meiner Frau. Das erste rief in mir kein Gefühl von Entsetzen oder Reue hervor. Ich nahm es einfach als eine Tatsache hin, als eine unsäglich peinliche Erinnerung, aber völlig ohne die Merkmale der Reue. Ich beurteilte mich damals, wie ich mich jetzt beurteile. Ich wurde Schritt für Schritt zu jener schnellen Tat getrieben, dem unvermeidlichen Resultat einer Reihe von Zufällen. Ich fand mich nicht verdammenswert. Dennoch lastete die Erinnerung daran auf mir, stetig, unverrückbar. In der nächtlichen Stille, mit jenem Gefühl der Nähe zu Gott, das einen manchmal in der Stille und in der Dunkelheit überkommt, bestand ich mein Verhör, mein einziges Verhör wegen jenes Augenblickes der Wut und der Angst. Ich rief mir jedes Wort unserer Unterredung ins Gedächtnis zurück.

Von jenem Augenblick an, als ich ihn zusammengekauert neben mir fand, als er, meines Durstes nicht achtend, nach dem Feuer und dem Rauch wies, der aus den Trümmern von Weybridge aufstieg, waren wir zur Zusammenarbeit unfähig gewesen – der grimmige Zufall aber hatte sich nicht darum gekümmert. Hätte ich in die Zukunft blicken können, hätte ich ihn in Halliford gelassen! Aber ich konnte nicht vorhersehen, was kam. Verbrechen aber ist, vorhersehen und doch tun. Und ich schreibe das nieder, wie ich diese ganze Geschichte niedergeschrieben habe, so wie sie war. Ich hatte keine Zeugen – ich hätte alle diese Dinge verheimlichen können. Aber ich schreibe sie nieder, und jeder Leser mag sich nach seinem Gutdünken sein Urteil bilden.

Als ich mich aufraffte, um das Bild jenes hingestreckten Körpers beiseite zu schieben, sah ich mich wieder vor den Fragen nach den Marsleuten und dem Schicksal meiner Frau. Für beides hatte ich keine Anhaltspunkte. Ich konnte mir hundert verschiedene Vorstellungen machen, sowohl über die Marsleute als auch, unselig genug, über meine Frau.

Und plötzlich wurde mir diese Nacht zu einer Nacht des Schreckens. Ich fand mich aufrecht in meinem Bett und starrte in die Finsternis hinein. Ich hörte mich beten, dass der Hitzestrahl sie wenigstens unvermutet und schmerzlos aus diesem Leben nehme. Seit jener Nacht meiner Rückkehr aus Leatherhead hatte ich nicht mehr gebetet. Ich hatte Stoßgebete gestammelt, Fetischgebete, hatte gebetet, wie Heiden Beschwörungszauberformeln murmeln, als ich in äußerster Gefahr schwebte. Jetzt aber betete ich wirklich, inbrünstig und bei voller Besinnung, flehte von Angesicht zu Angesicht in der Dunkelheit Gottes. Seltsame Nacht! Am seltsamsten darin war, dass, sobald der Tag herangraute, ich, der mit Gott gesprochen hatte, aus dem Haus schlich wie eine Ratte, die ihr Versteck verlässt – ein Geschöpf, kaum größer als sie, ein niedriges Tier, ein Ding, das die flüchtige Laune unserer Meister jagen und töten konnte. Vielleicht beteten auch jene vertrauensvoll zu Gott. Wahrlich, wenn wir nichts anderes gelernt haben, dieser Krieg hat uns Erbarmen gelehrt, Erbarmen mit jenen vernunftlosen Geschöpfen, die unter unserer Herrschaft leiden.

Der Morgen war hell und schön. Der östliche Himmel glühte rosenrot und war mit kleinen goldenen Wolken übersät. Auf der Straße, die vom Putney Hill nach Wimbledon führt, sah ich zahlreiche jammervolle Spuren jenes Sturmes von Angst, der in der Sonntagnacht nach Beginn des Krieges in Richtung London gebraust war. Ich sah einen kleinen zweirädrigen Karren, auf dem der Name »Thomas Lobb, Grünzeughändler, New Malden« stand, mit einem zertrümmerten Rad und einem im Stich gelassenen Blechkoffer. Dann sah ich einen Strohhut, der in den schon hart gewordenen Straßenschmutz hineingestampft worden war, und auf der Spitze des West Hill blutbeschmierte Glasscherben neben dem umgestürzten Wassertrog.

Ich ging nur langsam weiter. Meine Pläne waren völlig unklar. Ich hatte die etwas unbestimmte Absicht, nach Leatherhead zu gehen, obwohl ich wusste, dass ich gerade dort am wenigsten hoffen konnte, meine Frau wiederzufinden. Wenn nicht der Tod sie dort unversehens ereilt hatte, waren meine

Verwandten gewiss schon längst mit ihr geflohen. Aber ich redete mir ein, dass ich dort wenigstens sehen oder erfahren könnte, wohin die Bevölkerung von Surrey geflohen sei. Ich wusste, dass ich meine Frau wiederfinden wollte, dass ich eine schmerzliche Sehnsucht nach ihr und nach Menschen empfand, aber ich hatte keine klare Vorstellung, wie ich es anfangen sollte, sie zu finden. Auch meiner trostlosen Vereinsamung war ich mir jetzt deutlich bewusst. Unter dem Schutz eines Dickichts von Bäumen und Buschwerk kam ich allmählich an den Rand der Gemeindewiese von Wimbledon, die sich nun weit vor mir erstreckte.

Diese dunkle Fläche war stellenweise von gelben Ginstersträuchern erhellt. Das rote Gewächs war nirgends zu sehen. Als ich zögernd am Rande dieser freien Stelle hinschlich, ging die Sonne auf. Nun flutete alles vor Licht und Leben. Ich stieß auf ein geschäftiges Volk kleiner Frösche, die auf einem sumpfigen Platz unter den Bäumen umhersprangen. Ich stand still, um sie zu betrachten, und nahm mir ein Beispiel an ihrem kräftigen Entschluss zu leben. Gleich darauf, als ich mit dem sonderbaren Gefühl, beobachtet zu werden, mich plötzlich umdrehte, sah ich etwas in einem Gestrüpp zusammengekauert liegen. Ich stand still und betrachtete es. Dann machte ich einen Schritt darauf zu und es erhob sich ein mit einer Axt bewaffneter Mann. Langsam näherte ich mich ihm. Er stand schweigend und reglos da und sah mich an.

Als ich nähertrat, bemerkte ich, dass seine Kleider ebenso staubbedeckt und schmutzig waren wie die meinen. Er sah tatsächlich aus, als wäre er durch eine Gosse geschleift worden. Näherkommend konnte ich den grünen Schlamm von Pfützen unterscheiden, der sich mit dem Hellbraun von getrocknetem Lehm und glänzenden Kohlenflecken vermengte. Sein schwarzes Haar fiel über seine Augen, und sein Gesicht war dunkel und schmutzig und eingesunken, sodass ich ihn anfangs nicht wiedererkennen konnte. Ich bemerkte eine rote Narbe, die quer über den unteren Teil seines Gesichtes lief.

»Halt!«, rief er, als ich ihm auf zehn Yards nahekam. Ich blieb stehen. Seine Stimme war heiser.

»Woher kommen Sie?«, fragte er.

Ich überlegte, während ich ihn mir näher ansah.

»Ich komme von Mortlake«, sagte ich. »Ich lag neben der Grube, die die Marsleute um ihren Zylinder machten, begraben. Ich habe mich herausgearbeitet und bin entkommen.«

»Hier ist keine Nahrung zu finden«, sagte er. »Das ist mein Land. Alles, von diesem Hügel bis hinab zum Fluss, und zurück nach Clapham, und aufwärts bis zum Rand der Weide. Nur für einen gibt's hier Nahrung. Welchen Weg werden Sie einschlagen?«

Ich antwortete zögernd. »Ich weiß es nicht«, sagte ich. »Ich lag in den Trümmern eines Hauses dreizehn oder vierzehn Tage lang vergraben. Ich weiß nicht, was inzwischen geschehen ist.«

Er sah mich zweifelnd an, dann stutzte er und blickte mich mit verändertem Ausdruck an.

»Ich habe nicht die Absicht, in dieser Gegend zu bleiben«, sagte ich. »Ich denke, ich werde nach Leatherhead gehen, um meine Frau zu suchen.«

Er wies hastig mit dem Finger nach mir.

»Sie sind es?«, rief er. »Der Mann aus Woking! Und Sie wurden nicht getötet in Weybridge?«

Im selben Augenblick erkannte ich ihn.

»Sie sind der Artillerist, der in meinen Garten kam!«

»Das nenne ich Glück!«, rief er. »Wir sind ja Glückspilze! Nein, dass Sie es sind!«

Er streckte seine Hand aus, und ich ergriff sie.

»Ich bin damals einen Wassergraben hinaufgekrochen«, fuhr er fort. »Aber sie haben nicht alle umgebracht. Und als sie wieder weg waren, kroch ich heraus, nach Walton, über die Felder. Aber – es sind noch keine sechzehn Tage her – und Ihr Haar ist grau!« Er sah plötzlich über seine Schulter. »Nur eine Dohle«, sagte er. »Man erfährt in Zeiten wie diesen, dass auch Vögel Schatten haben. Aber hier ist es ein wenig offen. Kriechen wir in jenes Gebüsch und erzählen wir uns unsere Erlebnisse.«

»Haben Sie etwas von den Marsleuten gesehen?«, fragte ich. »Seit ich herauskroch …«

»Die sind jetzt über London hinweggezogen«, erwiderte er. »Ich denke, sie haben dort ein größeres Lager aufgeschlagen. Am Abend ist dort drüben, bei Hampstead, der ganze Himmel hell von ihren Lichtern. Es ist wie eine große Stadt, und im Schein kann man noch ganz deutlich ihre Bewegungen sehen. Aber nicht bei Tag. Aber in der Nähe – habe ich sie nicht gesehen …« Er zählte an seinen Fingern. »Fünf Tage. Da sah ich zwei von ihnen durch Hammersmith gehen und etwas Schweres schleppen. Und vorgestern Nacht« – er hielt inne, um in wichtigem tonfall fortzufahren – »es waren freilich nur Lichter, aber es war etwas oben in der Luft. Ich glaube, sie haben eine Flugmaschine gebaut und lernen jetzt fliegen.«

Ich machte halt, mit Händen und Knien auf dem Boden, denn wir hatten das Gebüsch erreicht. »Fliegen?«

»Ja«, sagte er, »fliegen.«

Ich kroch in einen kleinen Laubverschlag und setzte mich nieder.

»Dann ist es mit der Menschheit aus und vorbei«, sagte ich. »Wenn sie das können, dann werden sie ganz einfach um die ganze Welt gehen …«

Er nickte. »Das werden sie auch. Aber – währenddessen können wir hier ein wenig Atem schöpfen …« Er sah mich an. »Können Sie sich denn nicht damit abfinden, dass es mit der Menschheit vorbei ist? Ich bin's. Wir sind unterlegen. Wir sind geschlagen.«

Ich stutzte. So seltsam es scheinen mag, ich war noch nicht zu diesem Schluss gekommen, einem Schluss, der mir vollkommen einleuchtete, sobald er ihn aussprach. Ich hatte noch immer leise zu hoffen gewagt. Genauer, ich hatte eine lebenslange Überzeugung behalten.

Er wiederholte seine Worte. »Wir sind geschlagen.« Das war seine unverrückbare Überzeugung. »Es ist alles vorbei«, sagte er. »Sie haben einen verloren – nicht mehr als einen. Und sie haben festen Fuß gefasst und die größte Macht der Welt zum Krüppel geschlagen. Sie sind über uns hinweggezogen. Der Tod dieses einen bei Weybridge war ein Zufall. Und dazu sind diese da nur die Vorhut. Ununterbrochen kommen immer mehr. Diese grünen Sterne – ich habe jetzt wohl fünf oder sechs Tage lang keinen gesehen, aber ich zweifle nicht daran, dass sie jede Nacht irgendwo niederfallen. Da ist nichts zu machen. Wir liegen am Boden! Wir sind geschlagen!«

Ich gab ihm keine Antwort. Ich saß da und starrte vor mich hin, indem ich vergebens versuchte, ihn zu widerlegen.

»Das ist ja kein Krieg«, sagte der Artillerist. »Ist nie ein Krieg gewesen, ebenso wenig, wie es zwischen Menschen und Ameisen einen Krieg gibt.«

Plötzlich erinnerte ich mich an die Nacht auf der Sternwarte. »Nach dem zehnten Schuss feuerten sie keinen mehr ab – wenigstens nicht, bis der erste Zylinder kam.«

»Woher wissen Sie das?«, fragte der Artillerist. Ich erklärte es ihm. Er dachte nach.

»Mag sein, dass mit dem Geschütz etwas nicht ganz in Ordnung ist«, sagte er. »Aber wenn es sich auch so verhält, haben sie das schon längst wieder zurecht gekriegt. Und selbst wenn es länger dauern sollte, an der Sache wird nichts geändert. Menschen und Ameisen, sage ich Ihnen. Da haben Sie die Ameisen, die bauen ihre Städte, leben ihr kleines Leben, führen Krieg, machen Revolutionen, bis der Mensch sie aus dem Weg räumen will. Und dann gehen sie eben aus dem Weg. So geht es uns jetzt – uns Ameisen. Nur …«

»Ja?«, fragte ich.

»Wir sind Ameisen, die man verspeisen kann.«

Wir sahen uns in die Augen.

»Und was werden sie mit uns anfangen?«, fragte ich.

»Darüber habe ich ja immer nachgedacht«, erwiderte er, »darüber habe ich immer nachgedacht. Nach Weybridge ging ich nach Süden – und dachte nach. Ich sah, was los war. Die meisten Menschen waren eifrig bemüht, sich aufzuregen und zu quietschen. Ich aber bin kein Freund vom Quietschen. Ich bin schon ein oder zwei Mal dem Tod entronnen. Ich bin kein

Ziersoldat. Im besten und schlimmsten Fall: Tod ist eben Tod. Und der Mann, der beharrlich nachdenkt, kommt überall durch. Ich sah, wie jedermann nach Süden drängte. Da sagte ich mir: ›Hier wird man über kurz oder lang nichts mehr zu essen bekommen.‹ Und so machte ich stracks kehrt. Ich ging den Marsleuten nach, wie die Spatzen den Menschen nachgehen. Rings um uns herum« – er fuhr mit seiner Hand den Horizont entlang – »hungern sie in Haufen, reißen sie aus und treten aufeinander herum.«

Er sah mein Gesicht und hielt betreten inne.

»Ohne Zweifel sind Massen von Leuten, die Geld hatten, nach Frankreich geflohen«, sagte er. Er schien zu zögern, ob er sich entschuldigen solle, begegnete meinen Augen und fuhr fort: »Hier gibt es genug zu essen. Gepökelte Waren in den Läden. Wein, Schnaps, Mineralwasser. Aber die Wasserbehälter und Röhren sind leer. Doch ich wollte Ihnen sagen, worüber ich nachdachte. Es sind intelligente Geschöpfe, sagte ich mir, und es scheint, dass sie uns als Nahrung brauchen. Zuerst werden sie uns zerschmettern – Schiffe, Maschinen, Waffen, Städte, jede Ordnung, jede Vereinigung. Alles das wird verschwinden. Hätten wir die Größe von Ameisen, dann könnten wir davonkommen. Aber wir haben sie nicht. Wir sind viel zu groß und zu plump. Das ist die erste Gewissheit. Was?«

Ich bejahte.

»So ist es. Ich habe nachgedacht. Also gut. Was kommt dann? Zuerst werden wir gefangen, weil man uns nötig hat. Ein Marsmensch braucht nur ein paar Meilen zu gehen, um einen fliehenden Haufen zu kriegen. Und ich habe einen gesehen, eines Tages draußen bei Wandsworth, der Häuser in Stücke schlug und dann in den Trümmern umherstöberte. Dabei wird es aber nicht bleiben. Sobald sie mit unseren Geschützen und Schiffen aufgeräumt und unsere Eisenbahnen zerschmettert haben, und mit allem, was sie dort drüben tun, fertig geworden sind, dann werden sie anfangen, uns systematisch zu fangen, die Besten von uns auszusuchen und uns in Käfigen und ähnlichen Dingen aufzubewahren. Damit, verlassen Sie sich drauf, werden sie in kurzer Zeit beginnen. Mein Gott, sie haben ja noch gar nicht mit uns angefangen. Sehen Sie denn das nicht ein?«

»Noch nicht angefangen!«, rief ich.

»Noch nicht angefangen«, sagte er. »Alles, was bisher geschehen ist, ist geschehen, weil wir nicht vernünftig genug waren, stillzuhalten, und sie mit Kanonen und ähnlichen Narrheiten geärgert haben. Weil wir unseren Kopf verloren haben und rudelweise dorthin stürzten, wo wir nicht um ein Haar sicherer waren, als dort, wo wir zuerst waren. Sie wollen uns ja nicht behelligen. Sie bringen einfach ihre Angelegenheiten in Ordnung – stellen alles her, was sie nicht mitbringen konnten, und bereiten nur alles für die Übersiedlung ihres Volkes vor. Es ist sehr gut möglich, dass die Zylinder nur deshalb für einige Zeit ausgeblieben sind, weil sie Furcht hatten, die zu treffen, die schon hier sind. Und statt blindlings umherzurasen und Dynamit zu sammeln, als könnte man sie in die Luft blasen, täten wir viel besser daran, uns aufzuraffen und uns nach dem neuen Stand der Dinge einzurichten. So lege ich mir's zurecht. Es ist freilich nicht der Zustand, den der Mensch sich für seine Gattung wünscht, aber es ist der Zustand, auf den die Tatsachen hinweisen. Und es ist der Grundsatz, nach dem ich zu handeln gedenke. Städte, Völker, Gesinnung, Fortschritt – damit ist es vorbei. Das Spiel ist ausgespielt. Wir sind geschlagen.«

»Aber, wenn es so ist, wozu sollen wir dann noch leben?«

Der Artillerist sah mich einen Augenblick an.

»Du lieber Himmel, Konzerte wird es freilich für eine Million Jahre oder so keine mehr geben. Und Bilderausstellungen und kleine nette Mahlzeiten in Restaurants auch nicht. Wenn Sie es aufs Vergnügen abgesehen haben, dann, glaube ich, ist das Spiel aus. Wenn Sie feine Manieren haben oder sich entsetzen, wenn einer seine Birnen mit dem Messer isst oder nicht so spricht, wie's in der Grammatik steht, dann geht's freilich nicht. Solche Dinge werden Sie in Zukunft nicht mehr brauchen.«

»Sie meinen …«

»Ich meine, dass Männer wie ich fortleben sollen – der Fortpflanzung wegen. Ich sage Ihnen, ich bin fest entschlossen weiterzuleben. Und, wenn mich nicht alles trügt, werden auch Sie zeigen müssen, was Sie wert sind, und zwar in kurzer Zeit. Wir lassen uns nicht ausrotten. Und ich habe weder die Absicht, mich fangen zu lassen, noch gezähmt und gemästet und gezüchtet zu werden wie ein fetter Ochse. Pfui! Denken Sie bloß an diese braunen Kriecher!«

»Sie wollen doch nicht sagen …«

»Ja, das will ich. Ich will weiterleben. Zu ihren Füßen. Ich habe mir schon den Plan gemacht. Ich habe alles ausgeheckt. Wir Menschen sind geschlagen. Wir wissen noch nicht genug. Wir haben noch tüchtig zu lernen, ehe die Reihe an uns kommt. Und wir haben zu leben und unabhängig zu sein, solange wir noch lernen. Verstehen Sie? Das ist jetzt an der Reihe.«

Ich starrte ihn an, verblüfft und tief bewegt von der Entschlossenheit dieses Mannes.

»Großer Gott!«, rief ich. »Sie sind in der Tat ein Mann.« Und ganz unvermittelt ergriff ich seine Hand.

»Nun?«, sagte er mit leuchtenden Augen. »Habe ich nicht nachgedacht?«

»Fahren Sie fort«, sagte ich.

»Gut also. Wer sich nicht fangen lassen will, muss sich bereit machen. Ich mache mich bereit. Passen Sie auf: Nicht alle unter uns sind für die wilden Tiere gemacht. Darauf kommt es an. Ich hatte meine Zweifel. Sie sind dünn und schlank. Wissen Sie, ich wusste ja nicht, dass Sie es waren, noch dass Sie so lange begraben lagen. Aber alle diese Leute – diese Gattung Menschen, die in diesen Häusern lebten und alle jene albernen kleinen Ladenschwengel, die dort bergab lebten – mit denen wird nichts anzufangen sein. Die haben den rechten Geist nicht in sich – keine stolzen Träume und keine stolzen Gelüste. Ein Mensch, der nicht das eine oder das andere hat – Herrgott! – was ist er anderes als ein Jammerhering? Sie kennen nichts anderes, als sich zu ihrer Arbeit zu trollen. Ich habe Hunderte von ihnen gesehen. Ihr bisschen Frühstück in der Hand, schwitzen sie und keuchen sie, um ihren kleinen Saisonbillettzug zu erwischen, aus Furcht, entlassen zu werden, wenn sie zu spät kommen. Dann arbeiten sie in ihrem Beruf, der sie nicht interessiert. Dann trollen sie sich wieder eilends heim, aus Furcht, nicht rechtzeitig beim Abendtisch zu sein. Nach Tisch bleiben sie fein zu Hause, aus Angst vor den Hintergassen. Dann schlafen sie mit den Weibern, die sie geheiratet haben, nicht weil sie sie gern hatten, sondern weil diese Weiber ein Stück Geld hatten, das ihrem jämmerlichen Durch-das-Leben-Keuchen einen kleinen Rückhalt bot.

Sie haben ihr Leben versichert und ein bisschen zurückgelegt aus Angst vor möglichen Unfällen. Und an Sonntagen – Angst vor dem Jenseits. Als ob die Hölle für Kaninchen gebaut worden wäre.

Nun, für diese Leute sind die Marsleute eine wahre Gottesgabe. Saubere geräumige Käfige, Mastfutter, sorgfältige Züchtung, keine Plage. Nachdem sie eine Woche oder so mit leerem Magen durch Felder und Heiden gejagt sind, werden sie kommen und sich mit Vergnügen fangen lassen.

Nach kurzer Zeit werden sie ganz fröhlich sein. Sie werden sich verwundert fragen, was denn die Leute früher taten, als es noch keine Marsleute gab, die für sie sorgten. Und die Kneipenhelden und die Pflastertreter und die Sänger – die kann ich mir ordentlich vorstellen. Die kann ich mir vorstellen«, sagte er mit einer Art düsterer Genugtuung. »Alle Art von Gefühlsduselei und Glauben wird dann massenhaft frei werden. Es gibt hundert Dinge, die ich mit diesen meinen Augen gesehen habe und die ich erst in diesen letzten paar Tagen zu verstehen begonnen habe.

Da wird es Massen geben, die, fett und dumm, die Dinge nehmen werden, wie sie sind. Und wieder andere Massen, die irgendwie gequält sein werden, dass nichts mit rechten Dingen zugeht und dass sie etwas dagegen tun sollten. Nun aber, sobald die Dinge so stehen, dass eine Menge von Leuten das Gefühl hat, etwas tun zu müssen, dann werfen sich die Schwachen und jene, die vor lauter verwickeltem Denken schwach werden, einer Religion des Nichtstuns in die Arme, die sehr fromm und erhaben ist und sich jeder Verfolgung als dem Willen des Herrn unterwirft. Sehr wahrscheinlich haben Sie ganz dasselbe beobachtet. Das ist die Energie der feigen Angst, die jetzt zum Vorschein kommen wird.

Diese Käfige werden von Psalmen und Lobgesängen und Frömmigkeit erfüllt sein. Und die Leute von weniger einfacher Gesinnung werden sich einem – wie sagt man? – Sinnlichkeitskult hingeben.«

Er machte eine Pause.

»Es ist gut möglich, dass die Marsleute einige Lieblinge unter ihnen haben werden, sie in ihren Schlichen und Kniffen unterweisen und – wer weiß? – vielleicht sentimental werden wegen des Lieblingsknaben, der aufwuchs und getötet werden musste. Und es mag sein, dass sie einige auch abrichten werden, auf uns andere Jagd zu machen.«

»Nein«, rief ich, »das ist unmöglich! Kein menschliches Wesen …«

»Was nützt es denn, heute noch solche Lügen aufrechtzuerhalten?«, sagte der Artillerist. »Es gibt Menschen, die das mit Vergnügen tun werden. Ein Unsinn, zu behaupten, solche Menschen gebe es nicht!«

Und ich erlag seiner Überzeugung.

»Wenn die mir in die Nähe kommen «, sagte er, »Herrgott! Wenn die mir in die Nähe kommen!« und er verfiel in eine Art grimmigen Brütens.

Ich saß da und dachte über all diese Dinge nach. Und es fiel mir nichts ein, womit ich den Gedankengang dieses Mannes hätte widerlegen können. In den Tagen vor dem Einbruch der Marsleute hätte wohl niemand meine geistige Überlegenheit in Frage gestellt – ich, ein erfahrener und anerkannter Schriftsteller philosophischer Werke, und er, ein gemeiner Soldat – und dennoch hatte er unsere Lage schon beschrieben, während ich sie mir kaum noch vorstellte.

»Und was wollen Sie tun?«, fragte ich nach einiger Zeit. »Was für Pläne haben Sie?«

Er zögerte.

»Nun, ich denke mir das etwa so«, sagte er. »Was haben wir zu tun? Wir müssen uns eine Art Leben ausdenken, in dem die Menschen leben und sich vermehren können und genügend Sicherheit haben, ihre Kinder aufzuziehen. Warten Sie ein wenig, ich werde Ihnen, was nach meiner Meinung geschehen muss, klarer machen. Die Zahmen werden gedeihen wie alle zahmen Tiere. Nach einigen Geschlechtern werden sie dick, schön, vollblütig, dumm sein – mit einem Wort: Schund! Es besteht nur die Gefahr, dass wir, die Wilden, mit der Zeit verwildern – und entarten zu einer Art großer, wilder Ratten ... Sie sehen schon, wie unser Leben sein wird: unterirdisch. Ich habe dabei an die Abwasserkanäle gedacht. Natürlich, wer diese Kanäle nicht kennt, stellt sie sich nur als etwas Scheußliches vor. Aber unter diesem London gibt es Meilen und Meilen – Hunderte von Meilen – solcher Kanäle. Und wenn es ein paar Tage regnet und London entvölkert ist, sind sie rein und angenehm.

Die Hauptkanäle sind groß und luftig genug für alle. Dann haben wir Keller, Gewölbe, Vorratsräume, von denen Notausgänge in die Kanäle hergestellt werden können. Und dann die Eisenbahntunnel und Untergrundbahnen. Was? Sie fangen an zu begreifen? Und wir bilden eine Gruppe, Männer mit starkem Körper und klarem Kopf. Wir werden nicht jeden Abfall, der uns zutreibt, auflesen. Schwächlinge müssen wieder hinaus.«

»So wie Sie mich wegstoßen wollten?«

»Oh, ich verhandelte doch mit Ihnen? Oder nicht?«

»Nun, wir wollen darüber nicht streiten. Aber fahren Sie fort, bitte.«

»Wer bleibt, muss gehorchen. Weiber mit starkem Körper und klarem Kopf brauchen wir nicht weniger als Mütter und Lehrerinnen. Keine schmachtenden Püppchen, keine albernen Augenverdreherinnen. Schwache und Dämliche können wir nicht brauchen. Das Leben wird ernst sein. Die Nutzlosen und Lästigen und Böswilligen müssen sterben. Sie haben einfach zu sterben. Sie müssen einsehen, dass sie zu sterben haben. Es ist eine Art von Hochverrat, dann noch zu leben und die Ras-

se zu verschlechtern. Und sie können auch nie glücklich sein. Zudem, Sterben ist nicht so schrecklich – es ist nur die Angst, die es so schlimm macht.

Und an allen jenen Orten werden wir uns versammeln. Unser Sammelplatz wird London sein. Und vielleicht werden wir sogar imstande sein, Wachen aufzustellen und im Freien umherzulaufen, wenn die Marsleute fern sind. Vielleicht Cricket spielen. Auf die Weise werden wir die Rasse erhalten. Was? Aber mit dem Erhalten der Rasse ist noch nichts getan. Wie ich sage, das heißt nur Ratten züchten. Unsere Kenntnisse zu erhalten und zu vermehren, darauf kommt es an. Da müssen Männer wie Sie her. Da gibt's Bücher, da gibt's Modelle. Wir müssen große, sichere Räume tief drunten errichten und so viele Bücher suchen, wie wir können. Nicht Romane und erdichtetes Gewäsch, sondern Gedanken, wissenschaftliche Bücher. Da wird es Zeit für Männer wie Sie. Wir müssen ins Britische Museum gehen und alle die Bücher dort durchforschen. Besonders aber müssen wir unsere Kenntnisse auf der Höhe erhalten und mehr dazulernen. Wir müssen diese Marsleute beobachten. Einige von uns werden spionieren müssen. Wenn einmal alles eingerichtet sein wird, werde ich es vielleicht tun.

Und die Hauptsache ist, dass wir die Marsleute ungeschoren lassen müssen. Wir dürfen nicht einmal stehlen. Wenn sie uns in die Nähe kommen, müssen wir uns davonmachen. Wir müssen ihnen zeigen, dass wir nichts Böses im Schilde führen. Ja, ich weiß. Aber sie sind ja sehr kluge Geschöpfe, und sie werden uns nicht zu Tode jagen, wenn sie alles haben, was sie brauchen, und glauben, dass wir nur harmloses Gewürm sind.«

Der Artillerist hielt inne und legte seine gebräunte Hand auf meinen Arm.

»Schließlich ist es vielleicht gar nicht so viel, was wir noch zu lernen haben. Stellen Sie sich nur einmal vor, vier oder fünf ihrer Kriegsmaschinen gingen mit einmal los – Hitzestrahlen rechts und links, aber kein Marsmensch in ihnen. Kein Marsmensch in ihnen, sondern Menschen – Menschen, die gelernt haben, wie man's macht. Vielleicht erlebe ich das noch. Stellen

Sie sich das doch bloß vor, eins von diesen tollen Dingern zu haben, mit dem Hitzestrahl weit und frei! Stellen Sie sich das doch vor: damit umgehen zu können! Was läge denn daran, nach einem solchen Lauf, nach einem solchen Hochgenuss in Staub zermalmt zu werden? Ich denke, die Marsleute werden ihre schönen Augen aufreißen! Sehen Sie sie nicht, Mann? Sehen Sie nicht, wie sie hin- und herlaufen, wie sie um ihre anderen mechanischen Geschichten blasen und pfeifen und tuten werden? Aus dem Häuschen werden sie auf alle Fälle sein. Und huitt, bum, bum, huitt! Gerade dann, wenn sie umherschweifen, huitt, kommt der Hitzestrahl, und sehen Sie! Der Mensch hat wieder, was ihm gehört.«

Lange Zeit beherrschten die kühne Einbildungskraft des Artilleristen und der sichere Ton und der Mut, mit dem er seine Pläne vorbrachte, vollständig meine Gedanken. Ich setzte sowohl in seine Prophezeiung der menschlichen Bestimmung wie in die Ausführbarkeit seiner erstaunlichen Pläne unbedingten Glauben. Und der Leser, der mich für leichtgläubig und einfältig hält, muss sich nur den Gegensatz zwischen seiner und meiner Lage vor Augen halten. Er liest alles nach und nach und hat Muße, über alles reiflich nachzudenken, ich aber kauerte in furchtbarer Lage in einem Gebüsch und hörte zu, nicht selten von Angstvorstellungen verwirrt. Wir sprachen in dieser Art während der frühen Morgenstunden und krochen dann aus dem Gebüsch heraus. Nachdem wir uns vorsichtig nach Anzeichen der Marsleute umgesehen hatten, stürzten wir Hals über Kopf zu dem Haus auf dem Putney Hill, in dem er sich seine Höhle bereitet hatte.

Es war der Kohlenkeller. Als ich das Werk sah, für das er eine volle Woche verwendet hatte – eine kaum zehn Yards tiefe Aushöhlung, durch die er den Hauptkanal des Putney Hill erreichen wollte – da dämmerte mir zum ersten Mal, welche Kluft zwischen seinen Träumen und seinen Kräften gähnte. Ein solches Loch hätte ich an einem einzigen Tag gegraben. Aber mein Vertrauen zu ihm war stark genug, um ihm den ganzen Morgen bis kurz nach Mittag bei seinem Graben zu helfen. Wir hatten einen Gartenschubkarren und schütteten die Erde gegen den Küchenherd. Dann stärkten wir uns mit einer falschen Schildkrötensuppe und mit etwas Wein aus der nahe gelegenen Speisekammer.

In dieser unentwegten Arbeit fand ich eine seltsame Erholung von meinen qualvollen Erlebnissen. Während wir arbeiteten, beschäftigten sich meine Gedanken mit den Plänen des Mannes, und bald genug stiegen Einwände und Zweifel in mir auf. Ich setzte aber die Arbeit den ganzen Vormittag fort, so froh war ich, wieder ein Ziel zu haben. Nachdem ich wieder eine Stunde gegraben hatte, fing ich an, über die Entfernung nachzudenken, die zurückzulegen war, bis der Kanal erreicht werden konnte – und über die Möglichkeit, ihn überhaupt zu verfehlen. Meine unmittelbarste Sorge war, wozu wir eigentlich diesen langen Gang gruben, wenn es möglich war, durch die Abzugslöcher sofort in den Kanal zu kommen und sich dann den Weg zum Haus zurück zu bahnen. Auch kam es mir vor, als sei das Haus unglücklich gewählt worden, da es einen Durchstich von so unnötiger Länge erforderte. Gerade als ich begann, diese Umstände in Erwägung zu ziehen, hörte der Artillerist mit dem Graben auf und blickte mich an.

»Wir arbeiten gut«, sagte er und legte seinen Spaten hin. »Ruhen wir jetzt ein bisschen aus«, sagte er. »Ich glaube, es ist Zeit, dass wir vom Dach aus Ausschau halten.«

Ich war fürs Weiterarbeiten, und nach einigem Zögern griff er wieder nach seinem Spaten. Da erfasste mich ganz plötzlich ein Gedanke. Ich hielt inne, und er folgte sofort meinem Beispiel.

»Warum waren Sie eigentlich auf der Weide draußen, statt hier?«, fragte ich.

»Wegen der frischen Luft«, sagte er. »Ich kehrte gerade zurück. Es ist sicherer bei Nacht.«

»Aber die Arbeit?«

»Oh, man kann nicht immer arbeiten«, sagte er. Und wie in einer plötzlichen Erleuchtung erkannte ich den Mann, wie er war. Er zögerte, den Spaten in der Hand. »Wir sollten jetzt Ausschau halten«, sagte er. »Sie könnten in die Nähe kommen, das Klirren unserer Spaten hören und uns unversehens überfallen.«

Ich hatte keine Lust mehr, ihm zu widersprechen. Wir stiegen beide aufs Dach hinauf und stellten uns auf eine Leiter, von der wir durch die Dachluken spähten. Von den Marsleuten war nichts zu sehen. So wagten wir uns auf die Dachziegel hinaus und glitten unter dem Schutz des Dachvorsprungs hinab.

Von dieser Stelle aus verbarg ein Gebüsch den größeren Teil Putneys, aber wir konnten den Fluss unten sehen, eine gurgelnde Fläche roten Gewächses. Die niedrigen Teile Lambeths waren überschwemmt und blutrot. Die rote Schlingpflanze bedeckte die Bäume, die um das alte Schloss standen, und ihre Zweige dehnten sich morsch und absterbend, von vergilbten Blättern bedeckt, aus den Wucherbüschen hervor. Es war seltsam, wie das Gedeihen der Marspflanzen so völlig vom fließenden Wasser abhängig war. Um uns herum konnte keine Wurzel fassen. Goldregen, roter Hagedorn, Schneeball und eine Gruppe von Lebensbäumen wuchsen aus Lorbeer und Hortensien in leuchtenden Farben und frischem Grün zum Sonnenlicht auf. Hinter Kensington erhob sich ein dichter Qualm, der zusammen mit einem blauen Rauchschleier die nördlichen Hügel einhüllte.

Der Artillerist begann, mir von dem Menschenschlag zu erzählen, der in London zurückgeblieben war.

»In der vorigen Woche«, sagte er, »bemächtigten sich eines Nachts ein paar Narren des elektrischen Lichts, und die ganze Regent Street und der Circus waren taghell beleuchtet und von einer Menge geschminkter und zerlumpter Trunkenbolde, Männer und Weiber, dicht besetzt. Die tanzten und johlten bis zur Morgendämmerung. Ein Mann, der dabei war, hat es mir erzählt. Und als der Tag anbrach, sahen sie eine Kriegsmaschine, die dicht neben ihnen auf dem Langham-Platz stand und auf sie herabsah. Der Himmel weiß, wie lange sie schon dort gestanden hatte. Der Marsmensch, der sie lenkte, fuhr jetzt die Straße hinab auf sie zu und las fast hundert von ihnen

auf. Sie waren zu sinnlos betrunken oder zu entsetzt, um die Flucht zu ergreifen.«

Ein wunderlicher Lichtstrahl auf eine Zeit, die keine Geschichte je völlig beschreiben können wird!

Dann kam der Artillerist, meine Fragen beantwortend, wieder auf seine großartigen Pläne. Er redete sich in eine wahre Begeisterung hinein. Er sprach mit solcher Beredsamkeit von der Möglichkeit, sich einer Kriegsmaschine zu bemächtigen, dass ein guter Teil meines Glaubens an ihn wieder zurückkehrte. Aber da ich jetzt anfing, etwas von dem Wesen des Mannes zu begreifen, erriet ich auch, warum er soviel Wert darauf legte, nichts überstürzt zu tun. Auch bemerkte ich, dass jetzt nicht mehr davon die Rede war, dass er persönlich sich der großen Kriegsmaschine bemächtigen würde.

Nach einiger Zeit gingen wir wieder in den Keller hinunter. Keiner von uns schien Lust zu haben, die Grabearbeit wieder aufzunehmen. Und als er vorschlug, eine Mahlzeit einzunehmen, hatte ich nichts dagegen. Er wurde plötzlich sehr freigebig. Als wir gegessen hatten, ging er hinaus und kehrte mit einigen vorzüglichen Zigarren wieder. Wir steckten sie an, und dabei glühte auch wieder seine hoffnungsvolle Stimmung. Er war geneigt, meine Ankunft als eine großartige Gelegenheit zu einem Fest anzusehen.

»Im Keller gibt's auch etwas Champagner«, sagte er.

»Es ist vielleicht besser, wenn wir bei unserem Burgunder weitergraben«, sagte ich.

»Nein«, meinte er, »heute bin ich der Wirt. Champagner! Großer Gott, die Aufgabe, die vor uns liegt, ist schwer genug. Ruhen wir aus und sammeln wir Kräfte, solange es Zeit ist. Sehen Sie doch diese schwieligen Hände!«

Und da er an seiner Vorstellung, dass es ein Feiertag sei, festhielt, bestand er darauf, dass wir nach dem Essen Karten spielten. Er lehrte mich »Euchre«, das amerikanische Whist, und da wir London schon zwischen uns aufgeteilt hatten – ich nahm die nördliche, er die südliche Seite – spielten wir um Kirchspiele. So albern und närrisch das auch dem nüchternen

Leser scheinen mag, so ist es doch durchaus wahr. Was noch bemerkenswerter ist, ich fand dieses Kartenspiel und noch einige andere, die wir spielten, äußerst anziehend.

Wie seltsam ist doch der Mensch! Wir, deren Gattung am Rande der Vernichtung oder doch vor einer erschreckenden Entartung stand, mit keiner anderen Aussicht vor uns als der Möglichkeit eines grauenhaften Todes, wir konnten nun dasitzen und den Glückslaunen dieser bunten Karten folgen und mit lebhaftem Entzücken unsere Stiche zählen. Dann lehrte mich der Artillerist »Poker«, und ich besiegte ihn in drei zähen Schachpartien. Als die Dunkelheit anbrach, waren wir in einem derartigen Eifer, dass wir uns entschlossen, es auf eine Entdeckung ankommen zu lassen und eine Lampe anzuzünden.

Nach einer endlosen Reihe von Spielen nahmen wir unser Abendbrot ein. Der Artillerist trank den Champagner aus. Wir fuhren fort, Zigarren zu rauchen. Nun war er aber nicht mehr der tatkräftige Erneuerer unserer Gattung, den ich am Morgen in ihm gefunden hatte. Er war zwar immer noch ein Optimist, aber es war kein umstürzender, es war ein bedächtiger Optimismus. Ich erinnere mich, wie er schließlich mit mir anstieß und in einer Rede mit wenig Abwechslung und zahlreichen Pausen auf meine Gesundheit trank. Ich nahm mir eine Zigarre und stieg hinauf, um nach den Lichtern zu sehen, von denen er gesprochen hatte und die so grünlich längs den Hügeln von Highgate leuchten sollten.

Zuerst starrte ich ziemlich geistesabwesend über das Tal von London. Die nördlichen Hügel waren in tiefes Dunkel gehüllt, die Feuer in der Nähe von Kensington schienen rötlich herüber. Hier und da zuckte eine orangefarbene Feuerzunge auf, um in der tiefblauen Nacht gleich wieder zu verschwinden. Das ganze übrige London war schwarz. Nahe dem Hause bemerkte ich jetzt ein seltsames Licht, einen blassen, blauvioletten, schillernden Schein, der in der Nachtluft hin- und herzitterte. Lange Zeit konnte ich ihn mir nicht erklären, bis mir einfiel, dass es das rote Gewächs sein musste, von dem dieser schwache Strahlenglanz ausging. Mit dieser Wahrnehmung erwachte auch wieder mein Gefühl des Staunens, meine Empfindung für das Verhältnis der Dinge. Ich blickte hinauf zum Mars, der rot und klar hoch im Westen glühte. Dann sah ich lange und nachdenklich in die Dunkelheit von Hampstead und Highgate.

Ich blieb sehr lange auf dem Dach und staunte über die wunderlichen Wechselfälle des Tages. Ich erinnerte mich meiner geistigen Verfassung, von dem mitternächtlichen Gebet an bis zu dem albernen Kartenspielen. Etwas in mir sträubte sich heftig. Ich erinnere mich, wie ich in einer Art verschwenderischer Symbolik meine Zigarre wegschleuderte. Meine Narrheit kam mir grell zum Bewusstsein. Ich erschien mir als Verräter an meiner Frau und an meiner Gattung. Ich war erfüllt von Reue. So beschloss ich, diesen sonderbaren, unbeherrschten Träumer großer Dinge seiner Flasche und seinen Gelagen zu überlassen und nach London weiterzugehen. Dort würde ich wohl am ehesten erfahren können, was die Marsleute und meine Mitmenschen jetzt taten. Ich befand mich noch auf dem Dach, als der späte Mond aufging.

8
Das tote London

Nachdem ich mich von dem Artilleristen verabschiedet hatte, ging ich den Hügel hinunter und durch die High Street über die Brücke nach Fulham. Das rote Gewächs war hier besonders üppig und versperrte fast den Weg zur Brücke. Aber seine Zweige waren bereits von der immer weiter um sich greifenden Krankheit, die es so bald und so rasch vernichten sollte, gebleicht.

An der Ecke des Weges, der zur Putney Bridge Station führt, sah ich einen Mann liegen. Der schwarze Staub gab ihm das Aussehen eines Schornsteinfegers. Er lebte, war aber sinn- und hilflos betrunken. Ich brachte nichts aus ihm heraus als Flüche und wütende Stöße gegen meinen Kopf. Ich glaube, dass ich

bei ihm geblieben wäre, hätte der rohe Ausdruck seines Gesichtes mich nicht abgeschreckt.

Auf der Straße, die von der Brücke weiterlief, lag überall der schwarze Staub, der in Fulham noch dichter wurde. Die Straßen waren grauenvoll still. In einem Bäckerladen fand ich etwas zu essen. Das Brot war sauer, hart und schimmelig, aber noch genießbar. Etwas weiter auf Walham Green zu waren die Straßen frei von Pulver. Ich kam an einer lichterloh brennenden Häuserreihe hinter einem terrassenartigen Vorsprung vorüber. Der Lärm des Feuers schien mir geradezu eine Erleichterung. In Richtung Brompton fand ich die Straßen wieder ganz still.

Hier nun stieß ich erneut auf das schwarze Pulver und auf Menschenleichen. Ich sah auf der Fulham Road alles in allem etwa ein Dutzend. Der Tod hatte diese Leute schon vor vielen Tagen ereilt, sodass ich schleunigst an ihnen vorüberging. Das schwarze Pulver bedeckte sie über und über und milderte ihre Züge. Einer oder zwei waren schon von Hunden entstellt worden.

Wo sich kein schwarzes Pulver fand, hatte die Stadt ein merkwürdig sonntägliches Aussehen: die geschlossenen Läden, die festversperrten Häuser, die herabgelassenen Vorhänge, die Verödung, die Stille. In manchen Häusern hatten schon die Plünderer herumgesucht, wenn auch fast nur nach Essbarem und Wein. In einem Haus fand ich das Schaufenster eines Goldschmieds zerbrochen, aber der Dieb war offenbar gestört worden, denn ein Paar goldener Ketten und Uhren lag verstreut auf dem Straßenpflaster. Ich hielt mich nicht auf, die Dinge zu berühren.

Etwas weiter fand ich ein zerlumptes Weib zusammengekauert auf einer Türstufe sitzen, an der Hand, die über ihr Knie herabhing, eine klaffende Wunde und Blut auf dem rostbraunen Kleid. Eine zerbrochene Champagnerflasche bildete eine Lache auf dem Straßenpflaster. Das Weib schien zu schlafen, war aber tot.

Je weiter ich in London vordrang, umso tiefer wurde die Stille. Aber es war nicht so sehr die Stille des Todes – es war die

Stille des Bangens, der Erwartung. Jeden Augenblick konnte die Zerstörung, die schon die Nordwestgrenze der Hauptstadt in Brand gesteckt und Ealing und Kilburn zerstört hatte, auch diese Häuser treffen und sie in einen rauchenden Trümmerhaufen verwandeln. Es war eine zum Tode verurteilte, im Stich gelassene Stadt.

In South Kensington waren weder Leichname noch schwarzes Pulver zu sehen. Es war in der Nähe von South Kensington, als ich das Geheul zum ersten Mal hörte. Es schlich sich fast unmerklich in meine Sinne. Es war ein schluchzender Wechsel zweier Töne: »Ulla, ulla, ulla, ulla«, klang es unaufhörlich.

Als ich durch Straßen kam, die nach Norden führten, schwoll es stark an. Häuser und Mauern schienen es abzuschwächen und endlich zum Schweigen zu bringen. In der Exhibition Road schwoll es zur vollen Kraft an. Ich blieb verwundert stehen, starrte nach den Kensington Gardens und begriff nicht, was dieses ferne Klagegeheul zu bedeuten hatte. Es war, als hätte die gewaltige Häuserwüste eine Stimme für ihre Angst und ihre Einsamkeit gefunden.

»Ulla, ulla, ulla, ulla«, klagte dieser übermenschliche Ton – große Schallwogen brandeten die breiten, sonnenhellen Straßen zwischen den hohen Gebäuden auf beiden Seiten hinab. Staunend wandte ich mich nach Norden zu den eisernen Toren des Hyde Park. Ich überlegte schon, ob ich in das Naturhistorische Museum eindringen und auf die Spitze seines Turmes klettern sollte, um über den Park hinüberzusehen. Aber ich entschloss mich, auf der Straße zu bleiben, wo ich mich im Notfall besser verstecken konnte. So ging ich auf der Exhibition Road weiter. Die großen Mietshäuser auf beiden Seiten der Straße waren leer und still, und meine Schritte hallten zwischen den Mauern.

Am Ende der Straße, in der Nähe des Parkeingangs, bot sich ein seltsamer Anblick – ein umgestürzter Omnibus und das sauber abgenagte Gerippe eines Pferdes. Das machte mich eine Zeit lang stutzig, dann aber ging ich über die Brücke des Serpentine. Die Stimme wurde lauter und lauter, obwohl ich jenseits der Häuserdächer auf der Nordseite des Parkes nichts sehen konnte als einen Rauchschleier im Nordwesten.

»Ulla, ulla, ulla, ulla«, heulte die Stimme, die, wie mir schien, vom Bezirk um den Regent's Park herkam. Der trostlose Schrei lastete mir auf der Seele. Die mutige Stimmung, die mich bisher aufrechterhalten hatte, schwand wieder. Das Klagegeheul wirkte ansteckend. Ich fühlte mich unendlich elend, ermattet und hungrig und durstig.

Es war schon Mittag vorüber. Warum wanderte ich denn allein umher in dieser Stadt des Todes? Warum blieb ich denn allein zurück, jetzt, da ganz London, in schwarzes Leichentuch gehüllt, auf der Bahre lag? Ich fand meine Vereinsamung unerträglich. Ich dachte an alte Freunde, die ich jahrelang vergessen hatte. Ich dachte an die Gifte in den Apotheken, an den Trank, den die Weinhändler vorrätig hatten. Ich dachte an die zwei weinseligen Geschöpfe der Verzweiflung, die, soviel ich wusste, den Besitz der Stadt mit mir teilten.

Ich gelangte durch Marble Arch in die Oxfordstreet. Hier fand ich wieder schwarzes Pulver und Leichen. Ein abscheulicher und verdächtiger Geruch stieg aus den Kellerfenstern einiger Häuser auf.

Die Hitze und mein langer Marsch machten mich sehr durstig. Nach unendlicher Mühe gelang es mir, in eine Schenke einzubrechen, wo ich etwas aß und trank. Nach der spärlichen Mahlzeit wurde ich müde, ging in eine Stube hinter dem Schanktisch und schlief auf einem schwarzen Rosshaarsofa, das ich dort fand, ein.

Ich erwachte, um jenes schauerliche Geheul noch immer in den Ohren klingen zu hören. »Ulla, ulla, ulla, ulla.« Es dämmerte schon. Und nachdem ich einige Zwiebackstücke und etwas Käse im Schankzimmer zusammengerafft hatte – das Fleisch war wohl unberührt, aber es bestand fast nur aus Maden – wanderte ich über die ruhigen Wohnplätze der Baker Street – der Portman Square ist der einzige, den ich mit Namen nennen könnte – und gelangte endlich zum Regent's Park.

Als ich aus der Baker Street heraustrat, sah ich in weiter Ferne jenseits der Bäume im klaren Lichte des Sonnenuntergangs die Haube eines Marsriesen, von dem das Geheul ausging.

Ich empfand keinerlei Furcht. Ich schritt auf ihn zu, als wäre das eine ganz natürliche Sache. Eine Zeit lang beobachtete ich ihn, aber er rührte sich nicht. Er stand nur da und heulte aus einem Grunde, den ich nicht erkennen konnte.

Ich versuchte mir einen Plan zu machen. Dieses unausgesetzte Geheul, dieses »Ulla, ulla, ulla, ulla«, verwirrte meinen Geist. Vielleicht war ich auch zu müde, um Furcht zu haben. Jedenfalls war die Begierde, der Ursache dieses eintönigen Geheuls auf den Grund zu kommen, stärker als meine Furcht. Ich schlug mich in die Park Road mit der Absicht, den Park zu umgehen, ging dann unter dem Schutz der Terrassen immer weiter und bekam nun diesen beständig heulenden Marsmenschen aus Richtung St. John's Wood zu Gesicht. Etwa zweihundert Yards von der Baker Street entfernt hörte ich ein vielstimmiges, wütendes Gekläff und sah erst einen Hund mit einem Stück fauligen, roten Fleisches zwischen den Zähnen blitzschnell auf mich zulaufen und dann eine Meute halb verhungerter Köter, die ihn verfolgten. Er machte einen weiten Bogen, um mir auszuweichen, als fürchtete er, in mir einen neuen Konkurrenten zu finden. Als das Gekläff die breite Straße hinunter erstarb, scholl der klagende Laut des »Ulla, ulla, ulla, ulla« mit doppelter Kraft.

Auf halbem Wege zum Bahnhof von St. John's Wood stieß ich auf eine zertrümmerte Greifmaschine. Erst glaubte ich, dass ein Haus über die Straße gestürzt sei, aber als ich unter seinen Trümmern umherkletterte, sah ich, fast zurückprallend, diesen niedergestreckten mechanischen Simson, dessen Tastwerkzeuge verbogen und zerschmettert und verdreht unter den Trümmern umherlagen, die es verursacht hatte. Der vordere Teil war zerschellt. Es schien, als sei die Maschine geradenwegs blindlings gegen das Haus gerannt und durch die eigene Wucht geborsten. Ich konnte mir nur vorstellen, dass dieser Greifmaschine die Führung eines Marsmenschen gefehlt haben musste. Ich konnte

sein muss, wie es ein Tod nur sein kann. Auch mir schien dieser Tod damals noch unfassbar. Alles, was ich wusste, war, dass diese Wesen, die lebend ein solcher Schrecken für die Menschheit waren, nun tot waren. Einen Augenblick lang glaubte ich, dass das Gericht des Sennacherib sich wiederholt hätte, dass Gott bereut und seinen Todesengel ausgesandt hätte, der sie in der Nacht erschlug.

Ich stand da und starrte in die Grube. Mein Herz empfand eine beseligende Erleichterung, gerade als die aufgehende Sonne mit ihren Strahlen die Welt um mich in Glanz tauchte. In der Grube herrschte noch Finsternis. Die riesigen Maschinen, so groß und wunderbar in ihrer Kraft und Vollendung, so unirdisch in ihren gewundenen Formen, ragten unheimlich und verschwommen und abenteuerlich aus dem Schatten in das Licht auf. Ein Rudel Hunde hörte ich tief unter mir sich um die Leichen balgen. Jenseits der Grube, an ihrem fernsten Rand, lag flach und gewaltig und seltsam die große Flugmaschine, mit der die Marsleute in unseren dichteren Luftschichten Versuche angestellt hatten, bevor Verfall und Tod ihnen Einhalt geboten. Der Tod war nicht einen Tag zu früh gekommen. Ein Krächzen über mir ließ mich nach oben blicken auf die ungeheure Kriegsmaschine, die nun niemals wieder kämpfen würde, auf die zerfetzten roten Fleischlappen, die auf die umgestürzten Bänke auf der Spitze des Primrose Hill niederfielen.

Ich wandte mich um und sah den abschüssigen Hügel hinab, wo, von einem Schwarm Vögel eingehüllt, jene anderen beiden Marsleute standen, die ich in der vorigen Nacht gesehen hatte, gerade als der Tod sie ereilte. Der eine war verendet, als er eben nach seinen Gefährten geschrien hatte. Vielleicht war er zuletzt gestorben und hatte seine Stimme unaufhörlich erschallen lassen, bis die Kraft seines Lebens erschöpft war. Die Maschinen schimmerten nun im Glanz der aufsteigenden Sonne, harmlose dreifüßige Türme leuchtenden Metalls.

Rings um die Grube herum und wie durch ein Wunder vor ewiger Zerstörung gerettet, breitete sich die große Mutter der Städte aus. Wer London nur in die düsteren Schleier des Rau-

nicht genügend unter ihren Trümmern umherklettern, um sie genau zu prüfen, aber die Dämmerung war mittlerweile so weit vorgeschritten, dass das Blut, mit dem ihr Sitz beschmiert war, und die benagten Knorpel des Marsmenschen, die die Hunde übrig gelassen hatten, meinen Blicken verborgen blieben.

Von Staunen über alle die Dinge erfüllt, die ich gesehen hatte, drang ich bis Primrose Hill vor. Weit entfernt sah ich durch eine Öffnung in den Bäumen einen zweiten Marsmenschen, der schweigend und regungslos wie der erste im Park vor dem Zoologischen Garten stand. In der Nähe der Trümmer, die um die zerschmetterte Greifmaschine lagen, stieß ich wieder auf das rote Gewächs und fand den Regent's Canal in eine schwammige Masse dunkelroter Wucherpflanzen verwandelt.

Plötzlich, gerade als ich über die Brücke schritt, hörte der Ton des »Ulla, ulla, ulla« auf. Es war, als sei er entzweigeschnitten. Die Stille brach herein wie ein Donnerschlag.

Die dämmrigen Häuser um mich herum standen unklar und hoch und verschwommen da. Die Bäume des Parks hüllten sich in Finsternis. Von allen Seiten kroch das rote Gewächs an mich heran, als wollte es mich in seine Fänge verstricken. Die Nacht, die Mutter der Angst und des Geheimnisses, brach über mich herein. Solange jene Stimme noch ertönte, waren die Einsamkeit, die Verlassenheit noch erträglich gewesen. Solange sie da war, schien London noch zu leben, und das Bewusstsein des Lebens um mich herum hatte mich aufrechterhalten. Und jetzt plötzlich ein Umschlag, das Aufhören von etwas – ich wusste nicht was – und dann eine Stille, die man geradezu fühlen konnte. Nichts als diese unheimliche Stille.

London schien mir ein geisterhaftes Wesen. Die Fenster in den weißen Häusern sahen aus wie die Augenhöhlen von Totenschädeln. Um mich herum fühlte ich eine Bewegung wie von tausend geräuschlosen Feinden. Das Entsetzen packte mich, ein Grauen vor meiner Vermessenheit. Vor mir wurde die Straße pechschwarz, als sei sie von Teer erfüllt. Eine gebeugte Gestalt versperrte mir den Weg. Ich brachte es nicht über mich weiterzugehen. Ich kehrte wieder zur St. John's Wood Road zurück

GONS

und rannte wie besessen weg vor dieser unerträglichen Stille nach Kilburn. Erst spät nach Mitternacht versteckte ich mich vor der Nacht und der Stille, versteckte mich in einer Kutscherherberge in der Harrow Road. Aber noch ehe der Morgen graute, kehrte mein Mut zurück, und während die Sterne noch am Himmel standen, wandte ich mich wieder dem Regent's Park zu. In dem Straßengewirr verlor ich den rechten Weg. Bald aber sah ich weit unten, am Ende einer langen Straßenzeile, im Halblicht der frühen Dämmerung die runden Linien des Primrose Hill. Auf seiner Spitze stand, sich hoch gegen die erblassenden Sterne auftürmend, ein dritter Marsmensch, aufrecht und reglos wie die anderen.

Ein wahnwitziger Entschluss hatte sich meiner bemächtigt. Ich wollte allem ein Ende machen und sterben. Und ich wollte mir selbst die Mühe sparen, mich selbst zu töten. Gleichmütig ging ich auf den Titanen zu. Als ich aber näherkam und es immer heller wurde, sah ich, dass ein Schwarm schwarzer Vögel flatternd seine Haube umkreiste. Bei diesem Anblick stand mein Herz fast still und ich begann, die Straße hinabzulaufen.

Ich arbeitete mich durch das rote Gewächs durch, das die St. Edmund's Terrace dicht umsponnen hatte. Bis zur Brust im Wasser watete ich durch einen Gießbach, der von den Wasserwerken zur Albert Road hinrauschte. Noch vor Sonnenaufgang erreichte ich die Weise. Auf dem Kamm des Hügels waren große Erdhaufen aufgeworfen, die aus ihm eine mächtige Schanze machten. Es war das letzte und größte Kriegslager, das die Marsleute aufgeschlagen hatten. Hinter diesen Erdhaufen stieg ein dünner Rauch zum Himmel auf. In weiter Ferne sah ich einen gierigen Hund laufen und verschwinden. Der Gedanke, der mir durch den Kopf zuckte, wurde Wirklichkeit, wurde glaubhaft.

Ich empfand keine Angst, nur ein wildes, zitterndes Jubelgefühl, als ich den Hügel aufwärts auf das reglose Ungetüm zustürmte. Aus seiner Haube hingen dünne braune Lappen herab, an denen die hungrigen Vögel pickten und zerrten.

Im nächsten Augenblick hatte ich die Erdschanze erklettert und stand auf dem Kamm des Hügels, das Innere des Lagers lag

tief unter mir. Es war ein mächtiger Raum, da und dort standen riesige Maschinen, ungeheure Lager von Werkzeugen und seltsame Schutzvorrichtungen. Und überall zerstreut, einige in den umgestürzten Kriegsmaschinen, einige in den jetzt ruhigen Greifmaschinen, und ein Dutzend steif und still, in einer Reihe hingestreckt, lagen die Marsleute – tot! – erwürgt von fäulnis- und krankheitserregenden Bakterien, gegen die ihre körperliche Beschaffenheit keinen Widerstand leisten konnte. Sie waren erwürg, wie das rote Gewächs erwürgt worden war, erwürgt, nachdem alle Anschläge der Menschen fehlgeschlagen waren, von den niedrigsten Wesen, die Gott in seiner Weisheit ins Leben gerufen hat.

Und so war gekommen, was ich und viele andere Leute hätten vorhersehen können, hätten nicht Schrecken und Unglück unseren Verstand geblendet. Diese Krankheitskeime haben seit Anbeginn der Dinge ihren Tribut von der Menschheit gefordert – schon von unseren vormenschlichen Ahnen, seitdem Leben auf unserem Planeten bestand. Aber durch die natürliche Auslese unserer Gattung haben wir die Widerstandskraft gegen sie entwickelt. Wir unterliegen keinem dieser Keime ohne Kampf. Gegen viele – zum Beispiel jene, die in toten Körpern Fäulnis hervorrufen – sind unsere Körper überhaupt gefeit. Aber auf dem Mars gibt es keine Bakterien, und von dem Augenblick an, als jene Eindringlinge auf der Erde ankamen, als sie aßen und tranken, machten unsere mikroskopischen Verbündeten sich ans Werk, sie zu vernichten. Schon damals, als ich sie beobachtete, waren sie unwiderruflich dem Tode verfallen, starben und siechten sie hin, während sie noch hin- und hergingen. Es war unvermeidlich. Durch das Opfer Millionen Toter hat der Mensch sich sein Erstgeburtsrecht auf der Erde erkauft, und trotz aller fremden Eindringlinge ist sie sein. Sie ist sein, und wären die Marsleute auch zehn Mal so mächtig, wie sie sind. Denn die Menschen leben noch sterben vergeblich.

Hier und dort lagen sie verstreut, fast fünfzig Marsleute zusammen in der großen Schlucht, die sie sich gegraben hatten, überwältigt von einem Tod, der ihnen so unfassbar gekommen

ches gehüllt gesehen hat, wird sich die nackte Klarheit und Schönheit der schweigenden Wildnis seiner Häuser kaum vorstellen können.

Ostwärts, jenseits der rauchgeschwärzten Trümmer der Albert Terrace und des zersplitterten Kirchturms, strahlte die blendende Sonne aus dem wolkenlosen Himmel. Hier und da fing eine glitzernde Fläche in dem großen Gewirr von Dächern das Licht auf und glühte in schimmerndem Weiß. Das Licht berührte selbst die runden Weinspeicher bei der Chalk Farm Station und die weit gedehnten Höfe des Bahngeländes, die sonst durch die zahllosen Stränge schwarzer Schienen kenntlich waren, heute aber, durch die vierzehntägige Pause schon verrostet, in fast geheimnisvoller Schönheit rot erglänzten.

Nordwärts lagen Kilburn und Hampstead, blau und mächtig in ihrem Gedränge von Häusern. Westwärts lag die große Stadt im Nebel. Doch südlich der Marsleute traten die grünen Wellen des Regent's Park, das Langham Hotel, die Kuppel der Albert Hall, das Reichsinstitut und die riesigen Mietshäuser der Brompton Road klar und winzig im Lichte des Sonnenaufgangs heraus. Die spitzen Türme von Westminster ragten nebelhaft im Hintergrund auf. In weiter Ferne sah ich die blauen Surreyhügel und die Türme des Crystal Palace schimmerten wie zwei Silberstäbe. Die Kuppel von St. Paul hob sich düster vom Glanz der aufgehenden Sonne ab und war, wie ich jetzt erst sah, durch einen großen, klaffenden Spalt an der Westseite beschädigt.

Als ich auf diese stille und verlassene Fläche von Häusern, Fabriken und Kirchen blickte – als ich an die unendlichen Hoffnungen und Mühen, die zahllosen Scharen von Menschenleben dachte, die der Bau dieses Riesenwerkes gekostet hatte, und an die pfeilschnelle und rohe Zerstörung, die wie ein Gewitter über all dem gehangen hatte – als ich nun die Gewissheit hatte, dass die schweren Wolkenschatten wieder gewichen waren und dass die Menschen wieder in diesen Straßen leben konnten und diese meine teure, riesige, tote Stadt wieder zum Leben und zur Macht zurückkehren würde – da wogte ein Strom von Empfindungen durch meine Seele, der mich fast zum Weinen brachte.

Die Qual war vorüber. Heute noch sollte die Heilung beginnen. Die über das ganze Land verstreuten Überlebenden – die führerlos, rechtlos, ohne Nahrung, wie Schafe ohne ihren Hirten umherirrten – die Tausende, die zu Schiff entflohen waren – alle sollten nun zurückkehren. Der Puls des Lebens sollte nun, immer stärker und stärker anschwellend, wieder in den leeren Gassen schlagen und sich über die verlassenen Plätze ergießen. Was die Verwüstung auch betroffen hatte, die Hand des Verwüsters war verdorrt. Die Hand des Verwüsters war verdorrt! Alle diese elenden Trümmer, diese schwarzen Gerippe von Häusern, die so unheimlich auf das sonnenbeglänzte Gras des Hügels starrten, sie würden bald widerhallen von den Hämmern der Wiedererbauer und fröhlich erklingen unter dem Klatschen der Kellen. Bei diesem Gedanken breitete ich meine Hände zum Himmel aus. In einem Jahr, dachte ich – in einem Jahr …

Und dann kam mit überwältigender Kraft der Gedanke an mich selbst, an meine Frau und an das alte Leben voll Hoffnung und zarter Hilfe, das für immer geschwunden war.

9
Die Verwüstung

Nun kommt das Seltsamste in meiner Geschichte. Und doch ist es eigentlich gar nicht so seltsam. Klar und kühl und lebhaft erinnere ich mich an alles, was ich an jenem Tag tat, bis zu der Zeit, in der ich auf der Spitze des Primrose Hill stand.

Von den nächsten drei Tagen weiß ich nichts. Seither erfuhr ich, dass nicht ich der erste Entdecker des Zusammenbruchs der Marsleute war, sondern dass einige ähnlich mir in der Irre wandernde Überlebende ihn in der vorigen Nacht entdeckt hatten. Ein Mann – der erste – war nach St. Martins-le-Grand gegangen. Und während ich in der Kutscherherberge Zuflucht gefunden hatte, war es ihm geglückt, nach Paris zu telegrafieren. Von dort zuckte die freudige Botschaft über den ganzen Erdkreis. Tausende von Städten, die von grauenvollen Vorstellungen erschüttert waren, gaben sich nun der wildesten Begeisterung hin. Man wusste es schon in Dublin, Edinburgh, Manchester und Birmingham, zu der Zeit, als ich noch zweifelnd am Rand der Grube stand. Schon rüsteten die Menschen, die angeblich ihre Arbeit unterbrachen, nur um sich die Hände zu schütteln und zu jubeln, Eisenbahnzüge aus, um nach London zu kommen. Die Kirchenglocken, die vierzehn Tage lang verstummt waren, fingen die Nachricht auf, und ganz England war ein Glockengeläute.

Heruntergekommene Männer mit eingefallenen Zügen sausten auf Rädern alle Wege entlang, um die unverhoffte Erlösungsbotschaft den hageren, wild starrenden Geschöpfen der Verzweiflung zuzurufen. Und die Lebensmittel! Über den Kanal, über die Irische See, über den Atlantischen Ozean brachte man Getreide, Brot und Fleisch, um uns in unserer Not zu helfen. In jenen Tagen schien es, als steuerten die Schiffe der ganzen Welt London zu. Aber von alledem wusste ich nichts. Ich irrte umher – ein seines Verstandes beraubter Mann. In dem Hause gütiger Menschen, die mich aufgegriffen hatten, als ich weinend und rasend in den Gassen von St. Johns Wood umherirrte, kam ich wieder zu mir. Sie erzählten mir, dass ich unaufhörlich einen sinnlosen Gassenhauer sang, so ähnlich wie »Der letzte, der am Leben blieb, hurra! Der letzte, der am Leben blieb!« So sehr sie auch von ihren eigenen Angelegenheiten bekümmert waren, belasteten diese Menschen sich, deren Namen ich nicht nennen darf, so gerne ich ihnen auch meine Dankbarkeit zeigen möchte, dennoch auch mit mir, gaben mir Obdach und beschützten mich vor mir selbst. Offenbar hatten sie während der Tage meines Irreseins manches von meinen Erlebnissen erfahren.

Als meine Vernunft wieder zurückgekehrt war, brachten sie mir sehr zart das wenige bei, das sie vom Schicksal Leatherheads in Erfahrung gebracht hatten. Zwei Tage nach meiner Einkerkerung war das Dorf mit jeder lebenden Seele darin von einem Marsmenschen zerstört worden. Er hatte es dem Erdboden gleichgemacht, ohne jeden Grund, wie es schien, ganz so, wie etwa ein Knabe aus bloßer Lust, seine Macht fühlen zu lassen, einen Ameisenhaufen zerstampft.

Ich war ein einsamer Mann, und sie waren sehr gütig zu mir. Ich war einsam und traurig, und doch duldeten sie mich bei sich. Nach meiner Erholung blieb ich noch vier Tage bei ihnen. Während dieser ganzen Zeit fühlte ich eine unbestimmte, wachsende Sehnsucht, noch einmal, ein letztes Mal, einen Blick zu tun auf das wenige, was von dem kleinen Leben übrig geblieben war, das so glücklich und hell in meiner Vergangenheit geleuchtet hatte. Es war nur ein hoffnungsloses Sehnen, noch einmal in meinem Jammer zu schwelgen. Meine Wirtsleute rieten mir ab. Sie taten alles, was sie konnten, um mich von diesem krankhaften Verlangen abzubringen. Doch schließlich konnte ich dieser Eingebung nicht länger widerstehen. Ich gab ihnen das feste Versprechen, zu ihnen zurückzukehren, und verabschiedete mich, wie ich bekennen muss, mit Tränen von diesen Menschen, die in vier Tagen mir zu Freunden geworden waren. Dann ging ich wieder in die Straßen hinaus, die jüngst noch so düster und seltsam und öde gewesen waren.

Aber schon waren sie wieder erfüllt von zurückkehrenden Menschen. Hier und da waren wieder Geschäfte offen, und ein Springbrunnen spendete wieder frisches Wasser.

Ich erinnere mich noch des fast höhnend schönen Tages, an dem ich meine traurige Pilgerfahrt zu dem kleinen Haus in Woking antrat, wie geschäftig die Straßen waren, wie frisch sich das Leben wieder rings um mich regte. Es war eine solche Unzahl von Menschen, die sich in tausend Beschäftigungen in den Straßen ergingen, dass es fast unglaublich schien, dass ein nennenswerter Bruchteil der Bevölkerung getötet worden sein konnte. Aber dann bemerkte ich, wie gelb die Haut der Leute war, wie zerrauft ihr Haar, wie fieberhaft glänzend ihre Augen. Jeder zweite hatte noch schmutzige Fetzen an. Die Gesichter schienen nur zwei Mienen zu kennen – entweder überschäumenden Jubel und feste Tatkraft oder grimmige Entschlossenheit. Von diesem Ausdruck der Gesichter abgesehen, schien London eine Stadt von Landstreichern zu sein. Die Bezirksämter verteilten wahllos das Brot, das die französische Regierung gesandt hatte. Den wenigen Pferden, die man sah, traten die Rippen unheimlich hervor. Abgemagerte Polizisten mit weißen Abzeichen standen an jeder Straßenecke. Vom Schaden, den die Marsleute angerichtet hatten, sah ich nur wenig, bis ich zur Wellington Street kam. Dort erblickte ich wieder das rote Gewächs, das sich an die Strebebogen der Waterloo Bridge anklammerte.

An der Ecke der Brücke fiel mir auch ein Bild in die Augen, das in jener an krausen Gegensätzen überreichen Zeit zu den Alltäglichkeiten gehörte. Es flatterte ein Blatt Papier gegen ein Dickicht des roten Gewächses. Ein Stab, der es durchlöcherte, hielt es fest. Es war der Anzeigebogen der ersten Zeitung, die ihren Betrieb wieder aufgenommen hatte: der »Daily Mail«. Für einen geschwärzten Schilling, den ich in meiner Tasche fand, kaufte ich mir ein Blatt. Der größte Teil des Papiers war leer. Doch der einsame Verfasser, der es veröffentlichte, hatte sich damit vergnügt, das stereotype Schema eines »Kleinen Anzeigers« auf die Rückseite zu drucken. Der eigentliche In-

halt erschöpfte sich in Empfindungen. Der Nachrichtendienst hatte noch nicht seinen Weg zurückgefunden.

Ich erfuhr nichts Neues, außer dass schon binnen einer Woche die Prüfung der Werkzeuge der Marsleute zu erstaunlichen Ergebnissen geführt hatte. Unter anderem versicherte die Zeitung, was ich damals noch nicht glaubte, dass das Fluggeheimnis entdeckt worden sei. Im Bahnhof Waterloo fand ich schon die Gratiszüge bereit, die die Leute in ihre Heimatorte befördern sollten. Der erste Ansturm war bereits vorüber. Es waren nur wenige Leute im Zug, und ich war nicht in der Stimmung, gelegentliche Gespräche anzuknüpfen. Ich erhielt ein Wagenabteil für mich allein und saß mit verschränkten Armen da und blickte trüb auf die vom Sonnenlicht erhellten Bilder der Verwüstung, die an den Fenstern vorbeijagten. Gerade außerhalb des Bahnhofes polterte der Zug über provisorisch gelegte Schienen. Auf jeder Seite des Bahndammes lagen die Häuser in rauchgeschwärzten Trümmern. Bis Clapham Junction war das Antlitz Londons von schwarzem Rauch verdunkelt, trotz zweier Tage heftigen Gewitterregens. In Clapham Junction war die Bahn wieder zerstört. Ich sah Hunderte von arbeitslosen Schreibern und Ladenburschen, die sich Seite an Seite mit den gewöhnlichen Arbeitern mit der Ausbesserung der beschädigten Stellen beschäftigten. Wir polterten lange Zeit über hastig angelegte Dämme.

Die ganze Bahnlinie entlang bot das Land einen trostlosen, fremdartigen Anblick. Besonders Wimbledon hatte schwer gelitten. Dank des Widerstands seiner Fichtenwälder schien von allen Ortschaften an der Bahn Walton am wenigsten von der Verwüstung getroffen worden zu sein. Der Wandle, der Mole, jeder kleine Bach war nichts als eine aufgetürmte Menge roten Gewächses, dessen Farbe etwas zwischen frisch geschlachtetem Fleisch und Rotkraut war. Die Nadelwälder von Surrey aber waren zu trocken für die Gehänge des roten Schlinggewächses. Hinter Wimbledon sah man mitten in einem Blumengarten die großen Erdhaufen, die der sechste Zylinder aufgeworfen hatte. Einige Leuten standen um die Grube herum, und einige

Pioniere waren in voller Arbeit. Dicht daneben hatte man die britische Fahne aufgepflanzt, die lustig im Morgenwind flatterte. Die Baumschulen waren rot vom roten Gewächs, eine weit gedehnte Fläche schreienden Rots, von purpurnen Schatten unterbrochen. Diese Farbenmischungen taten den Augen geradezu weh. Meine Blicke wandten sich mit unendlicher Erleichterung von dem versengten Grau und dem düsteren Rot des Vordergrundes dem sanften Blaugrün der östlichen Hügel zu.

Der Fahrdamm der nach London gerichteten Seite des Wokinger Bahnhofs war noch nicht völlig wiederhergestellt. So musste ich in Byfleet aussteigen. Ich schlug den Weg nach Maybury ein, an der Stelle vorbei, an der ich und der Artillerist mit den Husaren gesprochen hatten, und weiter den Weg, auf dem ich mitten im Gewitter dem Marsmenschen begegnet war. Von Neugierde bewegt, ging ich zur Seite und fand in einem Gewirr roten Geästes einen verbogenen und zerbrochenen Wagen und die weißen zernagten Knochen des Pferdes, die verstreut umherlagen. Eine Zeit lang blieb ich stehen, in den Anblick dieser Spuren versunken.

Dann kehrte ich, oft halstief im roten Gewächs watend, durch den Fichtenwald zurück und sah, dass dem Wirt vom ›Gefleckten Hund‹ schon ein Begräbnis zuteil geworden war. So kam ich am ›College-Wappen‹ vorbei zu meinem Haus. Ein Mann, der an der offenen Tür seines Häuschens stand, grüßte mich mit Namen, während ich vorüberging.

Ich sah auf mein Haus, von einem jähen Hoffnungsstrahl durchzuckt, der sofort wieder schwand. Das Tor war aufgebrochen worden. Es war nur angelehnt und ging langsam auf, als ich näherkam.

Das Tor fiel wieder zu. Die Vorhänge des Arbeitszimmers flatterten durch das offene Fenster, wo ich und der Artillerist den Anbruch des Tages erwartet hatten. Niemand hatte seither das Fenster geschlossen. Das zertretene Gebüsch war noch genauso, wie ich es vor fast vier Wochen verlassen hatte. Ich stolperte in den Flur, und die Leere des Hauses bedrückte mich. Der Treppenläufer war überall verschoben und verfärbt, wo ich in jener Nacht des Schreckens, bis auf die Haut durchnässt, vor dem Gewitter flüchtend, gekauert hatte. Ich verfolgte die lehmigen Fußtritte die ganze Treppe hinauf. Ich folgte ihnen bis zu meinem Arbeitszimmer und fand auf meinem Schreibtisch unter dem selenitenen Briefbeschwerer noch einen Bogen der Arbeit, die ich am Nachmittag, als sich der erste Zylinder geöffnet hatte, liegen gelassen hatte.

Eine Zeit lang stand ich da und las in dieser im Stich gelassenen Arbeit. Sie bestand in einer Abhandlung über die wahrscheinliche Übereinstimmung der Entwicklung sittlicher Vorstellungen mit der Entwicklung der Zivilisation. Der letzte Satz war der Anfang einer Prophezeiung: »In zweihundert Jahren etwa«, hatte ich geschrieben, »dürften wir erwarten …« Der Satz brach plötzlich ab. Ich erinnerte mich an meine Unfähigkeit, an jenem Morgen, seit dem kaum ein Monat verstrichen war, meine Gedanken zusammenzuhalten. Ich erinnerte mich, wie ich plötzlich abgebrochen hatte, um mir meinen »Daily Chronicle« von dem Zeitungsjungen zu holen. Ich erinnerte mich, wie ich zur Gartentür hinunterging, als der Junge sich nahte, und wie ich seinen sonderbaren Bericht von den »Männern vom Mars« anhörte.

Ich ging wieder hinunter und trat ins Speisezimmer. Dort lagen der Hammelbraten und das Brot, beides nun längst verdorben, und eine umgeworfene Bierflasche, gerade so, wie ich und der Artillerist das alles verlassen hatten. Mein Heim war verödet. Ich begriff nun, wie unsinnig die leise Hoffnung war, die ich so lange gehegt hatte. Und jetzt geschah etwas Seltsames. »Es ist umsonst«, hörte ich eine Stimme sagen. »Das Haus ist verlassen. In den letzten zehn Tagen ist niemand hier gewesen. Du sollst nicht länger hierbleiben und dich quälen. Niemand ist entkommen, nur du.«

Ich fuhr zurück. Hatte ich meine Gedanken laut gesprochen? Ich kehrte mich um und sah, dass die Glastür offen stand. Ich trat einen Schritt vor und blickte hinaus.

Und da standen, erstaunt und erschreckt, so wie ich erstaunt und erschreckt dastand, mein Vetter und meine Frau – meine Frau, bleich und tränenlos. Sie stieß einen schwachen Schrei aus.

»Ich kam«, sagte sie. »Ich wusste es – ich wusste …«

Sie griff mit der Hand nach ihrem Hals und schwankte. Ich trat einen Schritt vor und fing sie in meinen Armen auf.

10
Epilog

Nun, da ich meinen Bericht abschließe, kann ich es nur bedauern, dass ich so wenig fähig bin, zur Erörterung der vielen strittigen, bis heute ungelösten Fragen beizutragen. In einer Beziehung werde ich ohne Zweifel Widerspruch hervorrufen. Mein eigentliches Wissensgebiet ist spekulative Philosophie. Meine Kenntnisse in vergleichender Physiologie beschränken sich auf ein paar Bücher. Aber ich glaube, dass die Vermutungen Carvers in Bezug auf die Ursache des jähen Todes der Marsleute so wahrscheinlich sind, dass sie beinahe den Wert erwiesener Schlussfolgerungen besitzen. Ich habe von ihnen bereits im Lauf meines Berichtes gesprochen.

Das eine wenigstens steht fest, dass in keinem einzigen Körper der Marsleute, die nach dem Krieg untersucht wurden, andere Bakterien gefunden wurden als diejenigen, deren Herkunft zweifellos irdisch war. Die Tatsache, dass sie nicht einen ihrer Toten beerdigten, und die rücksichtslosen Schlächtereien, die sie veranstalteten, deuten zugleich darauf hin, dass der Vorgang der Fäulnis ihnen vollständig unbekannt war. Doch so wahrscheinlich sie sind, erwiesene Tatsachen sind diese Annahmen noch nicht.

Ebenso wenig ist die Zusammensetzung des schwarzen Rauches bekannt, dessen sich die Marsleute mit so furchtbarer Wirkung bedienten. Auch der Hitzestrahlgenerator bleibt ein Rätsel. Die entsetzlichen Unglücksfälle in den Laboratorien von Ealing und South Kensington haben die Chemiker vor genaueren Untersuchungen des Hitzestrahls abgeschreckt. Die Spektralanalyse des schwarzen Pulvers deutet unverkennbar auf ein unbekanntes Element mit einer leuchtenden Gruppe dreier Linien in Grün hin. Es ist möglich, dass es sich mit Argon verbindet, um ein Gemenge zu bilden, das auf irgendeinen Bestandteil des Blutes eine tödliche Wirkung ausübt. Aber diese unerwiesenen Vermutungen werden für den großen Leserkreis, an den dieser Bericht sich wendet, kaum von Interesse sein. Von den braunen Schlammmengen, die nach der Zerstörung Sheppertons die Themse hinabtrieben, wurde damals nichts untersucht. Heute sind sie nicht mehr auffindbar.

Die Ergebnisse einer anatomischen Prüfung der Marsleute, soweit die herumstreichenden Hunde eine solche Prüfung möglich machten, habe ich bereits mitgeteilt. Aber jedem ist mit dem wunderbaren und fast unversehrten Exemplar vertraut, das das Naturhistorische Museum in Spiritus aufbewahrt hat, ebenso mit den zahllosen Zeichnungen, die nach ihm angefertigt worden sind. Darüber hinaus aber gehört das Interesse an der Physiologie und dem Körperbau der Marsleute auf ein rein wissenschaftliches Gebiet.

Eine Frage von ernsterem und allgemeinerem Interesse aber ist die Möglichkeit eines zweiten Angriffs der Marsleute. Ich glaube nicht, dass dieser Seite der Frage nur halbwegs genügende Beachtung geschenkt wird. Gegenwärtig befindet sich der Planet Mars in der Konjunktion. Aber mit jeder Rückkehr in die Opposition sehe ich für meinen Teil eine Wiederholung des Abenteuers voraus. Auf alle Fälle sollten wir vorbereitet sein. Es scheint mir doch sehr leicht möglich, die Lage des Geschützes, aus dem die Geschosse abgefeuert wurden, genau zu bestimmen und eine ständige Bewachung dieses Teils des Planeten einzurichten und so die Möglichkeit eines zweiten Angriffs ins Auge zu fassen.

In diesem Fall könnte der Zylinder durch Dynamit oder mittels Artillerie zerstört werden, ehe er genügend abgekühlt wäre, um den Marsleuten das Verlassen des Zylinders zu ermöglichen. Oder sie könnten mit Geschützen sofort niedergemacht werden, sobald die Schraube zu Boden fiele. In meinen Augen haben die Marsleute dadurch, dass ihre erste Unternehmung fehlschlug, einen ungeheuren Vorteil eingebüßt. Vielleicht sehen sie es auch in diesem Lichte.

Lessing hat einige ausgezeichnete Gründe für die Annahme vorgebracht, dass es den Marsleuten tatsächlich gelungen wäre, auf dem Planeten Venus eine Landung zu bewerkstelligen. Es ist sieben Monate her, dass Venus und Mars in einer Linie mit der Sonne sich befanden. Das will heißen: Vom Standpunkt eines Beobachters auf der Venus befand sich der Mars in Opposition. In der Folge tauchte ein sonderbar leuchtendes und wellenförmiges Zeichen auf der unbeschienenen Hälfte des mittleren Planeten auf. Fast gleichzeitig wurde ein schwaches dunkles Zeichen einer ähnlich wellenförmigen Art auf einem Lichtbild der Marsscheibe wahrgenommen. Man muss die Zeichnungen dieser Erscheinungen sehen, um die bemerkenswerte Ähnlichkeit vollständig zu würdigen.

Auf alle Fälle aber, ob wir nun einen zweiten Einfall erwarten müssen oder nicht, dürften unsere Begriffe von der Zukunft der Menschheit durch diese Ereignisse eine gewaltige Änderung erfahren.

Wir sehen heute ein, dass wir unseren Stern durchaus nicht als einen gewissermaßen eingezäunten und sicheren Wohnort für die Menschheit betrachten können. Wir können das unerhörte Heil oder Unheil, das unvermutet aus dem Weltenraum auf uns hereinbrechen kann, nie vorhersehen. Es mag sein, dass nach den gewaltigeren Plänen des Weltalls dieser Einfall vom Mars letztlich nicht ohne einen Segen für die Menschheit stattgefunden hat. Er hat uns jener heiteren Vertrauensseligkeit in die Zukunft, die die fruchtbarste Quelle des Verfalles ist, beraubt. Die Bereicherungen, die er der menschlichen Wissenschaft gebracht hat, sind unermesslich. Er hat viel dazu beigetragen, das Gefühl des Gemeinwohles der Menschheit zu befördern. Es mag sein, dass die Marsbewohner über die Unendlichkeit des Weltraumes hinaus das Schicksal ihrer ersten Sendlinge beobachtet, dass sie daraus eine Lehre gezogen und auf der Venus eine sicherere Ansiedlung gefunden haben. Doch wie es auch immer sei, das eine steht fest, dass über viele Jahre hinweg der Eifer, mit dem die Marsscheibe beobachtet wird, nicht nachlassen wird. Und jene feurigen Geschosse des Himmels, die Sternschnuppen, werden in ihrem Niedergang für alle Erdenkinder stets und unausbleiblich ernste Mahnzeichen bedeuten.

Die Erweiterung des menschlichen Gesichtskreises, die der Einfall vom Mars zur Folge gehabt hat, kann kaum überschätzt werden. Ehe die Zylinder niederfielen, herrschte allgemein die Überzeugung, dass es in den ungeheuren Tiefen des Weltraumes außerhalb der winzigen Oberfläche unseres kleinen Sterns kein Leben gäbe. Heute aber sehen wir weiter. Wenn die Marsleute auf die Venus gelangen können, so besteht jeder Grund zu der Annahme, dass das den Menschen unmöglich sei, hinfällig. Und wenn die langsame Abkühlung der Sonne unsere Erde unbewohnbar gemacht haben wird, wie es schließlich nicht ausbleiben wird, dann mag es kommen, dass der Faden des Lebens, der hier seinen Ausgang nahm, sich ausdehnen und unseren Schwesterplaneten in sein Netz ziehen wird. Würden wir siegen?

Schattenhaft und wunderbar ist das Traumgesicht, das ich im Geiste heraufbeschworen habe: wie das Leben sich allmählich über unser kleines Samenbeet des Sonnensystems hinausdehnen wird, hinaus in die unbelebte Unermesslichkeit des gestirnten Raumes. Aber das ist ein ferner Traum. Und wer kann wissen, ob die Vernichtung der Marsleute nicht nur einen kurzen Aufschub unseres endlichen Untergangs bedeutet? Vielleicht gehört ihnen und nicht uns die Zukunft?

Ich muss gestehen, dass die Aufregung und die Not der Zeit in meiner Seele ein bleibendes Gefühl des Zweifels und der Unsicherheit zurückgelassen haben. Ich sitze in meinem Arbeitszimmer und schreibe beim Schein der Lampe. Und plötzlich sehe ich das wieder auflebende Tal unten erneut von züngelnden Flammen erfüllt und fühle das Haus hinter mir und um mich leer und verödet. Ich gehe hinaus in die Byfleet Road, Fahrzeuge eilen an mir vorüber, ein Fleischerjunge in seinem Karren, ein Wagen voll Besucher, ein Arbeiter auf seinem Fahrrad, Kinder, die zur Schule gehen. Und plötzlich wird alles verschwommen und unwirklich. Wieder keuche ich mit dem Artilleristen durch die heiße, brütende Stille. Nachts sehe ich das schwarze Pulver, wie es die schweigenden Straßen verdunkelt, und sehe die verzerrten Leichen im Staub liegen. Sie steigen vor mir auf, zerlumpt und von Hunden zerfleischt. Sie lallen und drohen mir, werden blasser, abscheulicher, schließlich wahnwitzige Spottgeburten menschlicher Gebilde – und ich erwache in kalten Schweiß gebadet und elend in der Dunkelheit der Nacht.

Ich gehe nach London und sehe die geschäftigen Volksmengen in der Fleet Street und am Strand, und nun lastet es mir auf der Seele, dass sie alle nur Gespenster der Vergangenheit seien, die in den Straßen spuken, die ich schweigend und jammervoll gesehen habe. Dass sie hin- und hergehen – Scheingebilde einer toten Stadt, in einem künstlich belebten Körper, ein Hohn auf das Leben. Und seltsam ist es, auf dem Primrose Hill zu stehen, wie ich es erst gestern tat, diese riesige Menge von Häusern trüb und blau durch den Schleier von Rauch und Nebel zu erblicken, der sich in weiter Ferne verliert. Alle die Leute zu sehen, die zwischen den Blumenbeeten des Hügels auf- und niederwandeln, die Menschen zu sehen, die gekommen sind, sich die Marsmaschine anzuschauen, die noch immer hier steht, den Lärm der spielenden Kinder zu hören – und dann sich die Zeit wieder ins Gedächtnis zu rufen, als ich das alles hell und scharf geschnitten, grausam und still in der Dämmerung jenes letzten, großen Tages gesehen habe.

Seltsamer noch als all dies erscheint es mir, wieder die Hand meiner Frau zu halten und zu denken, dass ich sie, so wie sie mich, schon zu den Toten gerechnet hatte.